NESARA & GESARA (IV)

Revelaciones

Tomás Morilla Massieu
Alicia Morilla Massieu
Semjase (Semyase)

Grupo Artemorilla
www.artemorilla.com

© 2015 Primera Edición
Tomás Morilla Massieu & Alicia Morilla Massieu,
Semjase (Semyase)

Editorial Lulu.com

Publicado en Morrisville,
Carolina del Norte (EEUU)

ISBN: 978-1-326-38927-7

Todos los derechos reservados

© 2012 José Miguel Navarro García
Fotografía retrato de la autora
jominaga-fotografia.blogspot.com.es

Página Web Oficial de los autores
www.artemorilla.com

e-mail de Tomás Morilla Massieu
tmorillamassieu@artemorilla.com

e-mail de Alicia Morilla Massieu
amorillamassieu@artemorilla.com

Dirección postal Grupo Artemorilla

Apartado de Correos nº 27
35017 Tafira Alta
Las Palmas de Gran Canaria
Islas Canarias (España)

NESARA & GESARA (IV)
9 de Agosto del año 2015

Revelaciones...

*que muestran La Verdad que ha de ser
común a TODOS y a cada UNO*

*en un Tiempo en el que se ha de cultivar
la Paz, la Unidad, la Prosperidad
entre los habitantes de La Tierra
y de Otros Mundos...*

Civilizaciones Estelares

*...Inspiran e instruyen
a las Almas Despiertas...*

*...propiciando "Contactos" con aquellas Almas
que están dispuestas a compartir
Legados y Despertares...*

Introducción del Autor

Nace NESARA & GESARA (IV) Revelaciones... el día 9 de agosto del año 2015 justo cuando me encuentro maquetando la edición impresa de NESARA & GESARA (III) Alianzas y Legados..., tras darme cuenta que su contenido excede el número de páginas que permite este nuevo volumen de poesía, frases, diálogos y reflexiones.

Nace NESARA & GESARA (IV) Revelaciones... sin tenerlo previsto, en tal día como hoy, un domingo nueve de agosto del año dos mil quince.

Poco más puedo añadir... tan solo que este nuevo libro existe por si mismo... resistiéndose a dar por finalizado todo lo que ha de ser mencionado sobre NESARA & GESARA...

Es reflejo de uno de los instante más complejos y controvertidos por el que transita la Humanidad... lo que a continuación es compartido, formando parte de uno de tantos Legados, entregados a toda forma de vida que... tal vez encontrará entre sus páginas algo que le permita enriquecerse Interiormente... Espiritualmente y... a continuación proseguir su camino...

Poesía

No intervendrás...
No puedes, no debes...

No intervendrás…

No puedes,
no debes…

Has de guardar la distancia,
dejar que cada cual
se Manifieste
tal y como es…

En este Tiempo es prioritario
"Ver" que es lo que cada cual
muestra a través
de sus acciones…

No intervendrás…

No puedes,
no debes…

Ha de identificarse
cada UNO,
cada Ser

no por su apariencia,
ni tan siquiera
por sus posesiones…

...

No intervendrás...

No puedes,
no debes...

Tan solo observa...

y... desde el Silencio
comparte a través
de la palabra escrita,
del Arte,
de la poesía...

No intervengas,
aunque sientas que así
has de hacerlo...

mantente al margen
de las luchas terrenales,
de enfrentamientos,
de contiendas...

Es Tiempo de Paz, de Equilibrio,
de Unidad...

No intervendrás,
tan solo serás testigo...

que sea la palabra,
el Arte, la Poesía
el vehículo a través
del que compartas
lo que ha de ser Revelado...

Autora
Semjase (Semyase)

Adéntrate a través de sus Almas...

Adéntrate a través de sus Almas,
de sus Espíritus…

muéstrales lo que olvidaron,
lo que han de recordar,
no todo se ha perdido…

Tan solo han de Ser…

Adéntrate a través de sus Almas,
recuérdales su Eternidad,
la Divinidad que "Es"
en la Luz…

su Espiritualidad…

Manifiesta el Amor a través
de la Palabra,
de la Poesía…

comprendiendo la Naturaleza
del Ser Humano

al haber formado parte
de esta Raza…

sabes sobre su Esencia,
te has vinculado
desde la Infancia…

...

Adéntrate a través de sus Almas,
y Transforma sus corazones
mostrándoles el camino
de regreso…

el reencuentro que ha de propiciar
la Unidad, la Paz, el Amor…

En la medida que cada Ser
toma conciencia
de su Naturaleza

y… acepta su proceso
de Evolución…

serán en la Transformación,
en la Ascensión…

Sea como ha de ser…

Autora
Semjase (Semyase)

Recuerda...

Recuerda...

no reveles lo que viniste a Manifestar
en esta vida...

tan solo observa y refléjalo
a través del Arte y la Poesía
-me dijo-...

Recuerda...

a través del silencio permanecemos
en contacto a través del Ser...

susurrándote al oído aquello
que has de saber
 -me dijo-...

Recuerda...

la naturaleza del Ser Humano
es muy caprichosa...

trata de comprenderla,
de vivirla tal y como se Manifiesta
en cada UNO...

Recuerda...

...

tu cometido es observar...

vivir a través de lo que unos
ocasionan a otros
a través de las experiencias
creadas...

Recuerda...

no debes cambiar el curso
de los acontecimientos,
ni tan siquiera implicarte
Más Allá de lo que corresponde
a esta época...

Recuerda...

has de observar
-al igual que nosotros-
la Evolución de TODOS
y cada UNO,

lo que en sus corazones
albergan...

Recuerda...

has de dejar que se acerquen
y... vivir a través
de lo que te ocasionen
con cada propósito
e intención creada...

...

Recuerda... se trata de "Ver"
a cada Alma Eterna
tal y como vive en un Mundo
en el que... al nacer olvidaron
su Identidad Divina...

Recuerda...

tan solo has de dar con quienes
de forma natural dan lo mejor
de si mismos,
de corazón...

a través del Amor
Incondicional...

Recuerda...

te podrás implicar tan solo
un tiempo...

pero no has de frecuentar
los mismos entornos,
las mismas personas...

Recuerda...

tan solo se trata de comprender
cual es la elección de cada UNO
a través de lo que vive,
de lo que Manifiesta...

Recuerda...

...

lo verdaderamente importante es...

¿Qué elige cada UNO a través
del Libre Albedrío?

¿De su limitada vida?...

Recuerda...

observar especialmente a quienes
TODO lo dan...

ayudando a sus semejantes...

Co-Creando el bienestar
para cada UNO...

Recuerda...

La Raza de los Humanos...

superficialmente tan solo cree
y concibe aquello que cree
y que ve...

Recuerda...

tan solo se rigen por patrones
establecidos,

han dejado a un lado
sus percepciones,

su Verdadero Linaje
Estelar...

...

Recuerda...

se trata de allanar el camino,
recordándoles que la Existencia
es Eterna...

que La Vida va mucho Más Allá
de las apariencias"...

Recuerda...

tan solo estás en tránsito,
eres consciente de ello...

siempre lo has sido...

No podrás integrarte
en la superficialidad...

Recuerda...

físicamente estás sujeto
a las mismas leyes
que la mayoría...

no así Espiritualmente...

Formas parte de Otros Mundos...

Recuerda...

TODO aquello que vives,
que "Ves",
que sientes,
que experiencias...

...

a través de ti lo vivimos,
lo "Vemos",
lo sentimos...

Y... ¡Si!... ya sabíamos que te saltarías
las pautas que debías seguir,
implicándote Más Allá
de la observación...

nadando contra corriente...

Recuerda...

tu actual Naturaleza
Humana...

está sujeta a limitaciones
a través de las que procedes
con aciertos y errores...

Recuerda...

gradualmente han de ir recordando
su Naturaleza Estelar...

Despertando a través
de su Naturaleza Humana
en la Unidad...

Autora
Semjase (Semyase)

En ocasiones...

En ocasiones...

esta espera se me antoja
tediosa...

teniendo en cuenta que nada
de lo cotidiano atrae
ya mi interés...

Es comprensible...

si eres consciente de la existencia
de Otros Lugares habitados
por Civilizaciones Estelares...

No quiero decir que...

¿Me es indiferente todo aquí?

¡No!...

Más bien que se cual es el siguiente
Escenario Evolutivo...

Viajar hacia adelante y retroceder
a través del Espacio/Tiempo...

favorece la inquietud entre el pasado,
el presente y el futuro...

...

Tan solo he de seguir aguardando...

viviendo como uno más
sin sentirme parte de un Mundo
que ha de Trascender...

Y... mientras TODO se completa...

continúo observando la Evolución
de lo que forma parte
de las apariencias...

Ellos... comprenderán...

da tiempo al tiempo...

lo que no es percibido ni comprendido,
ha de ser integrado
tras ser reconocido...

Autores
Tomás Morilla Massieu
Semjase (Semyase)

Revelaciones

"REVELACIONES"...
3 de Agosto del año 2015

-"Recuerda... no reveles lo que viniste a Manifestar en esta vida... tan solo observa y refléjalo a través del Arte y la Poesía" -Me dijo...

* * *

-"Recuerda... a través del silencio permanecemos en contacto a través del Ser... susurrándote al oído aquello que has de saber" -Me dijo...

* * *

-"Recuerda... la naturaleza del Ser Humano es muy caprichosa... trata de comprenderla, de vivirla tal y como se Manifiesta en cada UNO"...

* * *

-"Recuerda... tu cometido es observar... vivir a través de lo que unos ocasionan a otros a través de las experiencias creadas"...

* * *

-"Recuerda... no debes cambiar el curso de los acontecimientos, ni tan siquiera implicarte Más Allá de lo que corresponde a esta época"...

* * *

-"Recuerda... has de observar -al igual que nosotros- la Evolución de TODOS y cada UNO, lo que en sus corazones albergan"...

* * *

-"Recuerda... has de dejar que se acerquen y... vivir a través de lo que te ocasionen con cada propósito e intención creada"...

* * *

-"Recuerda... se trata de "Ver" a cada Alma Eterna tal y como viven en un Mundo en el que al nacer olvidaron su Identidad Divina"...

* * *

-"Recuerda... tan solo has de dar con quienes de forma natural, dan lo mejor de si mismos, de corazón... a través del Amor Incondicional"...

* * *

-"Recuerda... te podrás implicar tan solo un tiempo... pero no has de frecuentar los mismos entornos, las mismas personas"...

* * *

-"Recuerda... tan solo se trata de comprender cual es la elección de cada UNO a través de lo que vive, de lo que Manifiesta"...

* * *

-"Recuerda... lo verdaderamente importante es... ¿Qué elige cada UNO a través del Libre Albedrío? ¿De su limitada vida?"...

* * *

-"Recuerda... observar especialmente a quienes TODO lo dan... ayudando a sus semejantes... Co-Creando el bienestar para cada UNO"...

* * *

-"Recuerda... La Raza de los Humanos... superficialmente tan solo cree y concibe aquello que cree y que ve"...

* * *

-"Recuerda... tan solo se rigen por patrones establecidos, han dejado a un lado sus percepciones, su Verdadero Linaje Estelar"...

* * *

-"Recuerda... se trata de allanar el camino, recordándoles que la Existencia es Eterna... que La Vida va mucho Más Allá de las apariencias"...

* * *

-"Recuerda... tan solo estás en tránsito, eres consciente de ello... siempre lo has sido... No podrás integrarte en la superficialidad"...

* * *

-"Recuerda... físicamente estás sujeto a las mismas leyes que la mayoría... no así Espiritualmente... Formas parte de Otros Mundos"...

* * *

-"Recuerda... TODO aquello que vives, que "Ves", que sientes, que experiencias... a través de ti lo vivimos, lo "Vemos", lo sentimos"...

* * *

"Y... ¡Si!... ya sabíamos que te saltarías las pautas que debías seguir, implicándote Más Allá de la observación... nadando contra corriente"...

* * *

-"Recuerda... tu actual Naturaleza Humana... está sujeta a limitaciones a través de las que procedes con aciertos y errores"...

* * *

-"Recuerda... gradualmente han de ir recordando su Naturaleza Estelar... Despertando a través de su Naturaleza Humana en la Unidad"...

* * *

En ocasiones... esta espera se me antoja tediosa... teniendo en cuenta que nada de lo cotidiano atrae ya mi interés...

* * *

-"Es comprensible... si eres consciente de la existencia de Otros Lugares habitados por Civilizaciones Estelares"...

* * *

No quiero decir que... ¿Me es indiferente todo aquí? ¡No! Más bien que se cual es el siguiente Escenario Evolutivo...

* * *

-"Viajar hacia adelante y retroceder a través del Espacio/Tiempo... favorece la inquietud entre el pasado, el presente y el futuro"...

* * *

Tan solo he de seguir aguardando... viviendo como uno más sin sentirme parte de un Mundo que ha de Trascender...

* * *

Y... mientras TODO se completa... continúo observando la Evolución de lo que forma parte de las apariencias...

* * *

-"Ellos... comprenderán... da tiempo al tiempo... lo que no es percibido ni comprendido, ha de ser integrado tras ser reconocido"...

* * *

"REVELACIONES"...
4 de Agosto del año 2015

¿El verdadero peligro? Buscan sus propio protagonismo, el poder, el reconocimiento social... No son conscientes que así crean la destrucción...

* * *

Son tan peligrosos aquellos que dicen defender los derechos de los oprimidos... como los que vitan que el bienestar común se produzca...

* * *

Unos y otros... enfrentados... tan solo van en busca del poder, de un status social... mostrando su tiranía en cuanto alcanzan su objetivo...

* * *

¿Quién es quién? Tan solo observa a cada cual tanto en la dificultad como en la prosperidad... verás su naturaleza tal y como es...

* * *

Tan solo quienes cultivan su Espiritualidad son capaces de entender que... el Mundo Evoluciona con cada Ser Despierto...

* * *

El Ser Despierto no es el que va buscando seguidores, rebaño de aduladores... más bien es el que Crea un Legado que enriquece a TODOS...

* * *

El Ser Despierto... tan solo comparte, disfrutando del silencio, mientras se retira de las apariencias y las formas que todo lo maquillan...

* * *

El Ser Despierto... siente TODO lo que forma parte de la Naturaleza sus semejantes, vinculándose en Unidad con ellos...

* * *

Un Ser Despierto... no puede desear el mal a sus semejantes... en todo caso, que aprendan a través de la experiencia y Evolucionen...

* * *

¿El gran mal en este Tiempo de Transformación? El egoísmo, la necesidad de destacar, los celos y la envidia ante los logros ajenos...

* * *

Los logros ajenos... en realidad deberían ser tomados como Legado que ayuda a avanzar, a Evolucionar, a cultivar la Espiritualidad...

* * *

Si... el supuesto legado de una Raza consiste en oprimir, en destruír, en dominar, en crear el caos y el dolor... esto no es Evolución...

* * *

Una Raza que no cultiva su Espiritualidad... -nada que ver con religiones-, está destinada a perecer a manos de quienes la dominan...

* * *

Me vinculé a unos y a otros, tratando de comprender sus causas, de "Ver" su Naturaleza... me aparté de aquellos que tan solo buscan poder...

* * *

No luchan por sus semejantes aquellos que... disfrazados de líderes o sindicalistas persiguen sus propios intereses utilizando a una mayoría...

* * *

Ha de acontecer algo Trascendental en el Mundo que Libere a la Raza de los Humanos... que produzca un Despertar masivo...

* * *

El Despertar Masivo... ha de llegar a través de un Pulso Electromagnético Espiritual... que derribe tanto sin sentido en un Mundo caótico...

* * *

El Despertar Mundial... ha de llegar a través del Ser... tras recordar su Naturaleza Eterna, vinculada con Civilizaciones Estelares...

* * *

Civilizaciones Estelares que... son en la Luz, en la Paz, en la Unidad, en la Espiritualidad del Ser... Inspiran a quienes ya "Ven"...

* * *

"Ven"... quienes son en la Unidad... quienes sienten y perciben lo que "Es" Más Allá de las Formas y la Apariencia...

* * *

Cuídate de aquellas Almas perdidas que... tan solo se valen del conocimiento espiritual para promocionarse a si mismas...

* * *

Aquellas Almas perdidas, descarriadas que se erigen en líderes y salvadoras, creando dependencias, arrastran al resto hacia abismos...

* * *

Cuídate de quienes se adentran en ese movimiento New Age... en quienes te dicen lo que has de ser o hacer... necesitan dependientes...

* * *

Las Almas que verdaderamente llegaron a La Tierra para liberar al Ser Humano de sus cadenas, tan solo comparten Legados, no crean dependencia…

* * *

Observa a quienes llegan, trata de percibirles… estudia su lenguaje corporal, vibracional… ¿Qué ves? ¿Qué sientes?...

* * *

Cuídate de esas almas depredadoras que… se alimentan de quienes las siguen mientras crean dependencias… carecen de Espiritualidad…

* * *

Almas pendencieras, crueles y despiadadas que se disfrazan maquillando su falsa espiritualidad… utilizan a sus semejantes para sus fines…

* * *

Generalmente… aquellas almas que forman parte de grupos y colectivos, dependientes… no cultivan su Espiritualidad…

* * *

Quienes cultivan su Espiritualidad… tan solo comparten, preservando su espacio, su intimidad… no desean protagonismos…

* * *

Quienes cultivan su Espiritualidad... no desean ningún tipo de reconocimiento, ni seguidores, ni aduladores... se bastan a si mismas...

* * *

Mundo extraño este... en el que... ¿Aún la Humanidad necesita destacar? ¿Rivalizar? ¿Enfrentarse? ¿Acumular bienes materiales?...

* * *

¿Cuántas son las Almas que... al final de sus días de vida... descubren que desperdiciaron su Tiempo? ¿Cuando ya es tarde? ¿En el ocaso?...

* * *

Si hicieses un repaso de tu vida y buscases el verdadero sentido de tu actual existencia... ¿Qué sería lo primero que recordarías?...

* * *

¿Y si te dijesen; -Te quedan unos minutos de vida... antes de abandonar tu Alma el cuerpo físico, de desaparecer del Plano Terrenal?...

* * *

Tal vez, si deseas cultivar tu Espiritualidad, lo mejor que podrías hacer es... cada noche, antes de dormir, repasar lo que has sido ese día...

* * *

Cada día... eres lo que creas... lo que llevas a cabo y te afecta tanto a ti como a quienes forman parte de tu vida... ¿Cuál es tu Legado?...

* * *

Continúan luchando unos otros alimentando creencias, ideologías.. políticas y religiones... todo un entramado creado para enfrentar...

* * *

¿Quienes defienden realmente el bienstar que ha de ser común? Es necesario cultivar un Estado de Conciencia Espiritual Libre...

* * *

Ha de ser Liberada la Humanidad de aquellos que atentan contra sus Libertades...

* * *

Aguardamos pacientemente a que todo este escenario Mundial se Transforme, siendo Trascendido... Atrás quedará la barbarie y el caos...

* * *

Quienes realmente tienen algo que ocultar, tratan de enterrar el pasado... de olvidarlo... Huyen de la Memoria Histórica...

* * *

Una Raza que no aprende de su pasado, que prefiere enterrarlo... ha olvidado de donde viene... cual es su destino...

* * *

Finalmente... no se trata de tener razón o no... esto es indiferente... más bien, lo importante es el bienestar que puedes crear...

* * *

Una Raza en la que cada uno de los que la componen se ocupa tan solo de si mismo y de sus afines... está destinada a perecer...

* * *

No puedo apoyar ni vincularme a quienes luchan por sus causas, sean las que sean, beneficiando a unos en detrimento de otros...

* * *

Ante las luchas de poder... tan solo puedo observar manteniendo la convicción en que... "Algo acontecerá Más Allá de las apariencias"...

* * *

¿Un Mundo... una Raza... una sociedad que... enfrenta a unos contra otros, fomentando los intereses individuales? ¡Es bárbara! ¡Destructiva!...

* * *

Es imposible deshacer el enredo que la propia humanidad ha co-creado tras su inercia y esclavitud... "Algo ha de acontecer que la libere"...

* * *

Tratan de acercarse unos y otros... cada cual esperando me una a sus causa... nada tienen que ver conmigo... sus luchas son por el poder...

* * *

Es el interés personal y despiadado del ser humano lo que le ha enterrado en vida... ¿Tal vez sin ser consciente de lo que ha gestado?...

* * *

Desenterrar al ser humano de los profundos abismos en los que se ha adentrado a lo largo de generaciones... es tarea Espiritual...

* * *

Liberar a la Humanidad de sus captores... es tarea de Civilizaciones Estelares que... son conocedoras de su desventaja...

* * *

Observando el Mundo... y la forma de proceder de quienes... inertes ignoran lo que está aconteciendo... comprendo su ignorancia...

* * *

La ignorancia de los inertes... les impulsa a continuar viviendo en la esclavitud, creyendo que... ¿Así ha de ser todo?...

* * *

Quienes aceptan las cosas tal y como son en La Vida... justificándolas como que así han de ser... muestran su gran ignorancia...

* * *

Quienes viven siendo ignorantes... inertes... nada co-crean, tan solo se alimentan de sus falsos pretextos... no "Ven" Más Allá...

* * *

Quienes no "Ven"... sencillamente viven sus vidas alimentando sus carencias, sus vacíos... fríos, inertes, despiadados... sin sentimientos...

* * *

Creencias, ideologías, religiones... políticas creadas para dividir y enfrentar... alimentan la falta de Unidad, el caos y el dolor...

* * *

Se asfixia la Humanidad a si misma mientras ocasiona dolor y sufrimiento a sus semejantes viviendo en la ignorancia, mirando hacia otro lado...

* * *

Una Raza que vive luchando por el poder, ocupándose cada cual de si mismo sin importarle lo que a otros suceda... va camino de la extinción…

***

Una Raza que toma conciencia de si misma a través de su Espiritualidad... es compasiva, cultiva la Unidad, se ocupa de sus semejantes...

***

Tan solo me resta continuar observando... compartir a través del Legado que es creado mientras alimento el Arte y la Creatividad...

***

Quienes no desean "Ver", escuchar o sentir... deambulan por el Mundo viviendo inertes, ignorantes... alimentando sus caprichos...

***

"REVELACIONES"...
5 de Agosto del año 2015

Es sencillo propiciar el acercamiento entre unos y otros...

* * *

He tenido que implicarme en la lucha, para comprender lo que mueve a unos y a otros...

* * *

Ya he visto, ya he vivido suficientes experiencias para comprender que... tan solo existe una salida, múltiples soluciones...

* * *

Llegan las soluciones al conflicto, al enfrentamiento a través de la Espiritualidad... cultivando el silencio...

* * *

Ya no es posible disolver el conflicto, el enfrentamiento... en todo caso, mejor es cultivar la Paz, el Equilibrio...

* * *

Sentí que debía de tomar parte por unos y por otros, transitando extremos opuestos... para encontrar el Equilibrio que propicie la Unidad...

* * *

Comprendiendo el por qué de cada UNO... es posible "Ver" y sentir sus causas y conflictos...

* * *

Ha de aprender la Humanidad que han de ocuparse UNOS de otros... cultivando la Unidad, el bienestar común...

* * *

La Unidad y el bienestar común... se crea desde el Ser... Espiritualmente...

* * *

La Espiritualidad es un sentir... un Estado de Gracia a través del que es posible vivir por... y para La Paz...

* * *

Y... mientras se debaten entre enfrentamientos y contiendas interminables... cortándose las cabezas unos y otros... paciencia ¿Hasta cuándo?...

* * *

¡Cansan!... tanto los inertes que miran hacia otro lado, como los que sólo viven creando conflictos, enfrentamientos...

* * *

Y... ¡Sí!... me iría ahora mismo, dejando atrás todo este escenario hostil... si no fuese porque... se requiere permanecer en Servicio...

* * *

En cuanto se extienda en el Mundo en este Tiempo la Luz y la Paz a la que TODOS y cada UNO tienen derecho, finalizarán los problemas...

* * *

La Luz y la Paz... Vibran en la Unidad en este Tiempo en el que... ya TODO ha de completarse...

* * *

Tiempo en el que... TODO va siendo resuelto... con tan solo el deseo de que así sea, silencioso, certero, verdadero...

* * *

¿Mi deseo para TODOS y cada UNO? ...que aguanten un poco más en esta recta final... desando Prosperidad y Equilibrio Eternamente...

* * *

"REVELACIONES"...
8 de Agosto del año 2015

"No entendieron nada... ¡Nada de nada!... Sencillamente se les brindó la oportuniad de ayudar... y sintieron celos de los logros ajenos"...

* * *

Tras cada logro alcanzado a través de la entrega y el esfuerzo... cuando trascendía públicamente... ¿Cuántos sintieron desconsuelo?...

* * *

Tras cada logro alcanzado a través de la entrega y el esfuerzo... cuando trascendía públicamente... ¿Cuántos se sintieron molestos?...

* * *

Tras cada logro alcanzado a través de la entrega y el esfuerzo... cuando trascendía públicamente... ¿Dieron rienda suelta a la envidia?...

* * *

Tras cada logro alcanzado a través de la entrega y el esfuerzo... cuando trascendía públicamente... ¿Cuántos miraron hacia otro lado?...

* * *

Tras cada logro alcanzado a través de la entrega y el esfuerzo... cuando trascendía públicamente... ¿Cuántos decidieron ignorar lo Legado?...

* * *

Con el tiempo... se les va permitiendo ser conscientes de lo que dejaron de hacer, de ser, de sentir... en realidad lo Creado era para TODOS...

* * *

Es condición del Ser Humano... desear, ansiar los logros ajenos... apoderarse de lo que no les pertenece o... envidiarlo, odiarlo...

* * *

Son los que no cultivan su Espiritualidad, su Ser... los que luchan constantemente por aparentar, poseer, dominar, conquistar...

* * *

Tan solo se trataba de Co-Crear un Mundo en el que Prosperar a través de la entrega, de la Unidad, de la Paz y del Equilibrio...

* * *

Con cada aportación... con cada Legado... la riqueza Interior se extiende entre TODOS y cada UNO de los que... cultivan su Ser Interno...

* * *

Y así fue como percibimos, sentimos rivalidades,celos, envidias, desconsuelos, reproches por lo Creado...por el Legado que ha sido entregado…

* * *

Solo existe una solución... ya que no es posible cambiar la actitud de los hostiles, de los pendencieros, han de ocupar el lugar que merecen…

* * *

Un Mundo que Evoluciona... que se Transforma... no permite que los egoístas, pendencieros, sádicos, y despiadados campen a sus anchas...

* * *

Un Mundo que Evoluciona... que se Transforma... propicia la Transformación de TODOS y cada UNO que... han de cultivar la sinceridad...

* * *

No hay cabida para la falsedad, para la mentira, para maquillar "lo que no es"... en lo que ha de Manifestarse a continuación...

* * *

Tan solo La Verdad que es común a TODOS y a cada UNO, que ha de Crear el bienestar común... prevalece en TODO lo que ya "Es" en el Ser...

* * *

El Legado... la Verdadera Naturaleza de TODOS y cada UNO... ha de contribuir a la Transformación de un Mundo que ha de Liberarse...

* * *

Tan solo serán conscientes de sus actos... a continuación, cuando ya no puedan continuar dando rienda suelta...

* * *

Han dedicado más tiempo a impulsar su codicia, su necesidad de alcanzar posición, poder, lo que creen bienestar... interfiriendo...

* * *

Interfiere todo ser humano que tan solo se ocupa de si mismo egoístamente... atentando contra las libertades de TODOS y cada UNO...

* * *

Y... siempre presente la pauta; "No has de interferir en la Evolución de TODO lo que "Es"... a la que no suelo hacer mucho caso...

* * *

¿Tan solo ven lo que quieren ver? ¿Lo que forma parte de sus banales deseos? Tan solo piensan en aquello que les beneficie...

* * *

A todas aquellas almas perdidas que... desperdiciaron y malograron sus vidas... las he visto en el ocaso de sus últimos días tal y como son…

* * *

En el ocaso de sus últimos días... tal y como siempre fueron... sencillamente se dejan llevar por su absurda inercia...

* * *

Quienes alimentaron su inercia... se dejaron seducir por sus deseos egoístas que tan solo beneficiaron a unos pocos... ¿De qué ha servido?…

* * *

¡Fracasaron!... irremediablemente...cuando llegue el fin de sus días... verán realmente lo que hicieron... lo que dejaron de hacer... de Ser…

* * *

¿Tan solo alimentan el conflicto? ¿La indiferencia? La Transformación es posible a través de la valía y buenas acciones de TODOS y cada UNO…

* * *

La valía y las buenas acciones de TODOS y cada UNO nada tienen que ver con los intereses personales o la necesidad de destacar...

* * *

¡Fracasaron!... quienes se dejaron seducir por esa absurda necesidad de destacar... ¿Buscando la adulanción que se desvanece?...

* * *

Viviendo en las apariencias... ven el fracaso y el error en sus vidas en cuanto dejan de llamar la atención y ya no poseen poder ni dominio...

* * *

Es la necesidad de sentirse protagonistas, de destacar, de ostentar puestos que les permiten sobresalir... lo que realmente les destruye...

* * *

Transcurrido el tiempo... a quienes les es Inspirado a ir Más Allá y... ya no les seduce el poder, el dominio... buscan cultivarse...

* * *

Esta es la influencia de la Transformación en el Mundo... en este Tiempo de Ascensión... Inspirar a TODOS y a cada UNO a que se cultiven...

* * *

Cultivar el Interior... no consiste en poseer conocimientos, ni en destacar... más bien en adquirir Sabiduría y Evolucionar a través del Ser...

* * *

"REVELACIONES"...
9 de Agosto del año 2015

Nos lo dijeron... y lo comprobamos a través de la experiencia; "Quienes desenmascaran a los hostiles, sufrirán las consecuencias"...

* * *

Entidades y seres de bajas dimensiones, densas, hostiles... se encargaron de destruír la Unidad en familias y grupos...

* * *

Miembros de grupos y familias... invitados a ir Más Allá de las Formas... sufrieron las consecuencias tras ataques de seres hostiles...

* * *

Seres hostiles, de baja vibración, densos, oscuros... temían el Despertar de quienes fueron invitados a desenmascararles, a ir Más Allá...

* * *

Ir Más Allá... siempre significó "Ver" lo que realmente ha estado aconteciendo y Revelarlo, compartirlo con TODOS y cada UNO...

* * *

Siendo conscientes TODOS y cada UNO de lo que realmente acontece en el Mundo... propiciaría la Liberación de la Humanidad...

* * *

Con la Liberación de la Humanidad a través de La Verdad que anida en los corazones... el Amor y la Unidad Brillarían con Luz Propia...

* * *

La Luz, el Amor y la Unidad derriban los muros, las fronteras, creencias e ideologías impuestas por los oscuros, por seres hostiles...

* * *

Muchas han sido las Almas invitadas a Vibrar en el Amor, en la Luz y la Unidad a través de La Verdad que les ha sido Revelada...

* * *

Ser en La Verdad Revelada significa tomar conciencia cada UNO de si mismo y... decidir Transformar TODO lo que ha sido a través del Ser...

* * *

Transformar TODO lo que ha sido a través del Ser... supone enfrentar a seres y entidades hostiles que... se han alimentado de los inertes...

* * *

Los inertes, son todos aquellos que se han dejado seducir por la ignorancia, por la falta de Unidad, por el desamor y su ceguera...

* * *

En este Tiempo... ya es más fácil enfrentar a esas fuerzas hostiles que han mantenido esclavizada a la Humanidad, viviendo en el caos...

* * *

Son destruidas sus naves, su tecnología alienígena, extraterrestre... son mermadas las fuerzas oscuras, densas, hostiles...

* * *

Su poder residía en el desconocimiento de su existencia... en que los inertes e ignorantes escogiesen vivir mirando hacia otro lado...

* * *

Inertes e ignorantes... han sido cómplices de esos seres y fuerzas hostiles que han manipulado y usurpado La Vida en La Tierra...

* * *

Inertes e ignorantes... tan solo se han ocupado de sus asuntos, sin importarles en absoluto lo que a otros pudiese suceder...

* * *

Inertes e ignorantes... han alimentado su ceguera, escogiendo no "Ver"... burlándose de todo aquello que han temido...

* * *

En cuanto llegue el escenario que tanto hemos esperado... se ha de Manifestar TODO aquello que ha de propiciar la Paz y la Prosperidad...

* * *

Ya nadie podrá atentar contra el Equilibrio y la Unidad... ya nadie podrá utilizar a sus semejantes para alcanzar su gloria efímera...

* * *

Finaliza en este Tiempo toda manipulación, dominio y extorsión que ha alimentado la ceguera, la ignorancia y falta de conciencia de inertes...

* * *

Manipulados los inertes... han bailado al son de lo que seres y entidades oscuras, cobardes, demoníacas les han impuesto... manipulándoles...

* * *

La Transformación en este Tiempo, consiste en Crear el bienestar para TODOS y cada UNO... derribando la opresión, el caos y la manipulación...

* * *

Naves extraterrestres hostiles, van siendo abatidas, destruidas... ya no pueden ocasionar daño alguno a quienes luchan por la Paz...

* * *

Lo ignoran... Es observada la Humanidad en su totalidad a través de lo que a otros ocasionan... A través de la Unidad TODOS "Ven"...

* * *

No son válidas las simulaciones, las apariencias... cada cual es lo que es a través de lo que ha sido a lo largo de su existencia...

* * *

¿Qué harán en cuanto pierdan su dominio sobre los demás? Tan solo les quedará lo que han sido, lo que son... ¿Que aportarán a continuación?...

* * *

¿Un Mundo en el que... ya de nada servirán las influencias? ¿Un Mundo en el que... la verdadera valía personal es lo que cuenta?...

* * *

Imagina... un Mundo en el que... las posiciones de poder y de responsabilidad... son ocupadas por quienes se dedican por entero a los demás...

* * *

Dedicarse por entero a los demás... significa sacar lo mejor de cada UNO... no promocionarse aquellos que... se venden por una posición...

* * *

Luchando una gran mayoría por ocupar una posición, por destacar... ¿Qué esperan crear? ¿Un Mundo superficial? Eso... ya no es posible...

* * *

"REVELACIONES"...
10 de Agosto del año 2015

Siendo consciente de la pérdida de tiempo que supone vivir como los inertes, como los inconscientes... cultivo mi Ser... así Evoluciono...

* * *

Y mientras pierden su tiempo escogiendo seguir siendo superficiales, persiguiendo espejismos que se desvanecen... les observo...

* * *

En la medida que van surgiendo Almas Visionarias, capaces de Transformar el Mundo a través de sus propias vidas... TODO es Transformado...

* * *

Ocupo mi tiempo dando rienda suelta a TODO lo que "Es" en mi Mundo Interiorizando, cultivando la Espiritualidad, lejos de las apariencias...

* * *

Es posible observar las carencias y falta de Espiritualidad en aquellos que necesitan destacar, ser protagonistas... son dominantes...

* * *

Es posible observar las carencias y falta de Espiritualidad en aquellos que necesitan destacar, ser protagonistas... no son humildes...

* * *

Y... viendo lo que es Legado... ¿Tal vez creen que el propósito es destacar? ¿Sobresalir? ¿Alcanzar fama? ¿Popularidad? "Falta de visión"...

* * *

En vez de tomar aquello que le permite Evolucionar e impulsar sus vidas, sirviendo como ejemplo para Crear sus Legados ¿Envidian lo ajeno?...

* * *

Al final creerán que... ¿dedico tanto tiempo a compartir porque no tengo nada mejor que hacer?...

* * *

Dedico todo mi tiempo a Crear Conciencia... únicamente para que aumente la Masa Crítica de aquellos que... ¡Despiertos! TODO lo Transforman...

* * *

Si eres consciente que tu vida tan solo es un tránsito y que el verdadero sentido de tu existencia es lo que Creas... ¿Cuál es tu Legado?...

* * *

¿Y si sustituyesen la competitividad, la rivalidad y los celos por una Vida Creativa… dando nacimiento a Legados que compartir?…

* * *

Ya no será necesario obedecer a quienes tan solo se ocupan de si mismos y de sus afines, a quienes ostentan puestos de poder sin merecerlo…

* * *

Quienes son conscientes de sus aciertos y errores, evolucionan… Trascienden… van Más Allá de la limitación… cultivan su Espiritualidad…

* * *

Tiempo en el que es importante que TODOS y cada UNO propicien la Prosperidad y el Equilibrio creando el bienestar común…

* * *

En días como hoy… que preceden al domingo… es comprensible que nadie crea nada, de nada más allá de lo que es la apariencia…

* * *

¿Lo has notado? El vacío que se genera a través de lo que TODOS y cada UNO creen, sientan y piensan desde la limitación…

* * *

Y... de pronto... ¡Nada! ¿Nada? ... de nada. Es recomendable vivir la experiencia para comprender por qué se dejan arrastrar por la inercia...

* * *

Necesitan llenar sus vacíos... y tan solo encuentran consuelo en lo tangible, en lo que logra distraerles... ¿Enfrentarse al silencio?...

* * *

No pueden enfrentarse al silencio... porque eso supondría reconocer el inmenso vacío abismal que albergan interiormente...

* * *

Llenan sus vidas de mil y una experiencias... con el único fin de tapar el vacío existencial del día a día que carece de sentido...

* * *

Sienten el vacío en sus vidas... que este Mundo no es lo que debería... pero no se atreven a profundizar por miedo encontrarse con La Verdad...

* * *

¿La Verdad? La que es común a TODOS y a cada UNO Revela inevitablemente que es absurdo continuar viviendo en la apariencia...

* * *

Viven en la apariencia quienes aún necesitan la aprobación y el reconocimiento de sus semejantes, quienes tratan de demostrar algo...

* * *

Viven Espiritualmente quienes se retiran de ese mundo de falsos espejismos, de dimes y diretes, de absurdos constantes...

* * *

Dejas de vivir en la apariencia cuando eres consciente de lo que acontece y... decides no alimentar la estupidez, la superficialidad...

* * *

¡Anda! ...prueba a seguir viviendo superficialmente... llenando tus vacíos... verás lo que te aguarda a la vuelta de la esquina...

* * *

¿A la vuelta de la esquina? ...encontrarás todo aquello que te aguarda, revelándote que nada te llevas al final de tus días...

* * *

¿Al final de tus días? Harás un repaso de lo que tu vida ha sido... y a no ser que seas muy superficial... reflexionarás consecuentemente...

* * *

En días como hoy... comprendo a quienes viven tras la inercia y la necesidad de aparentar... sus abismales vacíos pueden ser percibidos...

* * *

Nada has de demostrar si... cultivas tu Interior, si alimentas tu Ser Espiritual... Las respuestas llegan siempre antes que las preguntas...

* * *

A través de la hipocresía de quienes ocultan La Verdad... el Mundo ha vivido mil y una mentiras...

* * *

Provengo de una familia en la que han reencarnado seres hostiles, que cultivan el egoísmo... la mentira... ocultando La Verdad...

* * *

La mayoría de los miembros de esta familia terrenal, tan solo se han ocupado de prevalecer, de destacar, de aparentar...

* * *

No tienen remedio... comenzando porque nunca han sido humildes... competitivos... si les viesen tal y como son, serían rechazados...

* * *

Carecen de sentimientos y de corazón... si se ocupasen de cultivarlos en vez de tratar de aparentar lo que no son, otra sería su vida...

* * *

Representan lo que ha de quedar atrás... como constantemente los desenmascaro... se sienten incómodos... creen que pueden engañar a otros...

* * *

En este Tiempo ya no se puede ocultar La Verdad... lo que cada cual es.... vivir tratando de aparentar lo contrario... es un error...

* * *

En este Tiempo... TODO va quedando al descubierto... ya nadie puede maquillar lo que es... ni aparentar lo que no es... TODO se ve...

* * *

En otro escenario... me daría igual la forma de proceder de los demás... pero la realidad es que lo que unos hacen, a todos nos afecta...

* * *

Tiempo de desenmascarar toda farsa interpretada por quienes pretenden aparentar lo que no son... Es más fácil cultivar el Interior...

* * *

Será recordado este tiempo que ha de quedar atrás como una época de barbarie y manipulación de la que se ha de aprender a no repetirla...

* * *

"REVELACIONES"...
11 de Agosto del año 2015

¿Se burlarán? ¿Se reirán? ¿Ridiculizarán lo que desconocen afirmando que es imposible? En este Tiempo ya no es posible ante tanta evidencia…

* * *

¿Por qué perder el tiempo? ¿Por qué ceder ante tanta falta de conciencia? "Descuida… ya TODO se va Transformando"…

* * *

Al menos… tras las Formas y las Apariencias… van sintiendo que… algo han de hacer, de ser… ¿Siente la llamada Espiritual? Tal vez…

* * *

Es imprescindible contar con un lugar fuera del alcance de invasores, de usurpadores, de quienes contaminan La Verdad y la inocencia…

* * *

¿Tal vez una fortaleza Dimensional… a la que tan solo se puede acceder en cuanto se Materializa… a voluntad de sus habitantes?...

* * *

A la vista que llegan con el único propósito de sacar beneficio para si mismos... mejor fuera de su alcance... ¡Lejos! ¡Bien lejos!...

* * *

Es imprescindible preservar y proteger el Legado... contar con el entorno apropiado en el que... puedan disfrutarlo los invitados...

* * *

Tan solo Civilizaciones Estelares son capaces de disponerlo TODO para que lo Creado, el Legado ocupe el lugar que le corresponde...

* * *

No pueden continuar contaminando nuestras vidas, nuestra trayectoria... Aquellos que tan solo se ocupan de si mismos han de permanecer lejos…

* * *

Aunque te parezca increíble... tan solo estamos aguardando la Materialización del Escenario propicio que Co-Crea el bienestar para TODOS...

* * *

Llegará el día en el que finalizarán las contiendas creadas por aquellos que vibran en la baja densidad... manipulados por seres oscuros...

* * *

Quedará este Legado como muestra de lo que ha sido… de lo que ya no ha de ser… En cuanto TODOS y cada UNO Despierten… comprenderán…

* * *

Tras cada Despertar… Nuevos Amaneceres mostrarán Horizontes lejanos que se aproximan… Es la Luz y la Paz, el Amor en TODO lo que "Es"…

* * *

TODO ha de ser Revelado… comprendido… recordado… así se extiende el Despertar entre TODOS y cada UNO… nada quedará oculto…

* * *

Frases

FRASES (I)

Representa mucho más que una Ley... no es tan solo un concepto, una idea... ¿Una Utopía? ¡No! Es mucho más que todo eso...

* * *

Es parte de TODOS y cada UNO en la medida que Despierta la Prosperidad Interiormente, a través del Ser, en La Vida Espiritual de cada Ser…

* * *

"Es" la Unidad… el bienestar de cada Alma reencarnada en La Tierra...

* * *

Representa mucho más que... lo que pueda llegar a ser demostrado o creído...

* * *

Se retroalimenta de la Luz y del Amor que... es entregado libremente, con conciencia, con cada idea nacida a través de la ilusión…

* * *

La ilusión es Creada en el Mundo de las Formas, Más Allá de las apariencias...

* * *

Representa mucho más que un ideal, que una creencia... nada tiene que ver con políticas o religiones...

* * *

"Es" un Acto de Fe Espiritual que nace en el corazón del Ser que... en conexión con La Vida, con el Universo...

* * *

Permanece en Servicio hacia sus semejantes, cuidando TODOS y cada UNO de los aspectos de su vida, en Equilibrio, en Paz...

* * *

"Es" la comprensión de las Leyes Universales que TODO lo rigen... en Alianza con Civilizaciones Estelares, con Seres Ascendidos...

* * *

Desde múltiples Dimensiones contribuyen a que la Evolución siempre esté presente en La Vida de TODOS, de cada UNO...

* * *

TODOS y cada UNO como Seres Eternos que... al margen de las formas adquiridas en cada reencarnación, son en la Luz y en el Amor…

* * *

Son en la Luz y en el Amor… Vibrando al Unísono con La Creación…

* * *

"Es"... NESARA & GESARA… mucho más que una Ley, que un concepto, que una idea...

* * *

"Es"... lo que cada UNO lleva en su Interior, Espiritualmente, impreso en su ADN como huella dactilar que define lo que vida tras vida, reencarnación tras reencarnación…

* * *

"Es"… lo que cada Alma ha sido a través de la Eternidad… Manifestando sus dones y facultades en este Tiempo de Gracia…

* * *

NESARA & GESARA... "Es" la Materialización de TODO lo que "Es" en TODOS y cada UNO de los Seres que... Vibran en Unidad…

* * *

NESARA & GESARA… Vibra en Unidad con La Vida, con el Universo, Creando el bienestar y la Evolución de TODA Forma de Vida aquí y Allá…

* * *

NESARA & GESARA… "Es" el Legado que TODAS y cada UNA de las Almas depositan vida tras vida, a lo largo de su Existencia…

* * *

NESARA & GESARA… "Es" en Servicio hacia TODOS y cada UNO de los habitantes de La Tierra… y de Otros Mundos… aquí y Más Allá…

* * *

NESARA & GESARA… "Es" Alianza y Legados…

* * *

FRASES (II)

Algo ha de acontecer en el Mundo... "Algo"... que tal vez podría resultarte incomprensible, pero que... forma parte del Milagro de La Vida...

* * *

Algo ha de acontecer en el Mundo... "Algo" que podría parecerte un imposible, que forma parte de un TODO...

* * *

¿Sabes?... para que suceda "Algo"… es necesario que seas capaz de concebirlo, de creerlo, de imaginarlo...

* * *

Lo que podría parecerte una ilusión... no lo es... Muchas han sido las Almas pioneras que... fueron Más Allá de lo establecido…

* * *

Muchas Almas que han ido Más Allá de lo establecido, de la norma… fueron tomadas como locas, dementes…

* * *

Muchas Almas que han ido Más Allá de lo establecido, de la norma… fueron inicialmente incomprendidas...

* * *

Muchas Almas que han ido Más Allá de lo establecido, de la norma... con el tiempo, en su época, marcaron grandes diferencias...

* * *

Quienes hablan de NESARA, de GESARA... van Más Allá de lo establecido, de la norma...

* * *

Van Más Allá de lo establecido, de la norma... quienes te Revelan la existencia de Otras Civilizaciones Estelares...

* * *

Van Más Allá de lo establecido, de la norma... quienes te muestran que La Vida es mucho más de lo que ahora ves...

* * *

"Ven" Más Allá de las apariencias... recorren el camino libremente, sin estar sujetas a normas, creencias o ideologías que limitan...

* * *

Almas que... ¡Luchan! ...pacíficamente, en silencio contra fuerzas oscuras propiciando que se Manifieste la Luz, el Amor y la Unidad...

* * *

Quienes Manifiestan la Luz, el Amor y la Unidad… propician la Prosperidad y el bienestar...

* * *

Quienes van Más Allá… te hacen partícipe de TODO lo que desconoces, de lo que has de "Ver", de lo que has de reconocer...

* * *

Algo ha de acontecer en el Mundo y... te has de preparar para asimilarlo, en la medida que La Tierra, que la Humanidad es Liberada...

* * *

¿De quienes es Liberada La Tierra, la Humanidad? …de seres, de fuerzas, de entidades que... hacen uso del caos, de la manipulación…

* * *

Seres, fuerzas y entidades que... hacen uso del caos, de la manipulación… han mantenido a la Población Mundial esclava...

* * *

Seres, fuerzas y entidades… han mantenido a la Población Mundial esclava... valiéndose de su ignorancia...

* * *

Algo ha de acontecer, recuérdalo... en un Tiempo en el que posiblemente TODO te resulte extraño...

* * *

Descuida... muchas son las Almas que... Despiertas, Velan por ti, por sus semejantes, para que TODO se concrete...

* * *

Descuida... muchas son las Almas que... Despiertas, Velan por ti, por sus semejantes, para que TODO se Materialice...

* * *

Este Mundo ha de Trascenderse, ha de Evolucionar liberándose de aquello que la ha reducido, de creencias e ideologías...

* * *

Ciertas creencias e ideologías, tan solo obedecen a un sistema creado para empobrecer, enfrentar y destruir...

* * *

Algo ha de acontecer, en un Mundo, en un Planeta en el que La Vida ha de ser vivida en Paz, en Equilibrio y Prosperidad...

* * *

Algo va a mostrarte la existencia de Civilizaciones que habitan el Universo, que han estado esperando el Despertar de la Humanidad...

* * *

Civilizaciones que habitan el Universo, inspiran tu Evolución, tu Trascendencia… tu Ascensión día a día…

* * *

Muchos ridiculizan lo que desconocen, temiendo lo desconocido…

* * *

Algunas Almas… diseminadas por el Mundo, llegaron a La Tierra para ayudar a que TODO se de...

* * *

TODO ha de darse… a través de acontecimientos que... van liberando a la Población Mundial…

* * *

TODO ha de darse… a través de acontecimientos que... van liberando a La Tierra…

* * *

La Población Mundial… el Planeta Tierra… ha sido esclavizado por seres, por fuerzas y entidades despiadadas, de baja vibración...

* * *

Algo ha de acontecer en este Tiempo en La Tierra... algo que... se va Manifestando día a día a través de quienes creen…

* * *

Algo ha de acontecer en este Tiempo en La Tierra... algo que... se va Manifestando día a día a través de quienes Vibran en la Evolución...

* * *

Algo ha de acontecer en este Tiempo en La Tierra... algo que... se va Manifestando día a día a través de quienes Vibran en la Transformación...

* * *

Algo ha de acontecer en este Tiempo en La Tierra... algo que... se va Manifestando día a día a través de quienes Vibran en TODO lo que "Es"...

* * *

Algo ha de acontecer... en este Tiempo, aquí... en este Plano Físico, y... Más Allá... en Múltiples Dimensiones...

* * *

Algo ha de acontecer... en este Tiempo, aquí... en este Plano Físico, a través del Ser, de la Espiritualidad...

* * *

FRASES (III)

Ante determinadas acciones y forma de proceder de las personas… se define una Raza…

* * *

Siento tristeza, desasosiego ante quienes despiadadamente hacen vivir a sus semejantes experiencias denigrantes, vergonzosas…

* * *

Cada cual se define a través de las experiencias que hace vivir a los demás… mostrando por qué cada cual es como es…

* * *

Tiempo en el que… TODO ha de ser Trascendido, en el que quienes "Ven" Más Allá han de Manifestar lo que "Es" en su Interior, Espiritualmente…

* * *

Ante determinadas formas de proceder de mis semejantes, siento vergüenza, tristeza, por su comportamiento…

* * *

¿Se comportan como esos seres, como esas fuerzas oscuras y despiadadas que... desde dimensiones hostiles, confunden a la Humanidad?

* * *

Dividen y enfrentan a la Humanidad, logrando que se comporte de forma denigrante, cruel y despiadada con sus semejantes...

* * *

Quienes en ocasiones forman parte de mi vida, de mi entorno... son esas Almas contaminadas que no ven Más Allá...

* * *

Quienes en ocasiones forman parte de mi vida, de mi entorno... son esas Almas y que... muestran su frialdad, su falta de escrúpulos...

* * *

Quienes en ocasiones forman parte de mi vida, de mi entorno... son esas Almas que extienden su indignante forma de proceder con sus semejantes...

* * *

Son quienes no ven Más allá, quienes muestran frialdad, falta de escrúpulos, quienes han de vivir lo que a otros desean, lo que propician...

* * *

Quienes viven lo que a otros desean y propician… han de que aprendan a cultivar la humildad…

* * *

Es Tiempo de Crear el bienestar de TODOS y cada UNO…

* * *

FRASES (IV)

No puedo permitirme distracciones, que otras personas me carguen con las responsabilidades que son de ellas…

* * *

Trasladan a los demás sus responsabilidades, liberándose de esa carga para continuar viviendo como siempre han hecho, irresponsablemente…

* * *

No puedo permitirme distracciones, que otras personas lleguen con sus creencias, con sus ideologías…

* * *

No puedo permitirme distracciones, que otras personas lleguen con su forma de proceder, tratando de adoctrinarme…

* * *

No puedo permitirme distracciones, que otras personas lleguen tratando de alistarme para sus causas…

* * *

La Humanidad, generalmente va en busca de su propio provecho…

* * *

La Humanidad, va como manada desbocada, galopa sin riendas, sin rumbo fijo, arrollando todo cuanto a su paso se encuentra...

* * *

No puedo permitirme distracciones, por esta razón procuro mantenerme alejado de quienes... ¿Llegan?...

* * *

Quienes... ¿Llegan? ...al ver que no pueden sacar provecho, beneficio, se retiran en busca de nuevas presas...

* * *

Quienes van buscando su propio provecho, arrebatan espacios, recursos...

* * *

Procuro mantenerme alejado de quienes tratan de desviarme del rumbo que me he trazado...

* * *

Tiempo en el que creo más en la Transformación a través de acontecimientos incomprensibles para muchos...

* * *

Tiempo en el que creo más en la Transformación a través de Manifestaciones que han de traer el Equilibrio...

* * *

Mundo en el que… la Humanidad ha de aprender a convivir en Paz, en Unidad…

* * *

Mientras TODO se va Materializando, he de preservar mi Espacio, mi Tiempo, mi Vida… apartando todo aquello que crea distracciones…

* * *

He de ir apartando de mi vida aquello que trata de convertir mi día a día en algo efímero, banal e inerte…

* * *

Banal e inerte… es para mi como veo a una mayoría vivir sus vidas, entre distracciones, entre sin sentidos y absurdos…

* * *

Muchos sin sentidos y absurdos son aceptados al formar parte de la norma…

* * *

FRASES (V)

Ya no es posible esperar por una mayoría que… libremente ha de elegir cual es el siguiente escenario…

* * *

Ya no es posible esperar… Ya no se puede seguir permitiendo que una mayoría, ajena a lo que sucede entre bastidores, elija seguir viviendo como hasta ahora…

* * *

¿Formar parte de este Mundo de esta Raza, de una Humanidad que no ve Más Allá de las Apariencias, de las Formas?

* * *

¿Una mayoría que tan solo se ocupa de si misma? ¿Sin llegar a profundizar lo suficiente Interiorizando, cultivando su Espiritualidad? …

* * *

¿Una mayoría que tan solo se ocupa de si misma? ¿Sin llegar a profundizar lo suficiente? ¿Al margen de creencias? ¿De ideologías y religiones?…

* * *

Atrapan a quienes se dejan seducir fácilmente por todo aquello que finalmente tan solo forma parte de la ilusión...

* * *

Gestan distracciones quienes en todo instante tan solo se ocupan de impedir que la Transformación se produzca...

* * *

Ya no es posible esperar... en este Tiempo TODO ha de ir Revelándose... TODO ha de Manifestarse...

* * *

La Humanidad ha de redescubrirse... dejando de comportarse hostilmente contra si misma, atentando a través de la ignorancia, de la falta de cordura, de Unidad...

* * *

Ya no es posible seguir esperando... mientras aguantamos a quienes se erigen en líderes careciendo de formación, de ética, de principios...

* * *

Seducidos por el poder, son ajenos a la Evolución que ya se va produciendo en un Mundo que... ha de dejar atrás intereses y caprichos...

* * *

Seducidos por el poder, son ajenos a la Evolución que ya se va produciendo en un Mundo que… ha de dejar atrás ilusiones banales…

* * *

Seducidos por el poder, son ajenos a la Evolución que ya se va produciendo en un Mundo que… ha de dejar atrás inercias destructivas…

* * *

Ya no es posible continuar esperando… ¿Por quienes escogieron su propio protagonismo?…

* * *

Ya no es posible continuar esperando… ¿Por quienes eligieron su bienestar sin tener en cuenta a los demás?…

* * *

Ya no es posible continuar aguantando la negligencia de quienes atentan contra la Paz, el Equilibrio y la Unidad…

* * *

Es Tiempo de Trascender, de Evolucionar… es Tiempo de ir Más Allá de las Formas, cada UNO Interiormente, a través de Legados que… siempre fueron Alianzas…

* * *

Legados y las Alianzas... son inspiradas por Civilizaciones que ya Evolucionaron, que ya se trascendieron, que velan por TODOS y cada UNO...

* * *

FRASES (VI)

Debido a lo que creo, a lo que siento, a lo que comparto, una inmensa mayoría que llega, una pequeña minoría que se queda y quienes siguen su camino, nada creen a no ser que... ¿Se les demuestre?...

* * *

La Humanidad ha de actualizarse dejando de recordar constantemente modelos y situaciones que han quedado obsoletas...

* * *

Creencias, ideologías y religiones diseñadas en su gran mayoría por falsos dioses, manipulan y enfrentan a la Humanidad...

* * *

La Humanidad no se atreve a sentir y pensar por si misma, a cultivar su propia Espiritualidad Interiorizando a través del Ser...

* * *

Toda la estructura social y económica, basada en normas, pautas y formas de proceder, tan solo pueden ser obedecidas abrazando e idolatrando lo que ya es obsoleto...

* * *

¿Es la Humanidad una gran secta, que obedece a doctrinas piramidales en las que... tan solo es posible escalar escalonadamente?...

* * *

Tan solo hay que contemplar la situación mundial para comprender que... ya no es posible seguir creyendo en lo que únicamente se ve...

* * *

La ceguera... ¿Se ha extendido generación tras generación?...

* * *

Ahora, cada cual ha de creer en si mismo, desarrollar sus dones y facultades, plantearse qué aporta al Mundo, con qué contribuye a su Transformación...

* * *

Cada cual ha de asumir las consecuencias de sus acciones, dejando de seguir a otros...

* * *

Bien está que cada cual se cultive, que siga una doctrina, creencia o ideología siempre que... sea capaz de cuestionarse lo que otros imponen...

* * *

El ser humano es un auténtico prestidigitador capaz de transformar "el agua en vino" a su conveniencia, según sus intereses...

* * *

FRASES (VII)

Tiempo de reflexión... de silencios antes de la acción...

***

Tiempo en el que se ha de Manifestar todo aquello que Interiormente es Creado desde el Ser...

***

Tiempo de Paz... de Equilibrio... de Unidad... de Despertares...

***

La Humanidad ha de observar a través de los acontecimientos que se van sucediendo que... es posible la Transformación del Mundo...

***

TODOS y cada UNO han de contribuir a que se Manifieste el bienestar...

***

Han de ocuparse los unos de los otros sin excepción, dejando atrás el conflicto, el enfrentamiento, los intereses personales...

***

Tiempo de reflexión tras la Unidad del Pueblo Griego, tras la Lucha por su Libertad, tras la elección del "No" a la esclavitud, a la extorsión...

* * *

Tiempo en el que... al Mundo se le ofrece una nueva oportunidad de "Ver" Más Allá de las Apariencias, de las Formas, de la mentira y la manipulación...

* * *

Las Apariencias, de las Formas, de la mentira y la manipulación... ha sido llevada a cabo por aquellos que... TODO trataron de destruirlo...

* * *

Seres despreciables al servicio del mal, del caos, de la extorsión, mercenarios... dieron rienda suelta a un sistema económico y político en el que creencias, ideologías y religiones han sido contaminadas, corrompidas...

* * *

Tiempo en el que... ¡Al fin! ¡Algo de cordura! ...ante la desidia, la inercia mostrada antaño...

* * *

Tiempo de enhorabuenas, de felicitaciones ante el ejemplo mostrado por el Pueblo Griego, por sus Líderes y Gobernantes...

* * *

El Pueblo Griego, por sus Líderes y Gobernantes… han decidido formar parte de la Evolución, de la Transformación…

* * *

Tiempo se silencios y reflexión antes de Manifestar toda acción…

* * *

Tiempo de asumir cada UNO su responsabilidad tomando conciencia de TODO aquello que crea, que cree, del Legado que deja a sus semejantes…

* * *

Tiempo de asumir cada UNO su responsabilidad tomando conciencia de TODO aquello que crea, que cree, de las Alianzas que escoge establecer…

* * *

Tiempo de Luz, de Equilibrio, de Prosperidad…

* * *

Tiempo propicio para Manifestar la Ley NESARA & GESARA, la Ley del Derecho Natural…

* * *

Tiempo de destituir a líderes, y gobernantes corruptos…

* * *

Tiempo de escoger a quienes han de representar verdaderamente a la Población Mundial; a Almas sabias, responsables, solidarias, de gran valía...

* * *

Almas sabias, responsables, solidarias, de gran valía... cultivan el respeto, que poseen un gran corazón...

* * *

Ha de extenderse el bienestar para TODOS, para cada UNO sobre la faz de La Tierra...

* * *

Tiempo... de Alianzas y Legados, de Bienaventuranzas...

* * *

Tiempo de Interiorización a través de la Espiritualidad del Ser...

* * *

FRASES (VIII)

No obedezco a normas, a causas o a pautas directivas que se desvían del bien común, que se alejan de lo que a TODOS y a cada UNO ha de beneficiar...

* * *

No obedezco a nada de lo que escogen quienes se agrupan en clanes, tan solo a La Vida...

* * *

Tomo partido por UNOS o por otros cuando creo o siento que he de hacerlo, que he de ser a través de sus causas, creencias o ideologías...

* * *

Siendo a través de las causas... sin serlo en la totalidad de aquello en lo que son habitualmente, tan solo lo soy por unos instantes si... percibo que así ha de ser...

* * *

No permanezco demasiado tiempo entre UNOS y otros, porque finalmente siempre TODOS y cada UNO desean alistar a afines que les sigan fiel y ciegamente...

* * *

Tan solo el bienestar ha de ser común...

* * *

TODOS y cada UNO han de estar destinados a ser parte de la Transformación...

* * *

Es lógico que me adentre en sus mundos, en sus causas, en sus clanes, en sus creencias e ideologías, con el fin de "Ver" lo que es común...

* * *

Participo en las luchas que propician la Evolución lo que ha de ser Trascendido... ¿Puedes entenderlo?...

* * *

Si no comprendes... tal vez no me explico adecuadamente... tal vez no me ves como realmente soy, como siempre he sido en esta y en otras vidas...

* * *

Soy testigo a través de múltiples experiencias que conducen a constantes enfrentamientos, desacuerdos, contiendas por el poder, por el protagonismo...

* * *

No me atraen los deseos comunes de acumular bienes materiales, posiciones sociales, económicas, de dominio de unos sobre los otros...

* * *

Mi único objetivo es la Transformación del Ser, que se complete este proceso en el que la Raza de los Humanos escogió ser partícipe…

* * *

Evolucionamos a través de este Plan, de este Holograma, de La Vida del Universo...

* * *

Muchas son las Almas que encuentro en el camino, que son conscientes de lo que hago… muchas… las que pasan de largo…

* * *

Muchas son las Almas que no "Ven" Más Allá de las Formas... ¿Qué más da?...

* * *

Finalmente lo importante es permanecer en ese estado que me permite seguir Vibrando en lo que siempre he sido…

* * *

Escenario complejo de influencias, de dimes y diretes, de verdades y mentiras, de aciertos y errores, de extremos opuestos que han de encontrarse...

* * *

Han de forjar su propio Equilibrio para dar lugar a la Paz, a la Unidad...

* * *

No formo parte de colectivos, de creencias o ideologías más de lo que permanezco entre unos y otros por breves períodos...

* * *

Tan solo me integro momentáneamente, lo suficiente como para comprender la naturaleza de lo que a TODOS y cada UNO impulsa a ser lo que son...

* * *

Trato de "Ver" y sentir sus causas, sus ideologías, sus creencias y... contribuir a que salgan de la prisión...

* * *

En ocasiones son partícipes del juego que falsos dioses planificaron hace mucho... mucho más de lo que en se recuerda...

* * *

A través de lo compartido, de la Espiritualidad, de la Vibración es posible Ser en TODO lo que Trasciende…

* * *

Tal vez te resulten extrañas estas palabras, pero descuida… tan solo comparto, unas veces para el Ser, otras para las Almas, otras para las personas…

* * *

El Alma "Ve" y siente Más Allá de lo que son las Apariencias… personas que… son actores y actrices, en el escenario de La Vida…

* * *

Tan solo obedecen a las limitaciones de Tercera Dimensión…

* * *

No obedezco a nadie concreto, no soy fiel a causas, creencias e ideologías creadas para enfrentar, para dividir…

* * *

Impiden la Transformación, la Evolución, la Ascensión de TODAS y cada UNA de las Almas que llegaron a La Tierra…

* * *

Trascendiéndose a si mismas, superan el olvido, recordando su Eternidad...

* * *

Soy en TODO aquello que forma parte de mi propia Naturaleza, del contrato establecido antes de reencarnar, de renacer...

* * *

Me adapto a las circunstancias, a creencias e ideologías, a entornos en los que prevalecen normas que aún encadenan, que esclavizan....

* * *

Procedo según creo, según siento, según recuerdo quien soy realmente, a pesar que en ocasiones me contamine...

* * *

En ocasiones me contamino dejándome llevar por todo aquello que atrapa en esta Dimensionalidad...

* * *

Afortunadamente... todos permanecemos en conexión... aquí y Allá...

* * *

TODOS somos inspirados a ir Más Allá... a Ser en la Luz que Ilumina el camino de regreso al Hogar…

* * *

Somos ayudados por Civilizaciones Estelares, por Maestros Ascendidos mientras este proceso se completa...

* * *

Unas veces callo, otras… soy un transgresor, es por esto por lo que… unas veces me perciben afín… otras contrario...

* * *

Nada me importan las causas, creencias e ideologías ilusorias que impulsan a unos y a otros a alimentar la banalidad, la inercia del desconocimiento...

* * *

Nada me importa ni me interesa lo que en ese Mundo de Formas o Apariencias tanto distrae y contamina...

* * *

FRASES (IX)

¿Falta de cordura? ¿De atención? ¿De ayuda por parte de quienes... generalmente miran hacia otro lado?...

* * *

A la Humanidad ya no le queda otro recurso más que... confiar en que los acontecimientos se van sucediendo mientras es creado el bienestar...

* * *

El bienestar ha de ser Creado para TODOS y cada UNO...

* * *

¿Falta de cordura? ¿De ayuda y atención por parte de quienes... se suponen han de velar por TODOS y cada UNO?...

* * *

¿Qué es lo que queda? Confiar... sentir como ya el Mundo se va Transformando a través del sentir de quienes... ya van Trascendiéndose...

* * *

Trascendiéndose... forman parte de la Masa Crítica que TODO ya va Transformándolo...

* * *

No es necesario que te explique ahora en qué consiste el cambio, la Transformación... Ya lo he hecho con anterioridad...

* * *

Tan solo recuerda que... lo sucedido forma parte de un pasado, de un aprendizaje, has de recordarlo como parte de la Memoria Histórica...

* * *

Recuerda y rememora la Memoria Histórica... como quien acude a una gran biblioteca en busca de respuestas...

* * *

Reflexiona sobre lo que La Vida ha sido, aquí en La Tierra, en Otros lugares Más Allá de esta existencia...

* * *

Medita en silencio... sobre lo que tú has aportado, sobre tu Legado...

* * *

Es aquí y ahora el instante más importante, el actual presente, al igual que lo ha sido el pasado... más aún en este Tiempo...

* * *

Tiempo este en el que... los actores de esta parodia se reencuentran, tratando de proseguir con sus actos, con sus propósitos e intenciones...

* * *

Es aquí y ahora el Tiempo que ha de ser definitivamente Trascendido… tratando de mantener la cordura, el equilibrio…

* * *

Vibra en todo aquello que ha de propiciar el renacimiento de nuevos escenarios a través de los que convivir en Paz, en Equilibrio, en Unidad…

* * *

Es este… un Tiempo en el que… UNA Mayoría… ha de aprender a velar UNOS por los otros…

* * *

Es este… un Tiempo en el que han de ser dejados atrás intereses, caprichos y banalidades…

* * *

Es Tiempo de ser parte de la Transformación que ha de ser Co-Creada entre TODOS y cada UNO…

* * *

Atrás han de quedar creencias, ideologías, religiones, patrones de comportamiento que tan solo han enfrentado…

* * *

Es Tiempo de Unidad…

* * *

FRASES (X)

No creo que el Ser Humano posea la capacidad para solucionar TODOS y cada UNO de los problemas que ha creado…

* * *

No creo que el Ser Humano posea la capacidad para solucionar TODOS y cada UNO de los problemas que ha heredado…

* * *

No creo que el Ser Humano posea la capacidad para solucionar TODOS y cada UNO de los problemas que alimenta día a día…

* * *

El Ser Humano está destinado a escoger qué camino desea recorrer y… en base a esto… se Manifestarán en su vida…

* * *

Se han de Manifestar en La Vida del Ser Humano una Infinidad de Acontecimientos que TODO lo Transformará…

* * *

¿Es capaz el Ser Humano de elegir vivir en Paz, en Equilibrio, en Unidad, cultivando su Vida Interior, su Espiritualidad?…

* * *

No creo que sea tarea del Ser Humano solucionar todos y cada uno de los problemas que aquejan al Mundo...

***

Desde la perspectiva y limitación terrenal del Ser Humano... es imposible que logre Trascender...

***

Ha de alzar su mirada el Ser Humano hacia el Firmamento y entrar en Conexión con TODO lo que Existe en el...

***

Ha de "Contactar" el Ser Humano con Civilizaciones capaces de Ser en la Unidad, en la Paz, en el Equilibrio...

***

Crearon este Holograma con el único fin y propósito de brindar a los habitantes de La Tierra Manifestar aquello que define su Evolución...

***

FRASES (XI)

TODO… se va recolocando en su sitio… poco a poco…

* * *

Aún se dan situaciones injustas a través de quienes humillan y denigran a sus semejantes…

* * *

Quienes humillan y denigran a sus semejantes han de aprender a respetar La Vida…

* * *

Quienes humillan y denigran a sus semejantes han de aprender a ser más amables, condescendientes…

* * *

TODO… se va recolocando aunque muchas son las personas que escogen enquistarse en sus conceptos…

* * *

¿Se han enquistado en lo que definen como sus centros de luz? ¿Tal vez proceden como mejor creen? ¿Mirando hacia otro lado?…

* * *

¿Maquillando realidades?... así es como son cómplices y creadores de situaciones irregulares...

* * *

Ha de aprender la Humanidad a valorar a cada persona por su cualificación, por sus capacidades, por sus dones, por sus facultades...

* * *

Ha de permitir la Humanidad que cada UNO se desarrolle Evolucionando a través del entorno que le corresponde...

* * *

No pides a un pez que viva afuera del agua... Moriría... No pides a un ave que se sumerja en el mar y viva bajo sus aguas... Moriría...

* * *

Cada Alma... cada persona, ha de Evolucionar según el medio que la formó, el entorno... las costumbres, las tradiciones...

* * *

Ha de ser cada Alma... cada persona siempre inspirada a "Ver" Más Allá... a Evolucionar...

* * *

¿Por qué se empeña la Humanidad en denigrarse a si misma a través de lo que a sus semejantes ocasiona?…

* * *

Quienes denigran a sus semejantes… tal vez ignoran las graves consecuencias que esto acarreará a quienes… ¿Así lo propician?…

* * *

Quienes denigran a sus semejantes… tal vez ignoran las graves consecuencias que esto acarreará a quienes… ¿A quienes lo apoyan?…

* * *

Quienes denigran a sus semejantes… tal vez ignoran las graves consecuencias que esto acarreará a quienes… ¿A quienes son cómplices?…

* * *

Los vínculos que ha de cultivar la Humanidad consisten en proteger y velar UNOS por los otros… no ha de causar daño y aflicción…

* * *

¿Mirar hacia otro lado? ¿Camuflar la mentira? ¿Dejar de decir las cosas tal y como son?…

* * *

Poseen en su genética rasgos pendencieros heredados...

* * *

Desarrollaron su tiranía heredada por antecesores que... mejor habría sido apartarles de la sociedad evitando así el daño que han ocasionado...

* * *

No deseo volver a ser el verdugo que corta cabezas, desvelando Verdades y errores cometidos por un entorno hostil... no merece la pena...

* * *

¿Un entorno que... no está dispuesto a cambiar?... que ha heredado el mismo patrón de comportamiento de aquellos que... ¡Tanto daño causaron antaño!...

* * *

Mi premisa es... que algo está aconteciendo, que ya TODO está Transformándose...

* * *

Lo que ha sido vivido, quedará como parte de un pasado que no ha de volver...

* * *

Lo que está por Materializarse Mundialmente… contribuirá a que la Raza de los Humanos Evolucione Trascendiéndose…

* * *

Trascendiéndose la Raza de los Humanos… irá dejando de ser tan pendenciera y autodestructiva…

* * *

TODA experiencia vivida… nos ha traído hasta este Tiempo… propiciando que tras tanto caos, destrucción, esclavitud y enfrentamientos la Humanidad reaccione…

* * *

¿Escogen decir "No" a los que oprimen? …descubriendo su propia valía, luchando por salir de experiencias y escenarios terribles…

* * *

Lo vivido… ya forma parte de la Memoria Histórica, a través de la que cada cual ha de valorarse aún más, luchando por el bienestar que ha de ser común…

* * *

Han de recordar que… no han de repetir los mismos errores de generaciones pasadas… de vidas y reencarnaciones de otras épocas…

* * *

Mi verdadero deseo para TODOS y cada UNO... es que La Vida les muestre verdaderamente el significado de vivir este Tiempo...

* * *

Atrás han de quedar los que han ocultado la Verdad... dando rienda suelta a la mentira, maquillándola según sus intereses...

* * *

Son los que ocultan La Verdad... los que escogen mirar hacia otro lado, viviendo más hacia afuera, en la apariencia...

* * *

Tratan de granjearse el reconocimiento de quienes... ¿Viven superficialmente?...

* * *

Según procedas con los demás, así vivirás lo que a otros ocasiones... TODO... se va recolocando en su sitio... poco a poco...

* * *

Aún se dan situaciones injustas... a través de quienes humillan y denigran a sus semejantes...

* * *

Son esas personas, esas Almas que humillan y denigran, las que han de aprender a respetar La Vida, a ser más amables, condescendientes…

* * *

Son sus erróneos comportamientos y formas de proceder los que me han contaminado en multitud de ocasiones…

* * *

Cultivaron la frialdad, la falta de Amor y de Unidad, de Equilibrio… ¿Tal vez proceden como mejor creen? ¿Maquillando realidades?…

* * *

Ha de aprender la Humanidad a valorar a cada persona por su cualificación, por sus capacidades, por sus dones, por sus facultades…

* * *

Han de permitir que cada UNA de las personas de este Mundo se desarrolle… Evolucionando en el entorno que le corresponde…

* * *

No pidas a un pez que viva afuera de agua… Morirá…

* * *

No pidas a un ave que se sumerja en el mar y viva bajo sus aguas... Morirá...

* * *

Cada Alma... cada persona, según el medio que la formó, el entorno... las costumbres, las tradiciones... ha de Evolucionar por si misma...

* * *

Cada Alma ha de Evolucionar siendo inspirada a "Ver" Más Allá...

* * *

FRASES (XII)

¿Continuar siendo esclavos del sistema corrupto? ¿Destructor del Mundo? ¿De la unidad? ¿De la Paz? ¿Del equilibrio? ¿De la evolución?...

* * *

Se va abriendo el camino que lleva al reencuentro Espiritual de UNOS y otros, el que han de completar los habitantes de La Tierra…

* * *

Han de completar los habitantes de La Tierra el camino que lleva a reencontrarse con Civilizaciones Estelares…

* * *

Las Civilizaciones Estelares… tan solo pueden ayudar a quienes se ayudan a si mismos...

* * *

Toda Raza ha de ser capaz de salir de la barbarie, de Trascender lo que le ha sido impuesto por seres hostiles…

* * *

Los seres hostiles... ¡TODO! ...lo manipularon desde tiempos inmemoriales, desde la existencia de la Atlántida y su posterior destrucción...

* * *

Las Almas... ¡Han de Alzarse! ...a través de su Libre Albedrío... escogiendo vivir en Libertad, contribuyendo a Co-Crear un Mundo que se Transforma...

* * *

¿Es capaz la Humanidad de recuperar sus sentimientos y emociones, que la vinculan con TODO lo que "Es"?...

* * *

Nada importa que no comprendas estas palabras... ¿Tratas de darle sentido a través de la razón? Tu mente... tal vez no las interprete...

* * *

Tu mente... tal vez no interprete estas palabras, pero... ¡Si! tu Ser... El mensaje es claro...

* * *

Tan solo te recuerda quién eres tú, quien fuiste en otras vidas... tu Eternidad, tu participación en diversas épocas...

* * *

Llegaste a este constante presente tan Trascendental... para ser protagonista de la consecución del Plan establecido para la Ascensión…

* * *

Suceda lo que suceda en el Mundo... hagan lo que hagan quienes tratan de imponer su criterio... finalmente siempre se alzarán las voces valientes…

* * *

Las voces valientes de quienes se alzan… ¡Luchan por la Libertad!... Son Almas Nobles… en Servicio…

* * *

Las Almas Nobles… en Servicio… honran y enaltecen la valía del Ser Humano, defendiendo el derecho a vivir con dignidad...

* * *

Observa a quienes se erigieron en dueños y señores de un Mundo que no les pertenece, encontrando su Talón de Aquiles y abatiéndoles…

* * *

¿Tratan de reducir y extorsionar a los Pueblos que Manifiestan el 'No' a ser oprimidos, esclavizados, destruidos?…

* * *

¿Tratan de imponer su criterio? ¿Su austeridad? ¿Su sistema erigido sobre la deuda? ¿Creando pobreza? ¿Caos? ¿Muerte?...

* * *

¿Tratan de imponer su criterio? ¿Su austeridad? Alimentándose del dolor de los oprimidos...

* * *

¡Siempre aparecerán en escena Almas valientes! ...que... ¡Alzarán su voz! ¡Luchando por la Libertad!...

* * *

Políticos y gobernantes... aliados y cómplices del actual gobierno Jázaro Iluminati de EE.UU., tratan a toda costa de mantenerse en pie...

* * *

Va pereciendo el imperio de los Jázaros Iluminati... al igual que sucedió en la Atlántida tras ser corrompida...

* * *

Ven los Jázaros Iluminati como una amenaza a los Países en los que... Líderes y Gobernantes son honrados y sinceros, comprometidos con La Vida...

* * *

Ven los Jázaros Iluminati como una amenaza a los Países en los que… Líderes y Gobernantes se comprometen con la Paz, el Equilibrio…

* * *

Ven los Jázaros Iluminati como una amenaza a los Países en los que… Líderes y Gobernantes se comprometen con la Unidad y la Prosperidad…

* * *

Líderes y Gobernantes honrados, sinceros… ¡Enfrentan a los Jázaros Iluminati!… Así es como el Cabal ha invadido y conquistado La Tierra...

* * *

Van siendo observados los Jázaros Iluminati por una Población Mundial que… ya no cree sus patrañas, sus mentiras y manipulación...

* * *

Quienes sirven fielmente a los Jázaros Iluminatis… han de darse cuenta que… siguen a políticos y gobernantes crueles… ¡Despiadados!…

* * *

Políticos y gobernantes crueles... ¡Despiadados!... utilizan a la Humanidad como mano de obra, como esclavos reducidos a sobrevivir...

* * *

Sobreviven los esclavos, a través del sistema impuesto por los Jázaros Iluminati a base de opresión, austeridad y destrucción...

* * *

A través de la corrupción, tratan de impedir la Evolución, la Transformación, la Ascensión de La Tierra y de sus pobladores los Jázaros Iluminati...

* * *

Gobernar un país... no significa someterse a otros que... ¿Se creen dueños y señores del Mundo?...

* * *

¿Permitir que humillen quienes se apoderaron de la economía Mundial? ¿Extorsionando y esclavizando a los pobladores de La Tierra?...

* * *

Liderar a un Pueblo... conlleva estar a su Servicio... Velando por su bienestar... ser capaz de "Ver" Más Allá de lo que lo limita, impulsarle a Evolucionar...

* * *

¿Serán los Líderes, los Gobernantes Griegos capaces de luchar y… no amedrentarse?...

* * *

Tal vez sepan por la Historia de la Humanidad que... la Liberación consiste en desenmascarar a los servidores de seres involucionados…

* * *

Los depredadores… ocuparon puestos de poder a través de su oscura agenda Iluminati... Son los conocidos Jázaros, los del Cabal...

* * *

Los Jázaros Iluminati, los del Cabal… son aquellos que han ido heredando, extendiendo su Linaje desde remotos tiempos...

* * *

Extienden su Linaje desde la época de la antigua Babilonia, con el único propósito de apoderarse del Mundo, de la voluntad de la Humanidad...

* * *

Identificar a los Jázaros… saber quienes son, reconocer su existencia, conduce al conocimiento que ayuda a comprender su naturaleza hostil…

* * *

¿Te has preguntado por qué siempre han existido los conflictos? ¿Las guerras? ¿La destrucción?...

* * *

Es imprescindible impedir que todo siga igual, derribar los oscuros planes de los Jázaros Iluminati, destruir su agenda...

* * *

Tan solo es posible desenmascarar a los Jázaros Iluminati... si es de dominio público lo que llevan a cabo... si la Población Mundial... ¡Se Alza!...

* * *

Va saliendo la Población Mundial de su inercia, de la ignorancia que le ha sido impuesta...

* * *

Gobernar un país... significa poseer el Conocimiento Ancestral que ha permanecido oculto, dar a conocer lo que realmente ha estado sucediendo...

* * *

Han de ser conscientes de quiénes han sido esos oscuros seres que... tras apariencia humana, tras el disfraz y la influencia que ejercen...

* * *

Ejercen su influencia oscuros seres… sobre líderes débiles, ávidos de poder, fáciles de controlar, son en realidad sus fieles servidores…

* * *

Los logros de TODOS y cada UNO son los que conforman el Legado que ha de Transformar La Tierra, a sus habitantes…

* * *

Tiempo este en el que Líderes y Gobernantes han de actuar en Unidad, mostrando que la Raza de los Humanos es merecedora del "Contacto"…

* * *

La Raza de los Humanos es merecedora del reencuentro que ha de producirse con Civilizaciones Estelares…

* * *

Civilizaciones estelares… TODO lo Inspiran… ayudando a que cada UNO Evolucione, en la medida que se establece la comunicación…

* * *

Se establece la comunicación… el "Contacto"… a través del Ser… Interiorizando… con el corazón… cultivando sentimientos y emociones que… son Alianzas…

* * *

Sólo existe un camino para recuperar La paz y el Equilibrio... la Unidad y la Prosperidad...

* * *

Cada Alma que habita un cuerpo terrenal va tomando conciencia de su destino, de su verdadera naturaleza.... en la medida que cultiva su Alma...

* * *

Cada Alma ha de tratarse a si misma y a los demás con respeto, con Amor, cultivando los valores que enaltecen...

* * *

¿Formas parte de quienes... en Servicio han permanecido vigilantes? ¿Velando por el Plan Cósmico que ha de completarse?

* * *

El Plan Cósmico que ha de completarse... ha de llevar a la Humanidad a Manifestar su Evolución, a través de lo que es Creado...

* * *

Para que se complete el Plan Cósmico que ha de llevar a la Humanidad a Ascender... ha de cesar la violencia, el dominio, el caos, el terror...

* * *

Han de cesar las matanzas que aún mantienen a este Planeta Tierra sumido en las tinieblas y la esclavitud... impuesta por seres despreciables...

* * *

Seres despreciables que... han sumido en las tinieblas y la esclavitud a la Humanidad... se ocultan tras las sombras...

* * *

Temen a la Luz, al Despertar de la Población Mundial que... está capacitada para desterrarles de sus vidas para siempre...

* * *

Observa el Mundo como reflejo de lo que la vida ha sido hasta el día de hoy, en este Tiempo en el que te Revelo aquello que ha de formar parte de tu conocimiento...

* * *

Observa el Mundo como reflejo de lo que la vida ha sido hasta el día de hoy, en este Tiempo en el que te Revelo aquello que... has de recordar...

* * *

Observa a quienes engañan, extorsionan, destruyen... a quienes pisotean los Derechos Humanos... las Libertades, la Paz, el Equilibrio...

* * *

Observa a quienes engañan, extorsionan, destruyen... a quienes pisotean los Derechos Humanos... la Unidad, la Prosperidad...

* * *

Obsérvales... porque en este Tiempo ya son expuestos los Jázaros Iluminati para que les identifiques...

* * *

Has de decidir si... deseas que continúen causando tanto daño los Jázaros Iluminati... o si... ¿Por el contrario?... ...escoges expulsarles...

* * *

¿Escoges expulsar y cesar a los del Cabal? ¿Retirarles tu atención y credibilidad? ...porque esto es lo que está Transformando La Vida, este Mundo...

* * *

El Hombre... La Humanidad... ha sido utilizada para destruir La Tierra y la vida que alberga...

* * *

La Población Mundial, ajena a la Verdadera Historia que le ha sido ocultada, ha sido manipulada para continuar con el engaño y la manipulación...

* * *

La Población Mundial tan solo ha creído aquello que se le ha permitido creer... tan solo ha visto lo que se le ha permitido ver...

* * *

¿Por qué esperar a que llegue el final de tu existencia en esta reencarnación para ser consciente de lo que tu vida ha sido?

* * *

Aprovecha este Tiempo, observa atentamente... a ti llegará La Verdad si con sinceridad deseas reconocerla...

* * *

FRASES (XIII)

¿Viven en la apariencia? ¡Si!... tan solo en busca del reconocimiento de los demás...

* * *

¿Tienen en cuenta lo que están llevando a cabo quienes... permanecen en Servicio? ¡No!... tan solo les importa lo que ansían…

* * *

Tan solo les importa alcanzar aquello que les permita vivir dando rienda a sueños e ilusiones obsoletas, basadas en una mentira…

* * *

Persiguen un espejismo que ha sido puesto ante sus ojos, con el único fin de distraer su atención, de convertirse en seres superficiales…

* * *

Alimentan la banalidad, mientras viven como si La Vida tan solo fuese aquello que ven...

* * *

Permanecen dentro de la cueva, por ignorar que afuera hay Mundos mucho más Luminosos, Evolucionados, Espirituales...

* * *

Viven superficialmente... Inertes... sin ser conscientes de la tarea que están llevando a cabo quienes... ¡Luchan!... por su Libertad...

* * *

Viven superficialmente... Inertes... sin ser conscientes de la tarea que están llevando a cabo quienes... ¡Luchan!... por la Transformación...

* * *

¡Luchan!... por la Libertad de TODOS y de cada UNO... de La Tierra, de sus habitantes...

* * *

FRASES (XIV)

Somos conscientes... de lo que ha supuesto realmente la entrega... el Servicio que han llevado a buen término… Somos conscientes... de esto y... mucho más...

* * *

En este Tiempo ya TODO se concreta... aunque muchas son las Almas que ignoran lo que ya se va Manifestando...

* * *

Se beneficiarán de los logros, de la entrega, del Servicio que han llevado a cabo quienes han vivido de acuerdo con su "Conexión" Espiritual... desde el Ser...

* * *

La "Conexión" Espiritual... desde el Ser... es con Civilizaciones Estelares que han inspirado...

* * *

Somos conscientes Amor... del sacrificio que ha supuesto aguantar tantas contiendas, batallas y sin razones…

* * *

Sin saberlo... tan solo se ocupaban de vivir sus vidas tal y como creyeron debían ser vividas...

* * *

Descuida... en este Tiempo ya TODO se ha completado... cada UNO ocupará el lugar que le corresponde según ha sido su entrega, su Legado...

* * *

Quienes han atentado contra La Vida, contra La Tierra y sus habitantes, han de ser conducidos al exilio que les corresponde, lejos de la Humanidad...

* * *

FRASES (XV)

Has de reconocer La Verdad según te sea mostrada, en este escenario ilusorio, Holográfico que… constantemente está Transformándose..

* * *

Tan solo cuando reconozcas La Verdad… ¡Serás Libre!…

* * *

Has de aprender a Manifestar aquello que "Es" en ti y que ha de llevarte a expresar lo que Crea el beneficio para TODOS, para cada UNO…

* * *

En cuanto seas Libre… reconociendo La Verdad… ¿Asumirás el riesgo de ser rechazado? ¿Amenazado? ¿Apartado de la manada?…

* * *

Atrévete a Revelarte… enfréntate a los opresores, a los que extienden la austeridad, el caos y la destrucción… ¡Enfréntate a ellos!…

* * *

Tan solo has de verles tal y como son, una manada de chacales que son minoría frente a la gran mayoría de la Población Mundial...

* * *

Atrévete a Revelarte al caos y la destrucción, a aquellos que adoran alimentarse del sufrimiento del Ser Humano... ¡Atrévete!...

* * *

Has de aliarte con quienes como tú despertaron del sueño, de la inercia en la que un día vivieron siendo esclavos...

* * *

Arriésgate a ser derrocado, aunque tu vida corra peligro... ¡Atrévete!...

* * *

En este Mundo Holográfico, en este escenario creado a través de la Ilusión, lo único que realmente cuenta es lo que tú eres capaz de ser...

* * *

En este Mundo Holográfico, en este escenario creado a través de la Ilusión, lo único que realmente cuenta es lo que tú eres capaz de hacer...

* * *

Lo único que cuenta es aquello con lo que contribuyes a que TODO sea Transformado, comenzando por ti…

* * *

Has de reconocer La Verdad según te va siendo mostrada y… atreverte a Revelarte, enfrentándote contra tus opresores…

* * *

¿Lograrás reducirles? ¿Arrebatarles lo que usurparon a través de la mentira y la manipulación? "Tu libre albedrío"…

* * *

Verás que… quienes extendieron el caos y la destrucción en este Mundo, en realidad son cobardes…

* * *

Se esconden tras puestos de poder… ¡Manada de chacales! ¡Jauría depredadora! …carente de valía…

* * *

¡Revélate!... atrévete a "Ver" La Verdad, deja de distraerte con todo aquello que… ya no tiene sentido…

* * *

¡Lucha!… Pacíficamente… a través de tu Interior, de tu Espiritualidad…

* * *

Retírate en silencio… respira profundamente y observa atentamente lo que el Mundo ha sido, lo que es…

* * *

Deja de seguir a aquellos que han destruido el Mundo… tan solo síguete a ti mismo y… aporta lo que "Es" en ti…

* * *

Lo que "Es" en ti… puede contribuir a que TODO sea Trascendido…

* * *

Verás que… para distraerte, te mostrarán mil y un avances, verás que en realidad tan solo son distracciones para mantenerte prisionero…

* * *

No les creas… tan solo se ríen y se burlan de lo superficial que es el ganado, la masa formada por la Población Mundial…

* * *

Se muestran tan superficiales… crédulos y conformistas ante pequeños destellos que… ¿Brillan? como si de espejismos se tratase…

* * *

¿A caso no ves que aquello que crean los Jázaros tan solo es para destruir?...

* * *

¿Sus avances? ...siempre se han encaminado hacia el exterminio de una población que... ¡Podría Revelarse! ¡Hacerles frente!...

* * *

Temen que te Reveles... que les enfrentes... es por esto por lo que te han mantenido ignorante...

* * *

Te enseñaron a creer en lo que te dijeron que era la verdad, camuflando la mentira...

* * *

Observa el Mundo que habitas como si de una parodia se tratase... mientras cada cual va interpretando un papel ridículo...

* * *

En muchas ocasiones... es permitido que aquellos que tiranizan La Vida continúen ejerciendo su poder y dominio...

* * *

¿A caso no eres capaz de ir Más Allá? ¿A caso no sabe como derrocarles? Comienza por "Ver" lo que son, lo que dicen, lo que hacen...

* * *

Deja de creer en ellos, fija tu atención en quienes realmente pueden llegar a Transformar La Vida...

* * *

Aquellos que Luchan por la Paz, por el Equilibrio, por la Unidad... son los que puede llegar a Transformar La Vida...

* * *

Si te digo... a nadie has de seguir más que a ti mismo... es porque... muchos son los líderes, los gobernantes que incumplen sus promesas...

* * *

¿Prometen velar por la población que les eligen?... pocos son los que realmente lo logran...

* * *

Has de salir a la calle, Manifestar tu descontento, destituir a quienes nada hacen, a quienes se dejan intimidar y reducir...

* * *

¿Tan solo son marionetas de élites oscuras y pendencieras?...

* * *

¿Y si te digo... a nadie has de creer más que... a ti mismo? ¿Lo que en tu interior permanece inalterable?...

* * *

El Mundo que se tambalea, mostrando el caos y la destrucción de las Libertades...

* * *

Verás a multitud de dirigentes, de líderes y gobernantes haciendo uso de sus puestos de poder para esclavizar a la Población Mundial...

* * *

Se alimentan del sufrimiento que ocasiona la opresión... son los que dictan nuevas leyes para impedir que te Manifiestes...

* * *

Tratan de impedir que te Reveles, que Luches por tu Libertad...

* * *

Si permaneces dócil... esos seres oscuros, depredadores irán un paso más allá... ¿Vas a permitirlo?...

* * *

La Valía de cada persona, de cada Ser Humano, de las Almas que... han de Luchar en Unidad, pacíficamente, en Equilibrio...

* * *

Reconoce La Verdad... has de defender tu Libertad, negándose a apoyar los absurdos acuerdos de acreedores...

* * *

Los acreedores tan solo pretenden seguir ejerciendo su poder a través de la tiranía...

* * *

La cobardía... la inercia... forma parte de la vida vivida superficialmente, a través de caprichos sin sentido...

* * *

Los caprichos sin sentido, son los que han creado y alimentado el escenario en el que... El Mundo se debate entre el bien y el mal...

* * *

¿Bailan al son de quienes extorsionan? ¿De quienes impiden la Evolución del Ser?...

* * *

Se condenan a si mismos a seguir arrastrando las cadenas que les sujetan a sus amos...

* * *

¿Eres capaz de "Ver" realmente dónde se encuentra la Luz que ha de Iluminar el camino?…

* * *

Aquellos que han manipulado el Mundo, La Vida... a la Población Mundial… son los auténticos responsables de la barbarie…

* * *

Aquellos que han manipulado el Mundo… son los auténticos responsables de la barbarie… de lo que ha sucedido en La Tierra...

* * *

¿Quién puede confiar en quienes extienden su dominio? ¿Quién puede llegar a creer en aquellos que humillan?…

* * *

Ha de ser capaz del Ser Humano de escoger en qué Mundo desea vivir...

* * *

Ha de ser consciente el Ser Humano de la importancia de sus actos, de sus acciones...

* * *

Alcanzar la Libertad tan solo es un acto de responsabilidad, ejercido por aquellos que... dejaron de confiar en los dominadores...

***

¿Dejaron de confiar en quienes dominaron a sus semejantes?...

***

Observa a los falsos dioses que han controlado a los habitantes de La Tierra; "Aquellos que siempre pidieron el sacrificio de vidas inocentes"...

***

¿Les reconoces? ...son los que actualmente mantienen al Ser Humano esclavizado...

***

Mantienen al Ser Humano encadenado a creencias, a ideologías y religiones que lo han transformado en manada fácil de manipular...

***

Observa a quienes sirven a falsos dioses que... utilizan al Ser Humano alimentándose de su sufrimiento...

***

Si la Humanidad fuese consciente y… decidiese vibrar en la Luz, en el Amor y la Libertad, en la Unidad… verías como huirían los hostiles…

* * *

Sus Imperios han de ser reducidos a cenizas…

* * *

Recuerda esto… te han ocultado La Verdad a través de la mentira, de la manipulación…

* * *

Los Jázaros Iluminatis, los del Cabal… logran mantenerse en el poder, aprisionando a la Humanidad…

* * *

Si La Verdad saliese a la Luz, a través del Libre Albedrío TODOS y cada UNO podrían decidir Transformar el Mundo…

* * *

Es imprescindible desterrar a los falsos dioses y a sus adoradores, a los ejecutores de sus oscuros planes…

* * *

FRASES (XVI)

Tan solo es posible tratar de unir las piezas de este puzzle Mundial a través del que... nada es lo que parece...

* * *

Gobiernos Jázaros, Iluminatis formados por líderes y gobernantes corruptos del Cabal tratan a toda costa de seguir extendiendo la austeridad…

* * *

Las guerras, los conflictos, el dominio liderado por el actual gobierno pendenciero de EE.UU…

* * *

La Población Mundial ha de tener claro que es imprescindible desarticular los planes de los Jázaros Iluminatis…

* * *

Hemos de dejar atrás sus absurdo sistema basado en el caos y las guerras… a través de las que se sustentan...

* * *

Un Mundo que celebra acuerdos con países que se alían, con auténticos Líderes y Gobernantes que promueven la Paz, el Equilibrio... Evoluciona...

* * *

Trasciende todo aquello que le ha sido impuesto...

* * *

Los oscuros seres se revuelven en la oscuridad de abismos infernales, percibiendo como pierden su poder...

* * *

Los oscuros seres se revuelven en la oscuridad de abismos infernales, percibiendo su influencia sobre los Humanos...

* * *

A través del Despertar es posible Iluminar el camino de regreso a casa...

* * *

FRASES (XVII)

El destino ha de llevar a vivir a unos lo que han ocasionado a los otros...

* * *

Países gobernados por corruptos Jázaros, han permitido a gobernantes y líderes Iluminati extender las garras del Cabal…

* * *

Son cómplices y consentidores de la barbarie extendida por el actual gobierno mercenario de EE.UU…

* * *

El actual gobierno mercenario de EE.UU… ha endeudado al Mundo, usurpando las Libertades, ocasionando mucho daño...

* * *

Tendrá que vivir el país de EE.UU., y quienes lo habitan lo que a otros han hecho…

* * *

Han de experimentar TODOS y cada UNO lo que a otros ocasionan y comprender que... no es posible vivir de la guerra…

* * *

Han de experimentar TODOS y cada UNO lo que a otros ocasionan y comprender que... no es posible vivir del caos...

* * *

Han de experimentar TODOS y cada UNO lo que a otros ocasionan y comprender que... no es posible vivir de las armas...

* * *

Han de experimentar TODOS y cada UNO lo que a otros ocasionan y comprender que... no es posible vivir de la usurpación...

* * *

No es posible evolucionar a través de la guerra, del caos, de las armas, de la conquista y de la usurpación de recursos...

* * *

Los recursos que han de ser Patrimonio de la Humanidad...

* * *

Los Jázaros Iluminati alimentan sus arcas, sus vidas... a través de lo que a otros arrebatan con malas artes...

* * *

Las guerras, el caos y la usurpación de recursos... es auspiciado por seres ocultos que mueven los hilos de sus sicarios...

* * *

FRASES (XVIII)

Observa como la casta política corrupta no es la más indicada para gobernar ni líder un país...

* * *

La casta política corrupta... siempre obedecerá a sus amos, a los que les dictan lo que han de hacer...

* * *

Observa sus miradas... sometidos, obedecen fielmente a quienes de lo contrario podrían destituirles, cesarles... eliminarles...

* * *

Observa a esa casta política que tan solo lleva a cabo la oscura agenda Jázara Iluminati...

* * *

Obsérvales y... estudia su comportamiento, su forma de proceder, identificando a quienes han de ser retirados del poder...

* * *

Su falta de escrúpulos, sus carencias... les llevan a ocuparse tan solo de sus asuntos, de sus intereses...

* * *

Sus acciones fomentan el detrimento del Pueblo que les eligió para velar por el bienestar de TODOS y de cada UNO...

* * *

FRASES XIX

Observa a ciertos líderes, vasallos y marionetas de los que realmente gobiernan en la sombra…

* * *

Observa sus propósitos e intenciones destructivas…

* * *

En este Tiempo lamentan que la Humanidad Despierte, cultivando la Unidad, propiciando el Equilibrio…

* * *

Son neutralizadas sus acciones hostiles… que finalmente serán reducidas, desarticuladas, desvaneciéndose…

* * *

Quedará de los hostiles únicamente la Memoria Histórica de cuando ejecutaron…

* * *

Los corruptos ofrecen la oportunidad a la Población Mundial de desperezarse y… reaccionar…

* * *

¿Van saliendo de esa absurda inercia? ¿De esas creencias? ¿Ideologías? ¿Logias? ¿Religiones impuestas?...

* * *

FRASES (XX)

Verás con claridad en este Tiempo la lucha establecida entre el bien y el mal…

* * *

Verás en este Tiempo a Líderes y Gobernantes que velan por el bienestar de la Población Mundial…

* * *

Velan los auténticos Líderes y Gobernantes por la Paz, por el Equilibrio, por la Unidad y la Prosperidad…

* * *

Son cuestionados por aquellos otros líderes y gobernantes corruptos que… tratan de mantenerse en el poder…

* * *

Líderes y gobernantes corruptos siempre han ejercido en contra de la Humanidad…

* * *

Verás con claridad en este Tiempo como TODO va saliendo a la Luz, como TODO es Revelado…

* * *

Has de ser consciente en este Tiempo a quienes eliges seguir, a quienes no...

* * *

Has de decidir en este Tiempo... ¿Permanecer inerte?¿Sin hacer nada? ¿Abandonándote a tu suerte?...

* * *

¿Escoges en este Tiempo ser partícipe de la Transformación que ya está aconteciendo en La Tierra?

* * *

La Tierra va siendo liberada gracias a quienes realmente despertaron...

* * *

FRASES (XXI)

Grecia... se debate entre la esclavitud y la libertad... sus líderes y gobernantes vuelven a encadenar a la población que... ¡Se Manifiesta!...

* * *

Grecia... se debate entre la esclavitud y la libertad... sus líderes y gobernantes vuelven a encadenar a la población que... ¡Se Alza!...

* * *

Una vez más queda patente que... la Humanidad no puede seguir siendo liderada, gobernada por aquellos que son sicarios...

* * *

Cuídate de los sicarios de un sistema erigido para destruir, para esclavizar, para impedir que la Libertad se extienda sobre La Tierra...

* * *

Cuídate de los sicarios de quienes destruyen para impedir que la Libertad se extienda sobre los Planetas esclavos...

* * *

¿Grecia?... ¡Ha fracasado! ...ante la traición perpetrada por sus líderes y gobernantes, mientras rinden pleitesía a las ordas Jázaras Iluminatis...

* * *

Han de ser vencidas las ordas Jácaras Iluminatis, desterradas de La Tierra... de Planetas en los que aún ejercen su tiranía...

* * *

A Grecia se le dio la oportunidad de ser ejemplo a seguir por el resto de Países que han de liberarse de las garras del mal...

* * *

El mal siempre se ha manifestado a través de seres despiadados...

* * *

Si Islandia lo logró... ¿Por qué no Grecia?...

* * *

Ahora... la población de Grecia tendrá que decidir si continúa permitiendo que sus líderes y gobernantes lleven a cabo esta farsa...

* * *

Expulsará Grecia de sus puestos de poder, del país a sus líderes y gobernantes que se han vendido a los servidores del mal...

* * *

FRASES (XXII)

Ha de ser consciente la Humanidad de TODO lo que va aconteciendo…

* * *

Ha de tomar partido ante la barbarie y el despropósito llevado a cabo por líderes y gobernantes corruptos…

* * *

Líderes y gobernantes corruptos… se empeñan en destruir los derechos de TODOS...

* * *

Ha de ser consciente Humanidad que... ha de revelarse… ¡Alzándose!…

* * *

Ha de plantar cara la Humanidad a los Jázaros Iluminatis… y a los que como ellos se comportan...

* * *

O se Revela la Humanidad… o sencillamente estará siendo cómplice de cuanto llevan a cabo los Jázaros Iluminatis…

* * *

Es esta la tarea de la Población Mundial que... ha de... ¡Luchar! para impedir que los desalmados logren alcanzar sus propósitos...

* * *

Recuerda que... como esos mercenarios... en el pasado también aparecieron otros que... finalmente sucumbieron al igual que sus Imperios...

* * *

¿Por qué continuar reviviendo una y otra vez lo mismo? ¿A caso desconoces que son los mismos... reencarnados en diferentes épocas?...

* * *

Lo que no se hizo, lo que no se logró por aquel entonces... ha de ser posible en este Tiempo...

* * *

Tiempo en el que... aguarda a la Humanidad una Era Próspera y Bendita...

* * *

Tiempo en el que ha de convivir la Humanidad, de coexistir e interactuar con Civilizaciones Estelares...

* * *

La Humanidad siempre ha estado vinculada al Linaje Estelar a través de su código genético... de su Espiritualidad, del Alma, del Ser...

* * *

FRASES (XXIII)

Aquellos líderes y gobernantes al servicio del Cabal, de la casta Józara Iluminati, no ocupan puestos de poder para ayudar a que el Mundo Evolucione…

* * *

Seguir a líderes y gobernantes al servicio del Cabal, de la casta Józara Iluminati, muestra la ceguera de quienes creen en semejante patraña…

* * *

¡Despierta! …entiende que los corruptos nunca cumplen lo que dicen, siempre ocultan lo que hacen hasta que es mostrado y ya no hay vuelta atrás…

* * *

En este Tiempo todos los corruptos han de ser neutralizados, arrestados…

* * *

La Humanidad va siendo consciente de las ilícitas actividades de los corruptos y… ya no es tan manipulable como antes…

* * *

En la medida que va siendo Revelada La Verdad, dejando al descubierto la mentira y la manipulación, ya no es posible el engaño...

* * *

No has de entregar su confianza, tu Libre Albedrío a aquellos que... evidentemente no están cualificados para velar por la Paz...

* * *

No has de entregar su confianza, tu Libre Albedrío a aquellos que... evidentemente no están cualificados para velar por el Equilibrio...

* * *

No has de entregar su confianza, tu Libre Albedrío a aquellos que... evidentemente no están cualificados para velar por la Evolución...

* * *

No has de entregar su confianza, tu Libre Albedrío a aquellos que... evidentemente no están cualificados para velar por la Prosperidad...

* * *

FRASES (XXIV)

No permitas que las fuerzas al servicio de los Jázaros, de los Iluminatis, de los del Cabal te intimiden...

* * *

No permitas que... los Jázaros reduzcan tu derecho a reclamar la Libertad a la que tienes derecho...

* * *

Si observas a los Jázaros... verás que... escogen obedecer reducir a la población que... ¿Han de defender?...

* * *

Si observas a los Jázaros... verás que... han escogido ejecutar ciegamente las órdenes que les dan...

* * *

Los del Cabal... no se cuestionan nada... cumplen con lo que creen es su cometido...

* * *

No permitas que te conviertan nuevamente en esclavo, que ahoguen tu voz...

* * *

Si ahogan tu voz... les das licencia para encadenarte a todo aquello que jamás logrará liberarte del yugo...

* * *

¿Permitirás que coloquen sobre tus hombros un yugo para que formes parte del ganado que... están acostumbrados a sacrificar?...

* * *

FRASES (XXV)

No creas en estos momentos a los países aliados que dicen defender a la Humanidad…

* * *

Muchos de los países que dicen defender a la Humanidad, están al mando y las órdenes de gobiernos Jázaros…

* * *

Gobiernos Jázaros… han extendido su corrupción, contaminándolo todo…

* * *

No creas en estos momentos a muchos de los líderes, de los gobernantes que integran la mayor parte del sistema arcaico…

* * *

El sistema arcaico… ha creado tanto caos y destrucción…

* * *

Obsérvales, estudia sus movimientos para que comprendas cómo proceden, para que encuentres sus puntos débiles…

* * *

Son meros sicarios... seres sin criterio, sin rumbo, sin personalidad, sin valor suficiente como para escuchar su propia voz...

* * *

¿Se dan cuenta que están siendo partícipes de una masacre... de un plan que siempre estuvo destinado al fracaso?...

* * *

Mientras su oscura agenda ha estado vigente... ha puesto en peligro La Vida en La Tierra...

* * *

FRASES (XXVI)

Tan solo comparto para crear reflejos de lo que es en TODOS y cada UNO…

* * *

Tan solo comparto con el único propósito de ser como un espejo a través del que… quienes llegan se vean…

* * *

Tan solo les muestro su reflejo… ¿En la medida que se sienten identificados?... unas veces siendo hostil y transgresor…

* * *

Tan solo te muestro tu reflejo… guardando silencio, reconociendo en ti al Ser Eterno que Vibra en Sintonía con La Vida…

* * *

Cumplo con el plan de vida que diseñé antes de reencarnar, en aquél tiempo en el que regresé a la Fuente, al Origen…

* * *

"Siento tristeza, desasosiego ante quienes despiadadamente hacen vivir a sus semejantes experiencias denigrantes, vergonzosas"…

* * *

Escogí enfrentar la sin razón, la falsedad y la hipocresía...

* * *

Elegí ir Más allá de lo establecido reflejando lo que pocos se atreven a decir...

* * *

Llegan quienes proyectan su odio y su frustración, al sentir que su propio reflejo les recuerda lo errada que su vida ha sido...

* * *

"¿Compartes mi tristeza?" Tristeza... ante el comportamiento de quienes conforman una Raza que... está destinada a Evolucionar...

* * *

"¿Compartes mi tristeza?" Tristeza... ante el comportamiento de quienes conforman una Raza que... está destinada a Trascender...

* * *

¿Prefieren distraerse a través de la Ilusión, de una infinita lista de caprichos absurdos?...

* * *

¿Tal vez ignoran lo que ha de Manifestarse a continuación? ¡Si!... "Es cuestión de tiempo que se produzca el cambio"...

* * *

¡Si!... "Puede que lo veamos"… "¿Crees que no está lejos?"… ¡Cierto! "Es"... en este Tiempo...

* * *

Quienes realmente Despiertan en este escenario de las Formas, de las Apariencias.. ¡Ya no pueden vivir como antes!…

* * *

¿Aún son seducidos por la ilusión y los espejismos que tanto distraen?…

* * *

Quienes realmente Despiertan… a partir de ese instante, descubren el auténtico sentido de La Vida…

* * *

En cuanto tratan de compartir su Despertar… invitando a otros a experimentarlo... ¿Son apartados? ¿Rechazados? ¿Ridiculizados?...

* * *

Se les considera raros a aquellos que han Despertado… ¡Se les teme!...

* * *

Quienes verdaderamente Despertaron, no necesitan demostrar nada, más bien se apartan y viven en Paz, en Equilibrio...

* * *

Vibran en la Sintonía que TODO lo Transforma... aguardando pacientemente a que TODO se Manifieste...

* * *

Aguardan pacientemente a que el resto de los durmientes se desperecen...

* * *

Ha de ser dada por finalizada esta puesta en escena a través de la que... cada UNO se ha Manifestado mostrando sus dones, sus facultades...

* * *

Queda únicamente como vestigio de su tránsito por esta y otras vidas el Legado compartido...

* * *

Cada cual ha de entregar lo que propicia el Crecimiento, la Evolución de sus semejantes... Esta... es la premisa de la existencia...

* * *

FRASES (XXVII)

Si los hijos verdaderamente amasen a sus padres, dedicarían sus vidas a darles todo aquello que les permitiría vivir felices…

* * *

Si los hijos verdaderamente amasen a sus padres, se ocuparían de ellos día y noche…

* * *

Siendo niños… necesitaron a sus progenitores… recibieron sus atenciones, su cariño, su amor y enseñanzas…

* * *

Si los hijos verdaderamente amasen a sus padres, valorarían lo que supuso traerles a La Vida, lo que les fue entregado…

* * *

Si los hijos verdaderamente amasen a sus padres, no les verían como una carga tras la vejez…

* * *

Si los hijos verdaderamente amasen a sus padres, no serían un estorbo o motivo de quejas cuando… han de ser ayudados…

* * *

Muchos son los hijos desagradecidos que... prefieren vivir sus banales vidas, aparentando lo que no son...

* * *

¿Despreocupados de sus padres? ¿Dándoles igual lo que les suceda? ¿Planificando en qué asilo les internarán?...

* * *

Les dejan a la deriva, a su suerte, sin importarles su destino, mientras muestran su indiferencia, su falta de corazón..

* * *

Muchos son los hijos que... siendo realmente pendencieros, ajenos a la educación recibida, se comportan de forma despiadada...

* * *

Se comportan de forma despiadada... no solo con sus padres, también entre ellos... formando unos y otros clanes afines...

* * *

Humillan a quienes no forman parte de ellos, a quienes no han logrado alcanzar su estabilidad...

* * *

Si los hijos verdaderamente amasen a sus padres, se ocuparían de ellos las veinticuatro horas del día...

* * *

Para ser buenos hijos… primero han de poseer un buen corazón, sentimientos y emociones…

* * *

En muchas ocasiones no poseen corazón… ante el egoísmo y la falta de sentimientos, de emoción...

* * *

Muchos son los hijos que... son fríos, calculadores, pendencieros y mercenarios...

* * *

Aparentan ser lo que no son cuando la sociedad los ve, maquillando sus carencias, dando rienda suelta a las apariencias y la falsedad...

* * *

Falta de sentimientos, de emociones, de Unidad, Paz y Equilibrio…

* * *

En vez de ayudar a que La Vida de los demás sea más apacible… se erigen en verdugos crueles y sanguinarios...

* * *

La Vida... el Universo, Civilizaciones Estelares... pueden llegar a ver si una Raza ha Evolucionado o no...

* * *

Tomás Morilla Massieu, Alicia Morilla Massieu & Semjase (Semyase)

TODO es observado Interiormente... Más Allá de las Formas, de lo que en apariencia se muestra por conveniencia...

* * *

FRASES (XXVIII)

Realmente… ¿Ya está aconteciendo? …en la medida que las personas van viendo la realidad…

* * *

Van viendo la realidad… siendo capaces de elegir en qué Mundo desean vivir…

* * *

¿Asumen sus propias responsabilidades? ¿Las consecuencias de sus acciones? ¿Ayudan a Co-Crear lo siguiente?…

* * *

¿Despiertan ante todo lo que le ha sido ocultado?…

* * *

Así es como podrán elegir, a través del Libre Albedrío, sin mentiras, con claridad…

* * *

La fuerza de aquellos que… ¿Han tratado de impedirlo? … residía en evitar que La Verdad saliese a la Luz…

* * *

FRASES (XXIX)

Ya llegó el Tiempo en el que TODO ha de ser concretado… concluido…

* * *

¿Quién resolverá este entuerto? Civilizaciones Estelares... que crearon este escenario para concluir un Plan...

* * *

La Raza de los Humanos tan solo debía Manifestar lo que alberga en su interior... resolver sus conflictos...

* * *

Los hostiles han llegado a tal nivel de maldad, de destrucción que... se requiere la intervención de Civilizaciones Estelares…

* * *

Civilizaciones Estelares Velan para restaurar la Paz y el Equilibrio...

* * *

La Masa Crítica… está formada por quienes realmente se han mantenido Despiertos y vigilantes... en Servicio...

* * *

La Masa Crítica influye notablemente en la Transformación, en lo que ha de acontecer a continuación…

* * *

La Humanidad cuenta con una nueva oportunidad…

* * *

Civilizaciones Estelares Inspiran a la Raza de los Humanos…

* * *

Permanecen Vigilantes para que no nos destruyamos… logrando que "no volvamos a devastar La Tierra…

* * *

La Vida contenida en este Planeta"… con anterioridad no soportó semejante caos, dejando de existir…

* * *

Ahora… en este Tiempo estamos completando lo que quedó pendiente, a través de una Holografía, de una simulación ilusoria…

* * *

Lo importante es lo que cada cual siente, dice y hace… lo que es capaz de dar, de Legar, de hacer por sus semejantes con el corazón…

* * *

Lo verdaderamente importante… es lo que llevas a cabo sin interés alguno o beneficio propio… Lo demás? ¡Es superficial!

* * *

La experiencia de aprendizaje… es un camino a recorrer para descubrir que… ¡Nada! …importan las apariencias, las posesiones…

* * *

Lo material… tan solo ha de ser una herramienta, un medio para Evolucionar, para Trascender las limitaciones Ascendiendo Espiritualmente...

* * *

FRASES (XXX)

No es la Humanidad la que solo piensa en guerras… en aniquilar a sus semejantes…

* * *

Son los dirigentes y líderes corruptos que bailan al son de quienes dictan esta forma de proceder los que destruyen…

* * *

Han manipulado todo para que continúe tal y como lo vemos…

* * *

Si de algo es responsable la Población Mundial… es de seguirles y concederles el poder que tienen los corruptos…

* * *

¡Has de destituirles! ¡Cesarles! ¡Expulsarles! …y… a ser posible… desterrarles… ante sus Crímenes contra la Humanidad…

* * *

Han de ser llevados los corruptos a algún lugar en el que… no puedan seguir ocasionando tanto sufrimiento…

* * *

Ha de permitírsele a los corruptos Evolucionar según su estado vibratorio... ¿Qué lugar está destinado para ellos?...

* * *

TODO ya está previsto... La tarea de cada UNO ya ha sido definida... cada cual ha de llevar a cabo lo que le corresponde...

* * *

FRASES (XXXI)

Lo siento… ¿Las preguntas que a mi me haces?... has de formulártelas tú… dando con el Origen de tus propias respuestas…

* * *

Ya he sido partícipe de interminables debates… de ese intercambio de información que… siempre lleva al mismo lugar…

* * *

Cada cual ha de exponer lo que cree… ha de ser cultivada la retroalimentación…

* * *

Con la aportación de cada UNO… ¡TODOS crecen! …tomando aquello que Vibra en su Sintonía…

* * *

Cada cual ha de seguir la senda de su camino… sin crear dependencias…

* * *

FRASES (XXXII)

Cada Alma reencarnada… trae su propia impronta, la información necesaria para llevar a cabo su cometido, su labor...

* * *

Cada Alma reencarnada es impulsada por la esencia de su Naturaleza, a través de sus Dones y Facultades...

* * *

Es lo que cada UNA aporta, lo que permite que… UNA Civilización avance...

* * *

¿Lo verdaderamente importante? …es lo que cada cual lleva a cabo a través de su existencia…

* * *

¿Lo verdaderamente importante? …es lo que aporta, lo que entrega…

* * *

¿Lo verdaderamente importante? …es lo que contribuye a que La Vida de TODOS y cada UNO sea mejor día a día…

* * *

Tomás Morilla Massieu, Alicia Morilla Massieu & Semjase (Semyase)

¿Lo verdaderamente importante? ...es lo que contribuye a crear el bienestar común...

* * *

FRASES (XXXIII)

No pretendo ser un referente,
ni captar la atención
más allá de lo justo,
de lo preciso...

Prefiero compartir
en silencio...

interactuar lo mínimo
y... que cada cual tome
lo que más le convenga...

es lo que suelo hacer
en la medida que comparto,
que entrego mi Legado...

FRASES (XXXIV)

¿Sabes?... en este Tiempo mejor es ir de frente… así… cuando llegan las experiencias, son resueltas de forma que sean vistas…

* * *

Las experiencias han de ser observadas tal y como son…

* * *

¿Sabes?... no lo tenía previsto… pero… según parece… TODO es dispuesto por el Destino…

* * *

Tiempo en el que… TODOS y cada UNO han de mostrar su valía, su responsabilidad…

* * *

Han de asumir su compromiso quienes han de llevar a cabo su labor cotidiana, diaria… con honradez, con sinceridad…

* * *

¿Sabes?... La Vida me lleva ahora a declarar, a testificar… ¡Bajo juramento!

* * *

He de ser sincero, fiel a lo que creo, a lo que forma parte de mi experiencia...

* * *

¿Sabes?... Soy consciente de lo que defienden unos y otros, de lo que cada parte cree...

* * *

Mi única premisa es... que todo este conflicto se solucione... que sea recuperado el Equilibrio...

* * *

TODOS y cada UNO han de desarrollar su trabajo dando lo mejor de si...

* * *

¿Qué sentido tendría si... aquellos que llegan pidiendo ayuda no la reciben adecuadamente?...

* * *

Es responsabilidad de cada cual desarrollar su cometido con eficiencia y eficacia...

* * *

Confío en que... acontezca lo más justo para TODOS...

* * *

Soy consciente de las tareas, de las funciones que has de llevar a cabo…

* * *

¿Quienes han de cargar con más responsabilidades? ¿Sabes cuales son tus funciones?…

* * *

¿Proclamas en alta voz, públicamente que… tan solo has de hacer acto de presencia?…

* * *

¿No forma parte de tu compromiso cumplir con tus obligaciones? …asumidas injustamente por otros… ¡Claro!... a ti… ¡Te da igual!… no lo ocultas…

* * *

¿Y… eres tú uno de los que representa los intereses de un colectivo?…

* * *

Soy testigo de cuanto menciono, de tu forma de llevar a cabo lo que se supone forma parte de tu tarea diaria…

* * *

Imagino que… ¿Eres consciente de mi situación? Aún a riesgo de sufrir el desprecio de quienes dicen defender sus derechos…

* * *

Imagino que... ¿Eres consciente de mi situación? Aún a riesgo de sufrir el desprecio de quienes se alzan reclamándolos...

* * *

No puedo apoyar a quienes se erigen en víctimas de un sistema injusto...

* * *

¿Denuncian una situación precaria al no ser reconocida su labor?...

* * *

¿Qué derechos? ¿Qué labor? ...siempre creí que quien reclama ha de dar ejemplo...

* * *

¿Cómo puedes exigir a otros lo que tú incumples?...

* * *

No apoyaré las denuncias gestadas bajo unos argumentos de falsa bandera...

* * *

Reflejan la ausencia de responsabilidad que ocasiona tanto caos y enfrentamiento, dolor y destrucción...

* * *

Lo que hacen día a día repercute en lo que va siendo Creado… Materializado…

* * *

¿Dicen que luchan por sus semejantes? ¿Vinculándose a grupos? ¿Sectores y organizaciones?…

* * *

¿Velan por el bienestar?… y... se valen de sus posiciones para crear perjuicios a través de comportamientos negligentes, inertes...

* * *

Tan solo se ocupan de sus intereses, en perjuicio de quienes son afectados por su intencionada incompetencia, por su desidia…

* * *

Abusan al no estar a la altura de su cometido... han de reflexionar sobre sus acciones...

* * *

¿Por qué cargan a los demás con sus responsabilidades? ¿Mientras las incumplen alegremente?...

* * *

¿Escogen reivindicar sus derechos ocupando puestos laborales a través de los que... dañan a los de su entorno?

* * *

Viven como si tuviesen derecho a dejar a un lado lo que han de llevar a cabo...

* * *

¿Se les permite que sus despropósitos continúen sucediéndose día tras día?...

* * *

"Aquello que a otros ocasionas, tendrás que vivirlo tú para que aprendas y Evoluciones"...

* * *

TODO es Transformado a través de quienes crean el bienestar para TODOS y cada UNO sin excepción...

* * *

¿Quienes tratan de reivindicar su valía? ¿Aquello que dicen no es reconocido?...

* * *

¿Se comportan como si nada ni nadie les importase? ¿Dejando a un lado sus funciones que... recaen sobre otros?...

* * *

No son precisamente modelo a seguir... no pueden pedir que otros cumplan lo que ellos incumplen...

* * *

Tendría que preguntarse la Humanidad… ¿Por qué se ha llegado a esta situación?…

* * *

Cada uno responde a sus propias preguntas según sus intereses, sus perspectivas y conveniencias...

* * *

FRASES (XXXV)

La Humanidad cuenta con una nueva oportunidad de renacer a través de la Liberación de su economía…

* * *

Han de ser desterrados quienes han usurpado la economía, quienes la han corrompido...

* * *

Es Tiempo de difundir las acciones de los BRICS…

* * *

Es Tiempo de denunciar al FMI, BCE, a los que alimentan la opresión a través de la Eurozona...

* * *

Europa ha de tomar conciencia de su situación y reconocer a líderes, gobernantes, políticos y banqueros corruptos…

* * *

Líderes, gobernantes y políticos corruptos… están al servicio del cabal, de sus amos los Jázaros Iluminati...

* * *

Europa ha de reaccionar y vincularse a los Países que velan por distribuir los Fondos de Riqueza, de Prosperidad para TODOS y cada UNO...

* * *

Europa ha de ser consciente de la existencia del Plan de Rescate NESARA & GESARA...

* * *

Europa ha de ejercer su derecho a vivir amparada por la Ley del Derecho Natural...

* * *

Europa ha de aprender de esta experiencia... destituyendo a quienes todo tratan de destruirlo...

* * *

Europa ha de aprender de Islandia... Europa no puede permitir que Grecia caiga en manos de criminales, de mercenarios...

* * *

Van saliendo a la Luz los defensores de La Verdad, los que no están al servicio de la mentira, de la Manipulación...

* * *

Va saliendo a la Luz La Verdad que ha de Revelar al Mundo la naturaleza hostil de los corruptos Jázaros Iluminati…

* * *

Los corruptos Jázaros Iluminati son aquellos que han manejado la economía ilícitamente, esclavizando a la Humanidad…

* * *

Van avanzando los Países que en Unidad se han agrupado a través de los BRICS…

* * *

Rusia… una vez más Lidera la Liberación de La Tierra, de sus Habitantes…

* * *

Rusia… lucha contra fuerzas oscuras, tenebrosas que en otros tiempos han tratado de destruir y esclavizar La Vida en La Tierra…

* * *

Rusia… permanece en Alianza con Fuerzas que Inspiran, que Habitan el Universo mientras Velan por la Población Mundial…

* * *

Observa como el Mundo va siendo Transformado a través de Líderes que Verdaderamente poseen el don...

* * *

Observa a quienes poseen el don, la facultad de extender la Paz, el Equilibrio, la Prosperidad...

* * *

Son los países integrados en los BRICS los que van dando la pauta a seguir...

* * *

Observa a esos otros líderes y gobernantes que no poseen el talante ni la integridad para defender al pueblo que los eligió...

* * *

Jamás han representado o defendido los derechos de la Población Mundial los líderes y gobernantes corruptos...

* * *

Observa como caen de sus tronos, mientras se desmoronan sus patéticos imperios, son marionetas y servidores...

* * *

Son marionetas y servidores de aquellos que... les dictan las reglas a seguir según sus oscuras agendas...

* * *

Observa al Pueblo que… ¡Lucha! …por sus derechos…

* * *

Ya no confían en sus líderes y dirigentes al servicio del Cabal, de los Jázaros Iluminatis que ya van perdiendo su poder…

* * *

Ya no pueden seguir manipulando a quienes "Ven" claramente sus propósitos e intenciones deshonestas…

* * *

Muchos son los propósitos e intenciones ¡Crueles! ¡Pendencieras!…

* * *

Observa a quienes obedecen fiel y ciegamente a los que atentan contra el Pueblo que les eligió para velar por ellos…

* * *

Observa a quienes han de cuestionarse si aquellos que les ordenan atacar a los inocentes…

* * *

¿Realmente poseen el derecho a actuar como mercenarios? ¿A caso eligen ser sus cómplices?

* * *

Observa el Nuevo Banco del BRICS, la alternativa al orden corrupto del FMI y del Banco Mundial...

* * *

El FMI y el Banco Mundial... está en manos de seres oscuros que han atentado contra La Libertad, la Paz, el Equilibrio...

* * *

¡Han de ser detenidos! ¡Procesados! juzgados los corruptos por sus Crímenes contra la Humanidad...

* * *

Obsérvales y reconoce en ellos la causa de tanto caos y destrucción...

* * *

Observa a quienes contribuyen a que el Mundo se Transforme, a que Brille con Luz Propia recuperando su Espiritualidad...

* * *

Son los BRICS; Brasil, Rusia, India, China, Sudáfrica... en Alianza con Países que se van agregando, propiciando la Liberación de La Humanidad...

* * *

FRASES (XXXVI)

Debido a lo que creo, a lo que siento, a lo que comparto, una inmensa mayoría que llega, una pequeña minoría que se queda…

* * *

Quienes siguen su camino, nada creen a no ser que… ¿Se les demuestre?...

* * *

Da igual con lo que se distraigan... tan solo desean vivir a través de sus caprichos... Viven como parásitos... nada aportan, solo consumen...

* * *

En este Tiempo… ya todo está siendo Transformado... esa masa inerte, parasitaria... se adaptará fácilmente al nuevo escenario…

* * *

Continuarán pastando a través de la ignorancia... aun siendo TODO Revelado...

* * *

Se preguntarán... ¿Qué partido puedo sacar de todo esto? ...y... así continuarán...

* * *

Vivirán más cómodamente ante los avances y el bienestar que ha de Materializarse...

* * *

Nada aportarán más allá de lo que eligen "no ser"...

* * *

En realidad... forman parte del proceso de Evolución, su propósito es mostrar si son capaces de Despertar... de Evolucionar...

* * *

A través de Transformaciones Vibracionales serán afectadas, influenciadas... así que... es muy probable que salgan de la cueva...

* * *

A fin de cuentas, esa masa está formada por Almas que reencarnaron en cuerpos que... ¿Aún no recuerdan quienes son realmente?...

* * *

FRASES (XXXVII)

Según llegan y… ¿Se comprometen a ayudar? se les de la oportunidad de cumplir con su palabra...

* * *

¿Y si… no cumplen lo acordado? ¿Y si… finalmente obedecen a sus propios intereses faltando al acuerdo inicial?

* * *

¿Muestran avaricia? ¿Carencia de sentimientos, de buen corazón?

* * *

Se les da la oportunidad a lo largo de tres días de recapacitar…

* * *

¿Y si La Vida, el Universo constata que… no cumplieron con el acuerdo inicial? ¿Faltando a su palabra?…

* * *

Si no cumplen con su palabra… han de aprender a ser en la Unidad…

* * *

Aprenden a través de la Unidad... comenzando un proceso a través del que... van siendo despojados de todo aquello que alcanzaron...

* * *

Van siendo expuestos los que incumplen los acuerdos a vivir lo que a continuación han ocasionado a otros...

* * *

Confiando en ellos... en su acuerdo... vivieron una ilusión que se desvaneció...

* * *

La Vida, el Universo... procede a través de las Leyes Universales...

* * *

En este Tiempo... nada queda oculto, nada pasa desapercibido...

* * *

¿Dijeron una cosa? ¿Y... a continuación hicieron otra? ¿Sin saber que les llegó esa experiencia para mostrar su valía?

* * *

Ante la falta de sentimientos, de buen corazón... han de aprender que aquí llegaron para Evolucionar...

* * *

No llegaron a La Tierra para alimentar su necesidad de poseer, de acumular ganancias a costa del perjuicio ocasionado a otros…

* * *

Es triste para La Vida, para el Universo, poner a prueba a ¿Seres Humanos? …llamados a Trascender

* * *

Es triste comprobar que… al final, nada poseen en su Interior, nada hacen por sus semejantes que muestre su valía…

* * *

Recuerda… cuando alguien llame a tu puerta pidiéndote tu ayuda, mejor será que te plantees si es La Vida, el Universo…

* * *

La Vida… el Universo… te trae la oportunidad de Evolucionar Más Allá de las Formas…

* * *

Si no Evolucionas a través de las Formas… la experiencia será despojarte de todo lo que alcanzaste, de lo que acumulaste…

* * *

Has de aprender que nada es lo que parece…

* * *

¿Faltan a su palabra? ¿Tramando engaños? ¿Abusando de la confianza? ¿De la inocencia? ¿De los sueños e Ilusiones?...

* * *

Ilusiones y Sueños ¡Rotos! ¡Destruidos! ¡Hechos añicos! ¿Por el egoísmo? ¿Por la avaricia? ¿Por la falta de sentimientos?...

* * *

¿Carecen de emociones? ¿De un corazón que ha de ser en la Unidad?...

* * *

Sin saberlo... quienes fueron invitados a Trascenderse, desconocían que... llegaron... tocaron en su puerta...

* * *

Sin saberlo... quienes fueron invitados a Trascenderse, les pidieron que les tendiesen la mano...

* * *

Al no cumplir con lo acordado, ahora las experiencias que han de vivir les ayudarán a comprender...

* * *

La Vida, el Universo, es mucho más que... un negocio...

* * *

¿Recapacitarán siendo conscientes de las repercusiones, de las consecuencias de lo ocasionado?…

* * *

¿Serán capaces de mostrar la Luz y el Amor que ha de anidar en cada UNO de ustedes?…

* * *

Reflexiones

Va Despertando La Humanidad...

AUNQUE DESCONOZCA LA TOTALIDAD DE LO QUE VA ACONTECIENDO ENTRE BASTIDORES... LA LUCHA DE PAÍSES COMO BRASIL, RUSIA, LA INDIA Y CHINA (BRIC) QUE HAN DE PROPICIAR LA LIBERACIÓN DEL ACTUAL SISTEMA QUE ESCLAVIZA A LA TIERRA Y SUS HABITANTES... ESTA ES SU TAREA, ESTA ES SU MISIÓN -si no se desvían-…

HA DE DESCUBRIR EL MUNDO... LA HUMANIDAD... QUIENES REALMENTE ESTÁN CREANDO LA PAZ, CULTIVANDO LA UNIDAD... entre los Pueblos y Naciones de La Tierra...

VAN APARECIENDO CANDIDATOS Y LÍDERES CAPACES DE TRANSFORMAR LA VIDA... en el panorama político que... ha de ir Evolucionando de la corrupción de un sistema arcaico e injusto... hacia La Verdad, la Paz, el Equilibrio... dando lugar a la Prosperidad que ha de ofrecer todo tipo de oportunidades y bienestar a TODOS y a cada UNO por igual...

HAN DE IR DESAPARECIENDO DEL PANORAMA POLÍTICO AQUELLOS TITIRITEROS CUYOS HILOS SON MOVIDOS POR FUERZAS OCULTAS... que manipulan constantemente La Vida de la Población Mundial, tratando de establecer su obsoleto y caduco orden mundial... Son lo que han causado tantos estragos, tantas matanzas, guerras y sin sentidos generación tras generación...

PAÍSES VALIENTES... QUE VELAN POR SUS CIUDADANOS, SE NIEGAN A SEGUIR SIENDO ESCLAVOS DE UN SISTEMA CREADO PARA DESTRUIR LA UNIDAD... así es como dejan de reconocer la deuda creada por aquellos que... tan solo buscan dominar y controlar a la Humanidad... son los que ya van siendo desenmascarados, retirados de sus puestos de poder, son los que serán reconocidos por la historia como los auténticos terroristas que atentaron contra La Vida en La Tierra...

RECUERDA ESTO HUMANIDAD... LA VERDAD VA SALIENDO A LA LUZ PARA QUE SEAS CONSCIENTE DEL POR QUÉ CIERTOS PAÍSES FARSANTES HAN ALIMENTADO LA CORRUPCIÓN... valiéndose de tu inocencia, convertida en ignorancia... al desconocer lo que realmente ha estado aconteciendo entre bastidores...

DESTACAN QUIENES PORTAN MENSAJES DE PAZ, DE UNIDAD, DE EQUILIBRIO... SON LUCEROS QUE ILUMINAN EL CAMINO DE REGRESO HACIA LA ESPIRITUALIDAD DEL SER... son Almas libres que ¡Luchan! pacíficamente Revelando la Esencia de La Vida... mostrando el sendero que ha de ser recorrido interiormente por quienes cultivan su Espiritualidad... frente a farsantes que plagian lo que no les pertenece, mostrando lo que ha sido, lo que ha de dejar de ser en este Mundo que ya Asciende... Evolucionando a través de TODOS y cada UNO...

Aquello que enfrenta... ya de nada sirve...

TIEMPO ESTE EN EL QUE... POLÍTICOS, LÍDERES Y DIRIGENTES HAN DE COMPRENDER QUE YA DE NADA SIRVEN PARTIDOS, SIGLAS, CREENCIAS E IDEOLOGÍAS QUE ENFRENTAN... más bien es importante cultivar la valía de quienes aspiran a ocupar puestos de responsabilidad, tras haber demostrado su cualificación, su experiencia, su capacidad y resolución… a diferencia de los otros que… tan solo buscan su propio protagonismo, su gloria a la antigua usanza, como si de césares o nerones se tratase, son los que no miran de frente, los que esperan su momento para convertirse en dictadores que usurpan las libertades.

Es en este Tiempo en el que han de ser destituidos quienes ocasionan perjuicio a sus semejantes.

Ha de finalizar ese otro tiempo en el que la corrupción ha campado a sus anchas, desde los puestos de poder en los que muchos cometieron delitos, que han sido tapados, ocultos, barridos bajo la alfombra ¿A golpe de influencias y talonarios?...

Han de ser conscientes los actuales políticos que... el Mundo ya se Transforma, que ya no es posible engañar a la Población Mundial, que TODO sale a la Luz y que... el rebaño ha dejado se ser sumiso y fiel, resignado, mientras es conducido al matadero por aquellos que se han burlado de su inocencia, de su ignorancia, de la creencia en que… líderes, gobernantes y políticos solucionarían sus problemas… cuando en realidad son los que los han creado.

Desprogramando a la Población Mundial...

TENDRÁ QUE DESPROGRAMARSE LA POBLACIÓN MUNDIAL TRAS TANTA MENTIRA Y MANIPULACIÓN, HEREDADA GENERACIÓN TRAS GENERACIÓN, DESCUBRIENDO REALMENTE QUIENES ESTÁN LIBERANDO A LA HUMANIDAD DE LAS GARRAS DE PAÍSES DEPREDADORES, CUYOS GOBIERNOS ESTÁN FORMADOS POR TERRORISTAS... por seres despreciables y pendencieros que han tratado de exterminar La Vida en La Tierra, reduciendo al Ser Humano a ser esclavo de sus contiendas, de sus planes de genocidio...

Tendrá que darse cuenta la Humanidad que La Vida en La Tierra está siendo liberada por Líderes que demostrada valía... son los más temidos por Gobiernos formados por terroristas que atentan contra la Libertad, la Paz, y el Equilibrio...

Una vez pierdan su dominio los que han creado la farsa que ha propiciado ese tiempo de oscuridad en La Tierra, la Luz y el Amor propiciarán la Unidad y la Prosperidad, gracias a Líderes y Gobernantes de demostrada valía que... ¡Luchan! ¡Guerreros! ¡Rebeldes! ...implacables que llegaron a La Tierra para Transformarla, ayudándonos a Trascender, a Ascender a través del aprendizaje, de la Evolución, el Conocimiento y la Sabiduría del Ser que... se ha de cultivar Interiorizando Espiritualmente...

Y MIENTRAS LA POBLACIÓN MUNDIAL SE VA DESPROGRAMANDO, COMPRENDIENDO REALMENTE QUÉ GOBIERNOS SON LOS CORRUPTOS, LOS MERCENARIOS Y TERRORISTAS... va siendo partícipe y cómplice de la debacle de todos esos miserables y psicópatas que ocuparon puestos de poder, tan solo para dar rienda suelta al caos y al sufrimiento de la Humanidad que... perdida, trata de cruzar fronteras, dirigiéndose a países que los acojan, migrando mientras huyen de la pobreza y de la injusticia...

Tendrás que elegir qué creer en este Tiempo en el que ya TODO se va Revelando... para ello será necesario que liberes tu mente, vaciándola de todo aquello con lo que te programaron, para convertirte en un ser esclavo que ha vivido en el engaño, en la carencia y en la limitación...

Lo que los corruptos han de saldar...

TANTO DAÑO HAN OCASIONADO CIERTOS POLÍTICOS A LA POBLACIÓN QUE... HAN DE VIVIR A CONTINUACIÓN LO QUE A SUS SEMEJANTES HAN OCASIONADO... IGNORAN LO QUE LES ESPERA... mientras tanto, el destino, La Vida, el Universo, todo lo disponen para que ciertos individuos comiencen a tomar conciencia de las repercusiones de sus acciones. Es el inicio de su aprendizaje ¿Cultivando la humildad? ...mientras caen de sus sillones, viendo como se desvanece su reinado, el patético imperio que erigieron a través de su tiranía, de su hipocresía, de su falta de respeto hacia los demás... Son los que han de ser retirados del poder, los que han de saldar sus deudas con la sociedad... Son los que se creyeron con derecho a esclavizar a la población, beneficiándose de acuerdos ocultos con hidroeléctricas mientras evadían sus ganancias, haciendo uso de su posición social, de sus influencias para destruir las libertades y el bienestar de aquellos que padecieron bajo su cruel y despiadado mandato... Son parásitos encaramados a puestos de poder que han de ser exterminados, fumigados como plaga que ha de desaparecer... Son animales que reptan arrastrándose por el fango y que jamás debieron ocupar sillones destinados a quienes han de estar verdaderamente cualificados para crear el bienestar común a TODOS y a cada UNO...

Más Allá de lo establecido…

AHORA… LLEGAN PAÍSES CAPACES DE IR MÁS ALLÁ DE LO ESTABLECIDO, con una misión, con un propósito; Salvaguardar La Vida de los habitantes de La Tierra y Transformar lo que hasta ahora ha sido en lo que ha de ser… Han de ser capaces de cumplir con lo que les ha sido asignado…

LOS QUE A TODOS TRAICIONARON CONQUISTARON EL MUNDO A TRAVÉS DE LA ECONOMÍA, CREANDO DEUDAS ALLÁ DONDE SE INFILTRARON, EXTENDIENDO SUS REDES BANCARIAS, ATRAPANDO A LA HUMANIDAD EN LA CARENCIA…valiéndose de la necesidad de la Humanidad, que ha sido dependiente del intercambio económico para sobrevivir… una mayoría sometida, viviendo en la austeridad, a la que se le niega vivir con dignidad…

TIEMPO DE REVERTIR LO QUE SERES HOSTILES HAN OCASIONADO A QUIENES HABITAN LA TIERRA… TIEMPO DE DEVOLVER EL EQUILIBRIO A TODO LO QUE HA DE SER… Así es como se van uniendo Países que están salvando al Mundo de la destrucción, de la esclavitud, en la medida que van ganando terrenos a quienes como depredadores han saqueado todo aquello que debía de ser un bien común y del que… tan solo han disfrutado unos pocos…

TEMEN LOS PAÍSES OPRESORES, LOS QUE HAN ROBADO LOS RECURSOS A QUIENES LOS POSEÍAN… A QUIENES PUEDEN IMPEDIR QUE CONTINÚEN EJERCIENDO SU TIRANÍA… así es como van siendo desarticulados sus sicarios, aquellos que han sido situados en puestos de poder e influencia, con el único fin de alimentar su sistema…

DEFINITIVAMENTE HAN DE SER EXPULSADOS TODOS AQUELLOS QUE... TRAMAN PLANES DE DOMINIO Y MANIPULACIÓN, EN CONTRA DEL BIENESTAR COMÚN... y... dado que es complejo saber quién es quién en este Tiempo de Transformación, mejor será ir viendo como se comportan unos y otros... a la espera de ver qué destino eligen para si mismos y para los demás a continuación... Quienes escojan traicionar a La Vida y a TODO lo que ha de suceder, sencillamente se estarán destruyendo a si mismos... en este Tiempo en el que ya no será permitido que se atente contra Transformación y la Evolución de La Tierra y de sus habitantes...

Observa...

NO CREAS QUE ME HAGO ECO DE CIERTAS NOTICIAS CON EL FIN DE PROMOCIONAR O INFLUIR EN EL PANORAMA POLÍTICO, IDEOLÓGICO O EN CREENCIAS QUE SIEMPRE ME RESULTARON ABSURDAS... Más bien todo lo contrario... es una forma de Revelar lo que ha de acontecer, hacia lo que nos hemos de dirigir como Humanidad que... Despierta... ha de ¡Luchar! ...pacíficamente, en Unidad, en Paz y Equilibrio, por revertir todo aquello que ha atentado contra La Vida y las Leyes Universales... NO CREAS QUE MIS PALABRAS VAN ENCAMINADAS HACIA LA DEFENSA DE UN SISTEMA QUE… HA DE SER SUSTITUÍDO... propiciando la Prosperidad para TODOS y cada UNO, creando el Bienestar que ha de ser común...

SI OBSERVAS ATENTAMENTE... COMPRENDERÁS QUE HAN DE DEJAR DE EXISTIR BANDERAS, PAÍSES, NACIONES Y PUEBLOS ENFRENTADOS... En su lugar, han de ir apareciendo Almas capaces de fomentar aquello que impulsa, que es compartido, Legado a través de los dones y facultades de TODOS y cada UNO... Es este el verdadero camino que ha de ser recorrido por quienes "Ven" Más Allá de las Formas y de las Apariencias... Así es como han de ir surgiendo nuevos Líderes y Gobernantes capaces de reconducir La Vida de la Población Mundial hacia la Paz... preservando La Vida y la Unidad...

VERÁS COMO EL MUNDO SE VA TRANSFORMANDO EN LA MEDIDA QUE TODOS Y CADA UNO SE MANIFIESTAN... ¡LUCHANDO! POR LOS DERECHOS QUE HAN DE SER COMUNES, SALVAGUARDANDO LA DIGNIDAD Y LA EXISTENCIA... escuchándose a lo largo y ancho de este Mundo, de La Tierra, las voces de millones de Almas que ya Despertaron, siendo conscientes de la Transformación que ya se va produciendo en TODAS y cada UNA de sus vidas pasadas, presentes y futuras...

OBSERVA A AQUELLOS LÍDERES Y GOBERNANTES CORRUPTOS QUE HASTA HOY SE APODERARON DE LAS RIQUEZAS, GENERADAS A TRAVÉS DE SU TIRANÍA, DE DICTADURAS Y GUERRAS CREADAS PARA SESGAR LA VIDA EN LA TIERRA... verás en su mirada, en sus facciones, en su lenguaje corporal a seres que escogieron no Evolucionar, dejándose arrastrar por su avaricia, por sus deseos de acumular poder, arrebatando los recursos que han de ser repartidos a TODOS y cada UNO según su entrega, su valía y su Servicio hacia La Vida y la Evolución... Son estos desalmados los que han de ser retirados, cesados y llevados a lugares en los que ya no puedan afectar a la Humanidad...

AQUELLOS QUE HICIERON DE LA GUERRA UN NEGOCIO... ven ahora como su poder se va desvaneciendo en la medida que... nuevos Líderes y Gobernantes comienzan a velar por La Paz en La Tierra... Es misión de estos cumplir con el cometido que se les ha asignado, sin desviarse del rumbo trazado... Ha de aprender la Humanidad que existen múltiples formas de vida, que es posible Crear Mundos en los que convivir y Evolucionar Trascendiendo las Formas, las Apariencias y la densidad en la que ha permanecido presa, esclava de fuerzas hostiles que la manipularon...

OBSERVA A LA PATÉTICA CASTA POLÍTICA QUE AÚN CAMPA A SUS ANCHAS, CREYENDO QUE PODRÁ SEGUIR LLENÁNDOSE LOS BOLSILLOS, QUE PUEDEN CONTINUAR EJERCIENDO SU MANDATO, LLEVANDO A CABO LO QUE SE LES ANTOJA... verás como en la medida que el Mundo se va equilibrando, van siendo apartados, quedan a un lado. Serán recordados como lo que siempre fueron, marionetas, títeres de aquellos que... desde lo alto de la pirámide corrupta del poder oscuro y cruel, son los que encumbraron, son aquellos que... han carecido de los principios, de la personalidad y de la dignidad suficiente como para decidir no hacer lo que han hecho... OBSERVA

A QUIENES HAN SIDO CÓMPLICES DE LA DESTRUCCIÓN DE LA VIDA Y DEL EQUILIBRIO… irán siendo retirados y… llevados a lugares en los que iniciarán su aprendizaje, recordando que… la Existencia ha de ser respetada, preservada y cuidada por quienes llegan a La Tierra, con el propósito de contribuir a la Evolución y la Transformación de TODO lo que "Es"… en este proceso de Ascensión…

Despertando Conciencias...

HA DE EVITAR LA HUMANIDAD A TODA COSTA UN ENFRENTAMIENTO BÉLICO MUNDIAL... de lo contrario será responsable de las consecuencias que ocasionará en este proceso de Transformación, en esta transición hacia cambios que han de producirse, aunque para una mayoría sea una quimera, una utopía...

Aquellos países que ¡Luchan! ...para mantener la Paz y el Equilibrio, están siendo partícipes de lo que... ha de Manifestarse a continuación... mientras otros, viendo como su sistema económico y social se desmorona, tratan a toda costa de destruir el gran sueño de la Humanidad, que ha de traer Prosperidad a TODOS y a cada UNO...

Es tarea de esta Raza que habita La Tierra corregir sus errores y detener a todos los corruptos que atentan contra La Vida y la Libertad...

PAÍSES LIDERADOS POR PERSONAS CON UNA VISIÓN QUE... VA MÁS ALLÁ DE LO ESTABLECIDO, CREAN LAS BASES DE UNA ECONOMÍA QUE HA DE EXTENDER LA PROSPERIDAD PARA TODOS Y CADA UNO... así es como se extiende con facilidad la Unidad, la Paz, el Equilibrio... en un Mundo que ha estado sometido a través de la austeridad, la carencia, el enfrentamiento y el robo de libertades...

El bienestar común ha de ser la premisa en este Tiempo de Transformación, de cambios, de Evolución...

ES RESPONSABILIDAD DE QUIENES ALZAN SU VOZ Y SON REFERENTE, DAR A CONOCER LO QUE REALMENTE HA ESTADO ACONTECIENDO ENTRE BASTIDORES… dejando al descubierto a todos esos depredadores, a mercenarios y asesinos, encaramados, parapetados tras sus puestos de poder…

Dando a conocer La Verdad… la Humanidad podrá rebelarse, acorralando a todos esos corruptos y destituyéndoles, deportándoles lo más lejos posible e impidiendo que continúen llevando a cabo su agenda oscura y suicida que pretende acabar con La Vida y la Evolución de la Humanidad en La Tierra…

HA DE FINALIZAR, DE ACABAR ESA CONTIENDA QUE IMPULSA A PAÍSES GOBERNADOS POR CORRUPTOS A APODERARSE DE LOS RECURSOS DE LOS MÁS DÉBILES, SOMETIÉNDOLES… es responsabilidad de la Humanidad abrir los ojos y decidir que TODO ha de ser Trascendido…

Es Tiempo de "Ver" con claridad lo que sucede realmente… quienes escogieron mirar hacia otro lado, adornar lo que acontece mientras todo lo maquillan, son tan cómplices y responsables como quienes dan rienda suelta a lo que perjudica a una mayoría…

El Ser Humano... ¿Manipulado?...

EL SER HUMANO... MANIPULADO, UTILIZADO POR FUERZAS OCULTAS QUE OPERAN DESDE DIMENSIONES DENSAS, HOSTILES, ES UTILIZADO, ES INSPIRADO A SER EJECUTOR DE AQUELLO QUE CAUSA DESTRUCCIÓN... así es como a lo largo de su existencia, de su vida en la Tierra, con tal de alcanzar sus objetivos, es capaz de atentar contra La Vida, contra sus semejantes... Mientras más se aleja de la realidad tras alcanzar una posición social, riquezas... tras la conquista... más insensible se vuelve y tan solo se ocupa de mantener su ritmo de vida, viendo en los demás, a esclavos y seres inferiores, ganado al que sacrificar... Esto sucede con quienes carecen de la Luz y el Amor necesario hacia La Vida, la Existencia y la Evolución del Ser... Evidentemente, no todas las personas que han ascendido social y económicamente proceden de igual forma... en todos lados, existen Almas capaces de extender el bien...

Es por causa de los que ostentan riquezas y poder siendo despiadados, por lo que quienes viven en la carencia y sin medios suficiente, les odian... revelándose contra ellos, estableciéndose grandes diferencias sociales en un Mundo que... ya tenía que haber trascendido tanta discriminación, tanto descontrol...

MUY CERCA... EN ESTE TIEMPO... UN ATISBO DE LUZ ILUMINA EL REGRESO A LA CORDURA, A LA UNIDAD, A LA PAZ Y A LA PROSPERIDAD DE TODOS Y CADA UNO... a través de quienes crean y alimentan un Sistema Económico basado en la prosperidad, en la igualdad... en un momento histórico en el que corruptos y pendencieros continúan campando a sus anchas mientras son enfrentados, mientras van quedando al descubierto sus tretas, sus acciones mercenarias y terroristas que atentan contra el bienestar común... Son esos líderes y gobernantes despiadados que tan solo invierten sus esfuerzos y recursos en extender el caos y la destrucción...

Muy cerca, en este Tiempo... un atisbo de Luz Ilumina el regreso a la cordura, a la Unidad, a la Paz y a la Prosperidad de TODOS y de cada UNO... a través de quienes han de velar por que se respete La vida, mientras van contrarrestando, acorralando a los que... van perdiendo su dominio sobre una mayoría que... ya se revela, alzándose, luchando por sus derechos...

Llegará el día en el que... esta época, ese tiempo tan oscuro en el que aún nos encontramos, será recordado como uno de los más bárbaros e incomprensibles de la Historia de la Humanidad... al descubrir que TODO ha sido creado por quienes lo manifestaron, por quienes lo permitieron, por quienes miraron hacia otro lado...

EN ESTE TIEMPO EN EL QUE... HA DE ACEPTAR LA HUMANIDAD QUE AVANZAMOS, QUE EVOLUCIONAMOS HACIA LA TRANSFORMACIÓN, HACIA LA ASCENSIÓN... TODO se va Manifestando mientras la oscuridad se debate con rabia entre la vida y la muerte... negándose a Evolucionar, temiendo desaparecer tras milenios de dominio y destrucción en los que... se ha alimentado de lo que a toda forma de vida ha ocasionado...

En este Tiempo... ha de comprender la Humanidad que ya no puede continuar alimentando un sistema que todo lo destruye, que todo lo arrebata, que todo lo conquista... que constantemente se empeña en reducir a una mayoría, convirtiendo a la Población Mundial en una masa de indigentes que vagan descontrolados, inertes, desorientados...

En este Tiempo... ha de ser comprendido que... ya nada es lo que era... el Ser Trasciende, la Evolución anida en las Almas que son conscientes de lo que está aconteciendo y... que Interiorizando ven con claridad que todo está mal, que hay que dar solución a tanto problema y conflicto, creado a través de tantas creencias, ideologías, religiones, políticas y... forma de gobierno encaminado a usurpar lo que es patrimonio de todos, de La Tierra... para depositarlo en manos de unos pocos que... sirven al mal, a fuerzas oscuras y traicioneras...

En este Tiempo... ya no se puede permitir la violencia, ni tan siquiera que continúe vigente un sistema basado en la opresión, mientras se unen a sus filas aquellos que son indiferentes a las órdenes que reciben y que son capaces de sesgar la vida sin cuestionarse nada...

EN ESTE TIEMPO... HEMOS DE VER COMO COLAPSA TODO SISTEMA, CREENCIA, IDEOLOGÍA, RELIGIÓN, POLÍTICA Y GOBIERNOS QUE... ATENTAN CONTRA LA VIDA Y EL BIENESTAR COMÚN... así es como van quedando al descubierto aquellos que solo saben de si mismos y de sus intereses... así es como la Humanidad ha de tomar conciencia y dejar atrás toda esa programación a la que ha sido sometida...

Tiempo en el que... conquistadores y depredadores han de ser entregados a una Justicia Universal, siendo detenidos, procesados, capturados y puestos a disposición de Tribunales capaces de retirarles de sus puestos de poder, sustituyéndoles por quienes poseen la capacidad y la valía suficientes como para velar por La Vida, por la Existencia y la Evolución de quienes habitan La Tierra...

Los inocentes no pueden continuar viviendo sometidos a tanta injusticia, desvalidos, desarmados, esclavizados...

EN ESTE TIEMPO... QUIENES POSEEN LA CAPACIDAD Y LOS RECURSOS PARA ALZAR SU VOZ EN DEFENSA DE LA PAZ, DE LA UNIDAD... HAN DE DENUNCIAR TODO AQUELLO QUE ATENTA CONTRA TODOS Y CADA UNO... así es como se va produciendo la Transformación de La Vida... de un Mundo que ha de Evolucionar ofreciendo a TODOS y a cada UNO las mismas oportunidades, contribuyendo a que finalice ese tiempo en el que todo se compra y todo se vende por un interés...

Has de recordar que llegaste a este Mundo para ayudar a que TODO sea Trascendido y que... un día te irás... pero antes... tendrás que hacer repaso de lo que tu vida ha sido... y... tan solo contará aquello que por otros hiciste... lo que aportaste para que TODO Evolucionase... de nada te servirá aquello que te ha distraído convirtiendo tu vida en algo banal...

Afortunadamente, van surgiendo Líderes y Gobernantes con el valor suficiente como para desenmascarar la trama que ha mantenido a este Mundo y a sus habitantes en constante tribulación, mientras se han dejado llevar por todo aquello que creyeron, por aquellos que con su influencia, les convirtieron en rebaño dócil y confiado, en carne de cañón, en pasto de mataderos en los que sacrificar siempre a quienes escogieron callar y obedecer...

COMO LA VIDA MISMA... EL SER HUMANO INCONSCIENTE, INVOLUCIONADO, SERVIDOR, MARIONETA Y ESCLAVO DE SUS HÁBITOS, DE SERES OSCUROS QUE LE MANIPULAN... se deja llevar por quienes temen su Despertar... por esta razón, sigue escogiendo ser una pieza más en el tablero de juego de esa vida, que prescinde y destruye cuanto se le antoja...

Afortunadamente, la Conciencia se extiende y con cada día que transcurre, muchas son las Almas que tras su Despertar, dejan de ser manipuladas, expuestas a mentiras y a falsas ilusiones creadas por aquellos que han atentado contra TODOS y cada UNO...

Es este, un Tiempo en el que... cada cual ha de interiorizar y ocuparse de crear el bien que ha de ser común, en el día a día, en su entorno, intuyendo todo aquello que impulsa a Crear un Mundo Próspero en el que la premisa ha de ser el respeto hacia La Vida...

¡Lucha Humanidad por tu Libertad!

GENOCIDAS Y GOBERNANTES DESPIADADOS... ¿TAL VEZ REENCARNADOS DE OTROS TIEMPOS? DESEAN CONTINUAR CON SU TIEMPO DE BARBARIE Y DESTRUCCIÓN... quienes nada creen, quienes piensan que esto no es posible, tan solo han de observar el Mundo... La violencia, la estafa, la corrupción campan a sus anchas... mientras ciertos países son desenmascarados como el cáncer que ha ido destruyendo a la Raza Humana, al erigirse en ¿Salvadores del Mundo? ...cuando en realidad siempre fueron verdugos...

PAÍSES QUE VELAN POR LA PAZ, POR EL EQUILIBRIO, POR LA UNIDAD... DESACREDITADOS EN OTROS TIEMPOS Y... AÚN HOY... son los que están frenando a quienes a toda costa desean la destrucción, el caos y la esclavitud de una mayoría, para continuar dominando La Tierra a través de su barbarie...

Son los que ¡Luchan! ...pacíficamente por el bienestar de TODOS y cada UNO los que día a día van avanzando, logrando que el Mundo se Transforme...

Es cometido de cada ser vivo co-crear lo que ha de propiciar la Evolución... mientras es gestada la Ascensión de la Frecuencia Vibratoria de La Tierra y sus habitantes...

ENMASCARADOS COMO LIBERTADORES, COMO EJEMPLO A SEGUIR, AQUELLOS QUE SIGUEN AL PAÍS PORTADOR DE LA ANTORCHA QUE EXTIENDE EL DOMINIO Y LA DESTRUCCIÓN, HAN DE SER DESENMASCARADOS... Son los que profesan sacrificios, entregándoles a falsos dioses el dolor y el sufrimiento ocasionado a inocentes... son los que generación tras generación han mantenido esclavizada a la Raza Humana, mientras van destruyendo La Vida en La Tierra... Son alimañas que habitan en el Planeta con un único fin; extender su poder, apoderarse del libre albedrío, dominar toda forma de vida y... obedecer a quienes desde las sombras, nada respetan...

¿Hasta cuándo se les va a permitir continuar así? ¿A qué esperan Civilizaciones Estelares para liberar a una Humanidad exhausta?...

PAÍSES ALIADOS CON ESE LADO OSCURO QUE ARRASTRA HACIA PROFUNDIDADES ABISMALES A QUIENES SE CONVIERTEN EN SUS SERVIDORES... tan solo saben del control, dominio y caos... son los que usurpan la Paz, la Unidad y el Equilibrio...

Mantén enfrentada a la Humanidad... y lograrás que se sacrifique a si misma, luchando por derechos, creencias e ideologías que tan solo fueron concebidas para dar motivo a la contienda...

Ha de Despertar la Población Mundial y dejar de jugar en ese absurdo escenario, mientras es partícipe y cómplice al dejarse arrastrar por la inercia...

Despierto el Mundo...

HAN DE AYUDARSE Y APOYARSE LOS PAÍSES QUE CON VALENTÍA HACEN FRENTE A AQUELLOS OTROS QUE TAN SOLO BUSCAN CREAR GUERRAS Y DESTRUCCIÓN... Han de ayudarse y apoyarse ofreciendo al Mundo nuevas perspectivas y formas de proceder... a través de las que convivir en Paz y en Equilibrio, en Armonía... con Prosperidad... cultivando la Unidad entre la Población Mundial que ha de ser liberada de los opresores, de aquellos que obedecen a sus dueños y señores que moran tras las sombras de dimensiones densas, despiadadas, sin alma ni corazón...

DESPIERTO... EL MUNDO... HA DE VELAR POR SALVAGUARDAR EL PATRIMONIO DE LA HUMANIDAD... QUE ES LA VIDA Y LA EVOLUCIÓN... que es La Vida y la Evolución... Así es como ha contribuir la Humanidad a su Liberación, conjuntamente con Civilizaciones Estelares que han de dar a conocer su existencia a un Mundo esclavo que ya va rompiendo sus cadenas, dejando de remar en galeras al antojo y golpe de látigo de aquellos que han de ser detenidos, cesados, entregados a una Justicia Galáctica que TODO lo rigue a través de las Leyes Universales...

HAN DE LIBERARSE TODOS LOS PAÍSES DEL MUNDO DE PAGAR LA DEUDA QUE... LOS USUREROS Y MERCENARIOS SITUADOS EN PUESTOS DE PODER, AMPARANDO A LA CORRUPTA BANCA EXIGEN... Han de liberarse negándose a pagar su deuda a un Fondo Monetario Internacional plagado de sanguijuelas que... han conquistado el mundo a través de la deuda... Así es como destruirán su absurdo sistema basado en el dinero como deuda... así darán cabida a la expansión de Nesara...

Han de Liberarse TODOS los Países sometidos del Mundo de aquellos otros que... en minoría aún pretenden dominar a una Población Mundial, creyéndose con derecho a usurpar las Libertades...

En este Tiempo... depende de las acciones de TODOS y cada UNO que... el Mundo se Transforme... Aún así, continúan apareciendo en escena quienes se dejan llevar por la codicia, por alcanzar poder, riquezas y ejercer su dominio sobre los que han sido debilitados... Son estos últimos los que han de desaparecer de la escena política, gubernamental y religiosa...

Y MIENTRAS ALGUNOS PAÍSES HOSTILES -CADA VEZ MENOS- SE ENFRENTAN A UNA MAYORÍA QUE YA VA DESPERTANDO... A SABIENDAS QUE LA GUERRA YA NO ES EL CAMINO... ahí va la Humanidad ¡Alzando su voz! ¡Revelándose! ...ejerciendo su derecho a ser tenida en cuenta por dirigentes, políticos, gobernantes y religiosos que se creyeron con derecho a extender su dominio y esclavitud en este Mundo y en otros... en los que ya no es posible mantener esclavizada a la Población... Llega el Tiempo de Revelaciones, a través del que una gran mayoría dejará atrás las tinieblas de la ignorancia... Despertando a realidades que jamás habría creído posibles al considerarlas algo ilusorio, inconcebible, ridículo...

Lo más importante en este Tiempo...
La Liberación de la Humanidad...

TAN SOLO POSEEN LA INFORMACIÓN QUE HA SIDO DIFUNDIDA POR MEDIOS DE COMUNICACIÓN MANIPULADOS, DISEÑADOS PARA HACER CREER QUE ESTE ES EL ÚNICO SISTEMA POSIBLE... por esta razón, una gran parte de la Humanidad no ve que Grecia es pieza clave en la caída del Euro, para acabar con esa economía que tanto tiempo ha esclavizado a una mayoría... Si realmente fuesen conscientes de lo que está sucediendo podrían "Ver" Más Allá de las Formas, de las Apariencias... El Mundo merece Trascender... Evolucionar a través de la Prosperidad, de la Paz, de la Unidad... Lo importante en este Tiempo... no son los incrédulos, los que tan solo creen en lo que dicen saber, en lo que ven... ignorantes y ciegos... no son partícipes de las alternativas que han ido siendo creadas aquí... y "Allá"...

LO MEJOR QUE PUDE SUCEDER EN ESTOS MOMENTOS EN EL MUNDO Y QUE HA DE BENEFICIAR A LA HUMANIDAD... ES QUE EL GOBIERNO ACTUAL DE EE.UU., CORRUPTO Y TERRORISTA, QUIEBRE A TRAVÉS DE LA CAÍDA DE LA EUROZONA... de esta forma no podrá poner en marcha la Tercera Guerra Mundial que tanto desea para volver a capitalizarse, mientras trata de recuperar su hegomonía y dominio del mundo... Si su deseo es enfrentarse a Rusia, la única sin razón que se esconde tras ese absurdo escenario es que... los países BRICS han de devolver a la Población Mundial la Prosperidad, la Paz, el Equilibrio y la Unidad que les ha sido arrebatada a través de las tramas que... gobiernos oscuros, del Cabal, Iluminatis han extendido generación tras generación... Es Tiempo de que la Humanidad sea consciente de quién es quién y que deje atrás su desconocimiento, la ignorancia que puede llegar a ser tan cruel como el caos y la destrucción que ha sido permitida por quienes conscientes o inconscientemente... han alimentado ese sistema cruel y despreciable a través del que se ha sobrevivido en La Tierra...

MUCHOS CREEN QUE... EL IMPAGO DE LA DEUDA GRIEGA ES PERJUDICIAL PARA EL MUNDO... ¡IGNORANTES! TAN SOLO SE DEJAN LLEVAR POR LA INERCIA Y EL DESCONOCIMIENTO... no saben que es el inicio de un Plan Mundial que se ha estado gestando desde hace mucho, mucho tiempo, vinculado a la Ley del Derecho Natural y a la Ley NESARA que ha de Liberar la Economía Mundial que... ha estado en manos de gobiernos títeres y corruptos, pendencieros y destructivos... GRECIA... ES LA PUERTA DE ACCESO HACIA LA LIBERTAD ECONÓMICA, EN LA MEDIDA QUE SE DERRIBE DEFINITIVAMENTE EL DOMINIO QUE EL EURO HA EJERCIDO EN PAÍSES QUE FUERON ESCLAVIZADOS...

¿Un Mundo controlado por unos pocos?...

YA NO ES POSIBLE CONTINUAR VIVIENDO EN UN MUNDO CONTROLADO POR UNOS POCOS QUE... PRETENDEN SEGUIR EXTENDIENDO EL CAOS Y LA ESCLAVITUD... ya son muchas las Almas que... Despiertas forman parte de la Masa Crítica que TODO lo está Transformando... Ya no es necesario saber cuales son los entresijos, ni tan siquiera ser consciente de los detalles y la mentira que ha ocultado La Verdad que... va saliendo a la Luz.. En este Tiempo... la Vibración de TODAS y cada UNA de las Almas que se mantienen en Servicio... Crean el bien que ha de ser común a TODOS y cada UNO... Es un estado interior, es Espiritual... así es como se va Manifestando la Luz, la Paz, el Equilibrio y la Unidad que ha de dar comienzo a la Prosperidad... Pero antes... han de ir siendo desarticuladas todos aquellas fuerzas oscuras, quienes se empeñan en impedir que la Evolución ayude a Trascenderse a TODAS y a cada UNA de las Almas que... ya eligieron lo que Ser en un Tiempo de Gracia, en un instante en el que La Vida es Bendecida con cada Alma que Vibra en el Amor entregado a sus semejantes, mientras Manifiesta su Luz Interna...

SON LOS ALIADOS DEL MAL, DEL CAOS Y DE LA DESTRUCCIÓN LOS QUE HAN DE SER DESTITUIDOS, APRESADOS, DESTERRADOS, APARTADOS DE QUIENES YA NO DESEAN SEGUIR VIVIENDO COMO ESCLAVOS, EN LA MENTIRA Y LA MANIPULACIÓN... por esta razón es por la que se están sucediendo tantos acontecimientos que... propician la Transformación de La Vida en La Tierra... sea comprendido esto o no... Es tarea de TODAS y cada UNA de las Almas en Servicio hacia La Vida, hacia el Universo, hacia la Evolución, la Transformación y la Ascensión Vibrar al unísono en esta Sintonía...

**Al igual que sucedió en Islandia...
así ahora a Grecia...**

DIRIGENTES Y GOBERNANTES AL SERVICIO DE QUIENES CONTROLAN, EXTORSIONAN Y MANIPULAN A LA HUMANIDAD... SE DAN CUENTA EN ESTE TIEMPO QUE EL SISTEMA SE VUELVE EN SU CONTRA... es por estar razón por la que ya no tienen a quién volverse, ni tan siquiera a quienes han esclavizado a la Humanidad y que... han estado operando desde las sombras, invadiendo el Mundo a través de la economía basada en la deuda... Son estos últimos los que tratan de huir, de desaparecer antes de ser apresados...

AL IGUAL QUE SUCEDIÓ A ISLANDIA TRAS EXPULSAR A TODA SU CORRUPTA CASTA POLÍTICA EN SU MOMENTO, TRAS DECLARAR ILEGAL LA GESTIÓN BANCARIA Y HACERSE CARGO DE REVITALIZAR SU ECONOMÍA SIN ESTAR SUJETA A MERCENARIOS QUE OBEDECEN A GOBIERNOS EUROPEOS Y A UNA BANCA CORRUPTA... así ahora Grecia... en este Tiempo en el que ha de ser una pieza más que derribe ese sistema cruel y despiadado que ha tiranizado la vida en La Tierra... gestado y dirigido por países que tan solo saben del saqueo, del robo y de la destrucción de los recursos que han de ser patrimonio de una Humanidad que... ha de velar por La Vida... Así es como en este Tiempo Gracia ha de recibir el apoyo de quienes ven la realidad de lo que acontece... Más Allá de la manipulación mediática, informativa, política y económica difundida por quienes... al servicio de un sistema mundial absurdo, tratan de sostener una mentira que oculta La Verdad sobre la mayor estafa cometida contra los habitantes de La Tierra... perpetrada por quienes manejan los hilos de toda esta trama que ya va siendo desvelada, descubierta, desenmascarada...

SÓLO EXISTE UNA SALIDA EN ESTE TIEMPO PARA QUE LA HUMANIDAD SE LIBERE DE SUS CADENAS, DE LA ESCLAVITUD QUE LE HA SIDO IMPUESTA GENERACIÓN TRAS GENERACIÓN... solo es posible salir de la supervivencia siendo conscientes de lo que realmente está aconteciendo, dejando a un lado a quienes defienden ese sistema económico y político que todo ha pretendido globalizarlo con un único propósito; El dominio, la destrucción, el caos y la dependencia de una mayoría que ha sido sometida por una minoría que desprecia La Vida, la Paz, la Unidad y el Equilibrio... Ha de Despertar la Población Mundial y ser consciente que... tan solo existe un camino de regreso hacia la Prosperidad, hacia la Evolución que TODO ha de Trascenderlo... Cada UNO... cada Ser ha de profundizar a través de la Interiorización, de la reflexión y... preguntarse qué es lo que puede hacer por contribuir a que sean recuperados los valores que han de enaltecer a una Raza... Más Allá de las creencias, ideologías, religiones y políticas diseñadas para enfrentar, para dividir, para destruir la Unidad que TODOS ha de cultivar y propiciar en un Mundo que ha de Ascender hacia Estados de Conciencia que Eleven al Ser y al Alma... la Espiritualidad...

EN EL PLAN QUE HA SIDO PREVISTO PARA RESCATAR A LOS HABITANTES DE LA TIERRA DE GOBIERNOS Y SERES DESPIADADOS, MERCENARIOS, CORRUPTOS, DESTRUCTIVOS... TODO HA DE MANIFESTARSE EN EQUILIBRIO... por esta razón, lo que ha de acontecer ha de ser común a TODOS y a cada UNO... a sus posibilidades, siendo indiferente la condición social, el país, el entorno... es por esto por lo que TODO está siendo gestado de tal forma que... el rescate propicie la Transformación de La Vida en la Tierra... a través de quienes en silencio TODO lo han ido Creando... Tal vez aún no comprendas el significado de estas palabras... pero te diré que... con cada persona, con cada Alma, con cada Ser que vela en Servicio por el bienestar de TODOS y cada UNO... se va propiciando que la Transformación se Materialice en este Mundo de las Formas en el que... ya no tiene cabida la apariencia, la banalidad, la inercia de quienes aún pretenden seguir viviendo tras las apariencias que... ya se desvanecen como espejismos que ocultaron La Verdad...

Hoy... Grecia lucha por su Libertad, al igual que antaño Islandia...

HA LLEGADO LA HORA DE PARAR LOS PIES A QUIENES INDEBIDAMENTE SE ADUEÑARON DE LA VIDA EN LA TIERRA, MANIPULANDO AL SER HUMANO PARA QUE ENTREGASE SU LIBERTAD A TRAVÉS DEL LIBRE ALBEDRÍO... así es como en este Tiempo, un segundo puede llegar a Transformar el Destino de una Raza que ya no es posible engañar... En estos momentos, la Población Mundial ha de ser consciente de todo aquello que ha de permitirle liberarse de quienes la esclavizaron; Gobiernos y Dirigentes que tan solo son fachada de quienes en las sombras ocultan su ardid... son los que van siendo desenmascarados, los que han de ser perseguidos y ajusticiados...

SI GRECIA SE MANTIENE Y NO PAGA SU DEUDA AL FMI... ESTARÁ SIENDO PARTÍCIPE DE LA LIBERACIÓN DE LA RAZA HUMANA... PRISIONERA DE AQUELLOS CONOCIDOS COMO "LOS DEL CABAL"... oscuras fuerzas que han movido los hilos de la Economía para esclavizar a la Población Mundial... tomando lo que no les pertenece, prestándolo y tras crear necesidades, deudas y carencias, reclamar los bienes usurpados, adueñándose de las vidas y recursos de TODOS y cada UNO...

AL IGUAL QUE SUCEDIÓ EN ISLANDIA... GRECIA AHORA ACORRALA A LA BANCA INTERNACIONAL, PONIÉNDOLA CONTRA LAS CUERDAS, DESPOJÁNDOLE DEL PODER QUE HA EJERCIDO AL ENDEUDAR A LOS PAÍSES QUE HAN SIDO SU VÍCTIMA, AL IGUAL QUE A LA HUMANIDAD... es por esto por lo que... toda medida que impida que sigan usurpando lo que por derecho ha sido arrebatado a TODAS y a cada UNA de las personas que habitan La Tierra...

propiciará el bienestar de una Población Mundial que ya no ha de continuar siendo doblegada por oligarcas y caciques, por líderes y gobernantes que... tan solo buscan la destrucción de las Libertades, de la Paz, de la Prosperidad, del Equilibrio...

ES ESTE EL TIEMPO EN EL QUE TODOS LOS PAÍSES QUE AÚN POSEEN DIGNIDAD Y MEMORIA HISTÓRICA... HAN DE ALZARSE Y DEMANDAR A AQUELLOS OTROS QUE PROPICIARON LA DESTRUCCIÓN DE LA ECONOMÍA, DE LA PROSPERIDAD... Ha de ser ejemplo a seguir Grecia, al igual que antaño Islandia... Han de ser detenidos quienes han atentado contra La Vida en La Tierra... para ello es imprescindible que quienes lideran con honradez siendo equitativos, desplieguen todos los medios posibles para identificar, cesar y procesar a los verdaderos delincuentes que... desde puestos de poder han actuado como asesinos, mercenarios, piratas y depredadores al servicio del mal, de la oscuridad, del caos y la destrucción...

EL MUNDO NECESITA A LÍDERES CAPACES DE HACER FRENTE A DICTADORES QUE SE HAN APODERADO DE TODO LO QUE LA VIDA EN LA TIERRA OFRECE... ES BIEN SENCILLO, TAN SOLO HAN DE IR A POR QUIENES ROBARON LO QUE ES PATRIMONIO DE LA HUMANIDAD... así es como comenzará el fin de un imperio basado en el terror, en el miedo, en el caos, en el sin sentido de un Mundo regido por despropósitos... por aquellos que han mostrado su demencial forma de proceder, corrompiendo La Vida y a los habitantes de este hermoso Planeta... El Mundo necesita de líderes y gobernantes capaces de enfrentar a aquellos otros que han de ser expulsados y... a ser posible, desterrados... apartados a fin de evitar que continúen conspirando a través de sus acechanzas...

¿Se salvará la Humanidad a si misma?

TAN SOLO ES POSIBLE QUE LA HUMANIDAD SE SALVE A SI MISMA A TRAVÉS DE LAS ACCIONES QUE LA IMPULSAN A LIBERARSE DE LA OPRESIÓN, DE LA ESCLAVITUD QUE LE HA SIDO IMPUESTA... Tan solo es posible que un país Trascienda la limitación si es capaz de "Ver" Más Allá de las Formas y... escoge recorrer el camino menos transitado, el que nada tiene que ver con la norma, con sistemas hostiles que impiden la Evolución... Es la Población Griega la que ha de crear su siguiente escenario, el rumbo a seguir según sus elecciones... ¿Serán capaces de marcar la diferencia? ¿O por el contrario sucumbirán nuevamente al engaño y la manipulación de seres, de fuerzas, de razas despiadadas que tan solo existen a través de la destrucción que ocasionan? Si realmente son conscientes de lo que ha de acontecer, los griegos escogerán liberarse de la opresión económica que han padecido, gracias a los mercenarios, a terroristas y mafiosos maleantes que... desde puestos de poder, han estado controlando y manipulando la economía del Mundo...

HAN DE PROSPERAR LAS ALIANZAS ENTRE PAÍSES Y CULTURAS QUE... EN UNIDAD HAN DE CREAR LA PROSPERIDAD, LA UNIDAD Y LA PAZ... EN UN MUNDO ABATIDO TRAS TANTA CRUELDAD... Ha de prosperar TODA Alianza que sea capaz de extender el bienestar de TODOS y cada UNO... tan solo así logra Trascenderse una Raza, una Civilización que... ha de recorrer por si misma el camino hacia la Libertad... Ascendiendo a través de multitud de Dimensiones... mientras se Materializa su destino; Aliándose con Civilizaciones Estelares que... TODO lo "Ven" aquí y Allá...

Tomás Morilla Massieu, Alicia Morilla Massieu & Semjase (Semyase)

PUEDES LLEGAR A INFLUIR, A INSPIRAR A QUIENES LLEGAN, A QUIENES PERMANECEN, A QUIENES SE VAN... pero no puedes decidir por ellos, ni manipular su Libre Albedrío a no ser que seas parte de esos seres, de fuerzas oscuras y despiadadas que... desde dimensiones inferiores tratan de apoderarse de la Humanidad... Puedes influir, inspirar mas... no puedes decidir por TODOS y cada UNO... Si escogiste el camino de la entrega, del Servicio, el que impulsa La Verdad y la Evolución de TODO lo que "Es"... inspira e influye a quienes llegan, a quienes permanecen, a quienes se van mas... no trates de cambiar su destino si finalmente escogen continuar viviendo en la esclavitud... No es esta tu tarea... TAN SOLO ES POSIBLE QUE LA HUMANIDAD SE SALVE A SI MISMA A TRAVÉS DE LAS ACCIONES QUE LA IMPULSAN A LIBERARSE DE LA OPRESIÓN, DE LA ESCLAVITUD QUE LES HA SIDO IMPUESTA... MIENTRAS PROSPERAN LAS ALIANZAS ENTRE PAÍSES Y CULTURAS QUE... EN UNIDAD HAN DE CREAR LA PROSPERIDAD, LA UNIDAD Y LA PAZ... EN UN MUNDO ABATIDO TRAS TANTA CRUELDAD...

Todo nuevo comienzo...

EL PERDÓN Y LAS CONDONACIONES DE DEUDAS HA DE SER EL SIGUIENTE PASO QUE DE LA HUMANIDAD... COMO MUESTRA DE MADUREZ Y POR SOLIDARIDAD ANTE LOS CAMBIOS QUE HAN DE PRODUCIRSE... Aunque pueda parecer una utopía, esto ya es posible en este Tiempo... al igual que la finalización de conflictos y guerras, de enfrentamientos propiciados por quienes se empeñan en destruir a una Humanidad que ha de avanzar....

TODA REVOLUCIÓN COMIENZA A TRAVÉS DE LA PROSPERIDAD... DESEANDO EL BIENESTAR PARA TODOS Y CADA UNO... CADA CUAL APROVECHANDO LOS MEDIOS CON LOS QUE CUENTA... Así es como la Humanidad va avanzando, día a día, generación tras generación, entre multitud de obstáculos en apariencia insalvables... Es vital apoyar toda acción que lleva a unos pocos a ir Más Allá de lo establecido... de las normas impuestas... en un Tiempo en el que... han de acontecer grandes Transformaciones... "Reveladas" a quienes han decidido "Ver" aquello que ya "Es" a través de los que creen y crean…

TODO NUEVO COMIENZO SE INICIA CON AQUELLOS QUE FRENAN LA BARBARIE, EL SIN SENTIDO, LA MANIPULACIÓN DE QUIENES HAN OSTENTADO EL PODER PROPICIANDO LA AUSTERIDAD, EL DOLOR, LA FALTA DE UNIDAD... Todo nuevo comienzo ha de venir acompañado de Líderes y Gobernantes capaces de impulsar a sus propios países, a quienes representan, a su población, a sus ciudadanos hacia escenarios en los que TODO ha de ser posible... comenzando por cultivar la Unidad, el Equilibrio, la Paz y el Amor que impulsa hacia la Ascensión...

TAL VEZ NO SEAS CONSCIENTE DE LO QUE ESTÁ SUCEDIENDO... DE LO QUE ESTÁ A PUNTO DE SER REVELADO, DEL PATRIMONIO AL QUE TODOS Y CADA UNO TIENEN DERECHO... Tal vez lo ignores pero... ante ti ya se va Manifestando en el Mundo de las formas... en la medida que va siendo liberado todo aquello que nos acerca a Civilizaciones Estelares que... Brillan con Luz Propia y nos Inspiran... para que seamos capaces de ir Más Allá y... finalmente superar todos los conflictos que dividen... Tal vez no seas consciente en estos momentos... pero... has de "Ver" Interiormente a través del Ser... cultivando tu Espiritualidad y liberándote de todo aquello que... "Es" en ti... Así es como día a día verás que... ciertos países irán liberando conocimientos, tecnología e información que... te mostrarán hacia dónde nos dirigimos... de dónde venimos... quienes somos realmente...

HA DE SER CONSCIENTE LA HUMANIDAD DE QUIENES HAN SIDO LOS OPRESORES, LOS VERDADEROS TERRORISTAS, LOS MERCENARIOS, LOS QUE HAN OCASIONADO TANTO CAOS Y DESTRUCCIÓN... para ello... ha de enfrentarles, posicionarse, dejar de ser rebaño, masa inerte, mientras se les permite continuar con sus acciones hostiles... Ha de ser consciente la Humanidad de quienes son verdaderamente los delincuentes que TODO lo han corrompido y detenerles, someterles a una justicia imparcial y desterrarles lejos, muy lejos de quienes realmente desean el bien para TODOS y cada UNO... Así ha de ser con líderes, gobiernos y países al servicio de seres, de fuerzas oscuras, ocultas... pendencieras y despiadadas que tratan de mantener con vida ese absurdo sistema que ha regido a la Población Mundial...

VUELVO A PREGUNTARME... ¿SERÁ CAPAZ LA POBLACIÓN MUNDIAL DE VER LO QUE HA SUCEDIDO? ¿SERÁ CAPAZ DE ESCOGER EL CAMINO DE LA LIBERTAD Y RECORRERLO? ¿O POR EL CONTRARIO ESCOGERÁ SEGUIR SOMETIDA, ESCLAVIZADA, MANIPULADA?... Confiemos en que llegue la Inspiración Espiritualmente... en que sientan que la Verdadera Revolución es Dimensional, desde el Ser... Interior y que... en la medida que es cultivada a través de TODOS y cada UNO... así es como se va Manifestando en el Mundo de las Formas... Con cada elección... con cada acción llevada a cabo, así se define la Evolución de una Raza...

Grecia ha de ser un referente...

EN LA MEDIDA QUE PAÍSES, LÍDERES Y GOBERNANTES VAN ENTRANDO EN RAZÓN Y DÁNDOSE CUENTA DE LOS CAMBIOS QUE ESTÁN PRODUCIÉNDOSE A NIVEL MUNDIAL... TODO SE VA TRANSFORMANDO... Así es como en La Tierra, una Raza conocida como la de los Humanos logra Trascender la esclavitud que le ha sido impuesta generación tras generación... En esto consiste el buen uso del Libre Albedrío, lejos de toda manipulación, de lo que ciertos seres, entidades y falsos dioses impusieron con engaños y artimañas que ya van quedando al descubierto... Así es como se va dando la espalda a los que disfrazados de libertadores en realidad tan solo dominaban y destruían... Así es como se van hermanando quienes luchan por la Unidad, por la Paz y el Equilibrio...

EL PRINCIPIO DEL FIN ES EL DOMINGO DÍA 5 DE JULIO DEL AÑO 2015... TRAS LA SOLIDARIDAD DE QUIENES APOYAN EL REFERÉNDUM DE GRECIA Y DECIDEN NO CEDER ANTE LAS IMPOSICIONES DE LA TROIKA, DE ESOS VILES MERCENARIOS, ASESINOS Y PENDENCIEROS QUE SE APODERARON DEL MUNDO CREANDO UNA ECONOMÍA FRAUDULENTA... Son los valientes quienes marcan la diferencia en un Mundo que ha de Evolucionar hacia su propia Libertad, recorriendo el camino que propicia la Transformación... Trascendiéndose TODOS y cada UNO de los habitantes que... se Manifiestan a favor de la Creación de nuevos escenarios en los que... son expulsados aquellos que atentaron contra La Vida... Así es como se le hace frente a la conocida "Eurozona"... lugar oscuro, abismal... frecuentado por los depredadores que han ahogado a la Humanidad hasta límites insospechados...

AQUELLOS LÍDERES, GOBERNANTES Y PAÍSES QUE EXTENDIERON LA AUSTERIDAD CON EL ÚNICO PROPÓSITO DE DOMINAR EL MUNDO, DE ESCLAVIZAR Y REDUCIR A LA POBLACIÓN MUNDIAL DE LA TIERRA... VEN EN ESTE TIEMPO COMO SUS PLANES SE DESMORONAN... Así es como son vistos por TODOS y cada UNO como son, como lo que han sido... Así es como han de ir siendo arrestados, entregados a la justicia y procesados... desterrados a lugares de los que no puedan volver y continúen con su evolución viviendo lo que para otros crearon, aprendiendo de sus errores... Son estos falsos líderes y gobernantes los que han estado obedeciendo a esos falsos dioses que plagaron de creencias e ideologías, de religiones falsas y destructivas la existencia de toda una Raza que... sometida a través del miedo, no se atrevió a cuestionar lo que les fue impuesto... Todo eso ya ha quedado obsoleto, ya es arcaico, ya se desvanece... Así es como TODO se Transforma... a través de la solidaridad de quienes "Ven" Más Allá de las Formas, de las Apariencias y... son conocedores de lo que realmente ha estado sucediendo...

EN LA MEDIDA QUE GRECIA SE INCLINA POR EL "NO" EN UN REFERENDUM QUE HA DE RECHAZAR SEGUIR SOMETIDOS ANTE UNAS MEDIDAS DE AUSTERIDAD QUE REBASAN TODA LÓGICA Y RAZÓN... LA LUCHA QUE ES LLEVADA A CABO EN POR TODA LA HUMANIDAD... Este es el comienzo de una serie de acontecimientos que han de llevar a otros países a Revelarse... a Enfrentarse, a Manifestarse en contra de usureros y delincuentes que han ocupado puestos de poder y dominio...

LA LIBERACIÓN DE LA HUMANIDAD COMIENZA A TRAVÉS DEL RECHAZO DE MEDIDAS AUSTERAS, DE PRESIONES ECONÓMICAS QUE TODO LO HAN DESTRUÍDO... Es mucho más que un acto, que una acción que ha de ser solidaria... Simboliza que la Humanidad ya está despertando y dice ¡No!... a quienes pretenden destruirla... La Liberación ha de venir acompañada de la independencia que han de recuperar los países que... engañados con la falsa promesa de una centralización errónea, en realidad desmantelan el Nuevo Orden Mundial que estaba siendo gestado por los del "Cabal"... por los "Iluminatis"... por los adoradores de falsos dioses que desde tiempos remotos, antiguos, gestaron este plan absurdo y cruel para dominar el Mundo sin necesidad de conquistas bélicas... tan solo a través del caos, de la creación de falsos terrorismos, de autoatentados, de mentiras y de la violación de las libertades a través de la manipulación económica y la ingeniería social...

GRECIA... HA DE SER REFERENTE FRENTE AL MUNDO... AL IGUAL QUE HA SUCEDIDO EN ISLANDIA... DEMOSTRANDO QUE ES POSIBLE VIVIR A TRAVÉS DE LA PROSPERIDAD, DE LA UNIDAD CREADA POR GOBERNANTES SERIOS, RESPONSABLES... Así es como cada país ha de recuperar su independencia económica recuperando su propia moneda, dejando de estar sometido a una estructura gestada para apoderarse de los recursos ajenos; Prestando dinero los usureros, creando austeridad a continuación e imponiendo que les sea devuelto cuando ya no es posible... Esta ha sido la estrategia errónea y maldita de quienes han condicionado La Vida de la Población Mundial, mientras han dado rienda suelta de diferencias, a enfrentamientos, al caos y la destrucción... Ha de ser capaz la Humanidad de mostrar su valía, su fuerza y su cordura en este Tiempo en el que... cada cual ha de comprometerse a vivir responsablemente, cultivando su solidaridad, asumiendo las consecuencias de sus acciones, extendiendo el bienestar de TODOS y cada UNO...

Tiempo de Independencia, de Libertad y Unidad...

¿TE HAS FIJADO CON ATENCIÓN? ¿HAS SIDO CONSCIENTE DEL POR QUÉ EL MUNDO ES COMO ES? ¿HAS ESCOGIDO "VER"? ¿O HAS MIRADO HACIA OTRO LADO?... Un Mundo dominado, gobernado y liderado por crueles asesinos, por autómatas a la orden de quienes manipulan tras el poder es el escenario en el que has sobrevivido... Un Mundo en el que líderes y gobernantes corruptos, despiadados, sin sentimientos tan solo desean la esclavitud del ser humano, es el que ha promovido la inercia, la obediencia de millones de inertes que... escogiendo servir fielmente, son capaces de ejecutar a su prójimo, a los de su raza, a los de su especie, a los de su entorno.... ¿Te has fijado con atención? ¿Has sido consciente del por qué el Mundo ha sido como ahora "Ves"? ¿O has estado mirando hacia otro lado mientras te manipulaban con distracciones? Observa atentamente los acontecimientos que se van sucediendo... trata de reflexionar tras el silencio, cultivando tu intuición... verás que llega la Inspiración... TODO un Legado, que siempre formó parte de Alianzas Espirituales entre TODOS y cada UNO... desde el Alma, desde el Ser... a través de la Eternidad, de multitud de vidas experimentadas para llegar a este Tiempo en el que... miles de Despertares... ¡Millones!... escogen liberarse de los opresores que... antes de huir, tratan de mantener su oscuro poder, temiendo perder su imperio destructivo, estéril, obsoleto, caótico...

ES TIEMPO EN EL QUE LA HUMANIDAD HA DE RECUPERAR SU INDEPENDENCIA, SU LIBERTAD... CULTIVANDO LAS CULTURAS ANCESTRALES QUE... EN "CONTACTO" EN COMUNICACIÓN CON SUS ANTEPASADOS... SIEMPRE PROPICIARON LA SABIDURÍA,

CONSERVANDO SU MEMORIA HISTÓRICA... Así es como cada UNO propicia la Transformación, dando rienda suelta a sus dones y facultades... Co-Creando nuevas realidades en un Mundo que Evoluciona, que Asciende hacia Dimensiones en las que... la Luz y el Amor propician la Unidad... Es Tiempo en el que la Humanidad ha de recordar que es imprescindible Crear TODO aquello que propicia el bienestar de TODOS y cada UNO... en Paz, en Equilibrio... mientras es Manifestada la Prosperidad...

AFORTUNADAMENTE... EN ESTE TIEMPO YA SE VAN ESCUCHANDO LAS VOCES DE TODAS Y CADA UNA DE LAS ALMAS REENCARNADAS EN LA TIERRA... YA NO ES POSIBLE SOSTENER LEYES QUE TRATAN DE AMORDAZAR LA VOZ DE LA POBLACIÓN MUNDIAL... Así es como llega La Verdad tras la reflexión que TODOS y cada UNO de los habitantes de La Tierra han de hacer... retirándose en silencio a través de sus propios entornos y espacios personales... Afortunadamente... en este Tiempo... sale a la Luz La Verdad que desenmascara a los depredadores que... tras el escenario de las apariencias, siempre manipularon el Mundo a su antojo; Has de verlos tal y como son para hacerles frente y contribuir a que sean detenidos, procesados, entregados a una Justicia Universal que les aparte de los inocentes, que les destierre a lugares en los que no puedan continuar causando daño... en los que continúen su evolución sin interferir en la Transformación, en la Ascensión de La Tierra y de sus habitantes...

TIEMPO DE REFLEXIÓN... TIEMPO DE SILENCIOS ANTES DE LA ACCIÓN... TIEMPO EN EL QUE SE HA DE MANIFESTAR TODO AQUELLO QUE INTERIORMENTE ES CREADO DESDE EL SER... TIEMPO DE PAZ... TIEMPO DE EQUILIBRIO... TIEMPO DE UNIDAD... TIEMPO DE DESPERTARES... La Humanidad ha de observar a través de los acontecimientos que se van sucediendo que... es posible la Transformación de un Mundo, que TODOS y cada UNO han de contribuir a que se Manifieste el bienestar, han de ocuparse unos de otros sin excepción, dejando atrás el conflicto, el enfrentamiento, los intereses personales... Tiempo de reflexión tras la Unidad del Pueblo Griego, tras la Lucha por su Libertad, tras la elección del "No" a la esclavitud, a la extorsión… Tiempo en el que… al Mundo se le ofrece una nueva oportunidad de "Ver" Más Allá de las Apariencias, de las Formas, de la mentira y la manipulación llevada a cabo por aquellos que… TODO trataron de destruirlo; seres despreciables al servicio del mal, del caos, de la extorsión, mercenarios que dieron rienda suelta a un sistema económico y político en el que creencias, ideologías y religiones han sido contaminadas, corrompidas… Tiempo en el que… ¡Al fin! ¡Algo de cordura! …ante la desidia, la inercia mostrada antaño… Tiempo de enhorabuenas, de felicitaciones ante el ejemplo mostrado por el Pueblo Griego, por sus Líderes y Gobernantes que… han decidido formar parte de la Evolución, de la Transformación… Tiempo se silencios y reflexión antes de Manifestar toda acción… Tiempo de asumir cada UNO su responsabilidad tomando conciencia de TODO aquello que crea, que cree, del Legado que deja a sus semejantes, de las Alianzas que escoge establecer… Tiempo de Luz, de Equilibrio, de Prosperidad… Tiempo propicio para Manifestar la Ley NESARA & GESARA, la Ley del Derecho Natural… Tiempo de destituir a líderes, y gobernantes corruptos… Tiempo de escoger a quienes han de representar verdaderamente a la Población Mundial; a Almas sabias, responsables, solidarias, de gran valía, que cultivan el respeto, que poseen un gran corazón, que sienten como ha de extenderse el bienestar para TODOS, para cada UNO sobre la faz de La Tierra… Tiempo… de Alianzas y Legados, de Bienaventuranzas… Tiempo de Interiorización a través de la Espiritualidad del Ser…

APRENDE LA HUMANIDAD A DECIR "¡NO!" A QUIENES HAN SIDO SUS ACREEDORES GENERACIÓN TRAS GENERACIÓN… A quienes han sido sus usureros… auténticos terroristas al servicio del mal, de la destrucción, del caos… Aprende la Humanidad a alzarse y a decir "¡BASTA!"… alzando sus voces, manifestando su descontento, luchando pacíficamente… Aprende la Humanidad que… es a través de la Unidad, de la Paz, del Equilibrio y la Prosperidad como renace el auténtico y verdadero Legado del que ha de disfrutar, que ha de experimentar en esta y en Otras Vidas… en este y en Otros Mundos…

Tomás Morilla Massieu, Alicia Morilla Massieu & Semjase (Semyase)

¿Qué hacer ahora? Evolucionar...

NO TEMAS ENFRENTAR A LOS LÍDERES, GOBERNANTES Y PAÍSES QUE ESCLAVIZAN, QUE PRETENDEN SEGUIR DOMINANDO Y ESCLAVIZANDO LA TIERRA Y A SUS HABITANTES... Teme más bien la inercia de quienes aceptan seguir viviendo en la austeridad incluso a costa de perder sus libertades, su vida... Teme a quienes no saben que son prisioneros y se creen libres... Teme a quienes ni tan siquiera ven los barrotes de la celda, de la prisión en la que siempre han estado... La Victoria de la Humanidad en este Tiempo reside en Revelarse pacíficamente, en luchar y decir "No" a todo aquello que atenta contra La Vida, contra el bienestar de TODOS y cada UNO...

LA AUTÉNTICA CRISIS MUNDIAL NO ES CAUSADA POR PAÍSES QUE DECIDEN ENFRENTARSE A AQUELLOS QUE TODO LO ARRASAN, QUE DESTRUYEN Y CREAN CAOS, ENFRENTAMIENTOS, DESIGUALDADES... Es por esta razón por la que la Humanidad en este Tiempo ya ha de detenerse y reflexionar, elegir cómo desea vivir realmente y contemplar múltiples posibilidades Más Allá de lo establecido, de la norma, de lo que ha sido impuesto... La Crisis es realmente personal... por esta razón, cada UNO... cada Ser Vivo, cada Alma... ha de "Ver" lo que La Vida puede llegar a ser y... contribuir a través de lo que es capaz de Crear, de concebir, de creer a que TODO se Transforme...

¿QUÉ HACER AHORA? ¿CUANDO LA POBLACIÓN DE UN PAÍS DECIDE DECIR "NO" A QUIENES PRETENDEN DOMINARLO, REDUCIRLO? ¿QUÉ HACER?... MÁS BIEN... "QUÉ SER"... Es a través de lo que cada UNO Manifiesta, de lo que Crea Interiormente como TODO es Trascendido... por esta razón en la medida que cada cual es consciente de lo que está siendo gestado, puede tomar la decisión de ir en una u otra dirección… Plantéate; ¿Qué es lo que realmente deseas? ¿Crees que es posible alcanzarlo? ¿Realizarlo? Y… a partir de ese instante… Créalo a través de tus dones y facultades… contribuye a que TODO se Materialice, libérate, deja de seguir a otros y… recuerda que la verdadera riqueza reside en lo que tú dejas como Legado a tus semejantes…

ES TAREA DE LOS JÓVENES LUCHAR POR AQUELLO QUE LES PERMITE MANIFESTAR SU DESCONTENTO ANTE LO QUE LES HA SIDO IMPUESTO… ES TAREA DE LAS ALMAS INQUIETAS LUCHAR PACÍFICAMENTE, DESMONTAR SISTEMAS ARCAICOS QUE SIEMPRE DOMINARON A UNA MAYORÍA EN BENEFICIO DE UNA MINORÍA… Es esta la grandeza de una Raza que Evoluciona… porque los jóvenes son los primeros que padecen las injusticias de aquellos que… desde el poder todo lo controlan y lo manipulan…

OBSERVA A QUIENES PRETENDEN SEGUIR INTIMIDANDO, EXTORSIONANDO Y DOMINANDO A LA POBLACIÓN MUNDIAL, ATENTANDO CONTRA LAS LIBERTADES Y EL DERECHO A VIVIR CON DIGNIDAD… Y… A CONTINUACIÓN, LUCHA POR DESTITUIRLES, POR CESARLES, POR APARTARLES DE ESOS PUESTOS DE PODER DESDE LOS QUE HAN CAUSADO TANTO DAÑO… verás que… en cuanto pierdan la capacidad de dominar, de hacer lo que les place, de disfrutar causando daño… de pronto toda su fuerza y su maldad se queda en nada… Es Tiempo de arrestar a quienes han dirigido el Mundo hacia el caos y la destrucción… ¿Tal vez se creen que La Vida, que La Tierra y sus habitantes son de su posesión?…

VERÁS QUE EN ESTE TIEMPO… YA VAN SALIENDO A LA LUZ ALMAS NOBLES, SINCERAS, VERDADERAMENTE ENTREGADAS A LIBERAR A LA RAZA HUMANA DE SUS OPRESORES… Verás que se van uniendo día a día, a través de Alianzas que… son Legados y Patrimonio de la Humanidad… Observa su mirada, sus facciones, su lenguaje corporal… intuye sus propósitos e intenciones y verás como son Almas capaces de

Transformar La Vida de TODOS y cada UNO Co-Creando el bienestar, la Paz, la Prosperidad, El Equilibrio y la Unidad... Son Almas humildes que no necesitan dominar a los demás, que tan solo desean aprovechar esta oportunidad deshacerse de los dictados de corruptos, mercenarios y terroristas disfrazados de líderes... gobernantes al servicio del mal, del caos y la oscuridad...

AFORTUNADAMENTE PARA LA HUMANIDAD... EN ESTE TIEMPO YA SE VA MANIFESTANDO... MATERIALIZANDO LA UNIDAD DE PUEBLOS QUE SON LIDERADOS, GOBERNADOS POR QUIENES HAN SIDO ELEGIDOS PARA CREAR LA PAZ, LA PROSPERIDAD Y EL BIENESTAR... Es por ello por lo que has de tomar conciencia y contribuir a través de tu quehacer diario... Sabrás que estás en el camino adecuado en la medida que tus acciones beneficien a TODOS y a cada UNO sin excepción... sin tomar partido por un bando u otro...

VERÁS EN ESTE TIEMPO COMO PSICÓPATAS, MERCENARIOS, ASESINOS QUE ATENTAN CONTRA LA VIDA, CONTRA LA RAZA DE LOS HUMANOS, CONTRA LA POBLACIÓN MUNDIAL CONTINÚAN DISFRAZÁNDOSE DE CORDEROS... CUANDO EN REALIDAD SON LOBOS, DEPREDADORES, CARROÑEROS... Son los que desde puestos de poder se empeñaron en destruir, en fomentar el caos y el enfrentamiento, la pobreza, la austeridad... Son los que se han estado alimentando del sufrimiento de la Población Mundial que ha sido sometida a través de sus múltiples mandatos... Es a estos a los que es imprescindible detener, entregar a una Justicia Universal y desterrar a lugares en los que ya no puedan seguir causando daño...

Los acuerdos socialmente justos...

LOS ACUERDOS SOCIALMENTE JUSTOS SON AQUELLOS QUE CREAN EL BIENESTAR PARA TODOS Y CADA UNO EN UN TIEMPO EN EL QUE… LA HUMANIDAD HA DE RECOBRAR LA UNIDAD Y FINALIZAR LAS CONTIENDAS, LOS ENFRENTAMIENTOS… Para ello es imprescindible que Líderes y Gobernantes que ocupan posiciones de responsabilidad, de poder, velen por la Población Mundial, por La Vida en La Tierra, dejando a un lado intereses personales que generalmente obedecen a creencias, a ideologías, a grupos, sectas, religiones que tan solo buscan el poder y el dominio de una Humanidad ya abatida, cansada que… ¡Se Alza! ¡Se Revela!… que ¡Lucha! por sus derechos… Los acuerdos que han de alcanzarse a nivel mundial, afectan a TODOS y a cada UNO… no es posible negociar con mercenarios, con delincuentes, con asesinos que han atentado contra La Vida, contra la Paz, contra el Equilibrio y la Unidad en La Tierra… La única negociación posible es derribar su sistema cruel y pendenciero basado en la expansión de una economía que domina, que esclaviza, austera, que empobrece, que destruye… La única negociación posible es salir de todo lo que ha supuesto una globalización y recuperar la independencia… para así hacer frente a quienes literalmente utilizan la banca, la política, las creencias y religiones para confundir a una Raza que busca su recuperar su propia identidad… Así Grecia en este Tiempo en el que… ha de seguir los pasos de Islandia y… ser ejemplo y Luz que Ilumine el camino hacia la Libertad de otros países que han de seguir su ejemplo… Así sus líderes y gobernantes siempre que… no caigan en las redes de piratas, de corsarios, de depredadores que siempre están al acecho…

ES A TRAVÉS DE LA ECONOMÍA MUNDIAL COMO CIERTOS SERES, ENTES, PERSONAJES OSCUROS Y MALICIOSOS SE HAN APODERADO DE LA TIERRA Y DE SUS HABITANTES, CREANDO AUSTERIDAD Y LUCHAS DE CLASES.... por esta razón es imprescindible cesarles, acorralarles, retirarles del poder y desmontar toda su estructura bancaria, piramidal, económica a fin de preservar La Vida, la Paz, el Equilibrio y la Unidad... Es a través de ciertos seres, entes y personajes oscuros... marionetas de titiriteros al servicio de falsos dioses, como la Humanidad ha permanecido esclava de su sistema cruel y despiadado, diseñado para extender la austeridad, desencadenando "una guerra de clases"... Ha de tomar conciencia la Población Mundial y hacerles frente hasta desarticular sus planes y someterles a la justicia que da fin a esta barbarie que de nada sirve y que ya no tiene sentido...

OBSERVA A LOS PAÍSES QUE HAN SIDO SOMETIDOS Y QUE VIVEN LA AUSTERIDAD DE AQUELLOS QUE SE DENOMINAN LA UNIÓN ECONÓMICA (UE) QUE... HAN DESENCADENADO "UNA GUERRA DE CLASES"... Observa quien sale ganando realmente tras los desastres generados por las grandes deudas y... verás claramente lo que ha estado sucediendo en el Mundo... el por qué de tanto desastre... creado intencionadamente por aquellos que están al servicio del mal, del caos, de la oscuridad, de quienes desde lugares abismales todo lo manipulan disfrutando y alimentándose del dolor ajeno, de la destrucción y el enfrentamiento de unos y otros... En cuanto la Humanidad comprenda esto... TODO se irá Transformando...

Y... MIENTRAS LA HUMANIDAD VA DESPERTANDO, DEJANDO ATRÁS SU LETARGO... VERÁS COMO AÚN SURGIRAN AQUELLOS QUE... DESDE EL PODER TRATARÁN DE CONTINUAR ENFRENTANDO A UNOS CONTRA OTROS... Son estos dementes los que han de ser cesados, retirados, juzgados por Tribunales que no estén sujetos a influencias, a favores, a intereses de la banca corrupta, del poder que todo lo ha globalizado y que ha dominado el Mundo...

CONFIEMOS QUE LOS PAÍSES QUE ESTÁN ESTABLECIENDO ALIANZAS A TRAVÉS DE SUS LÍDERES Y GOBERNANTES CUMPLAN CON SU COMETIDO, CON EL PROPÓSITO Y LAS INTENCIONES QUE HAN DE CREAR LA UNIDAD Y LA PROSPERIDAD... Son estos los que han de velar por el bienestar de TODOS y cada UNO, logrando Crear el Equilibrio en un Mundo que ha de Evolucionar... Trascendiendo toda limitación, la manipulación y la mentira que ha prevalecido a lo largo de tantas generaciones...

HA DE DEMOSTRAR AHORA EL NUEVO G8 QUE... EMERGE DEJANDO ATRÁS AL CORRUPTO FMI QUE ES CAPAZ DE CREAR PROSPERIDAD Y EQUILIBRIO A TRAVÉS DEL BRICS Y LA OCS... TODO se Transforma a través de lo que cada UNO es capaz de Legar... de Crear...

HA DE SER TODO UN ACONTECIMIENTO A ESCALA MUNDIAL LAS ACCIONES QUE EMPRENDAN LOS BRICS... MOSTRANDO QUE POSIBLE CREAR UNA ECONOMÍA SOLIDARIA QUE VELE POR EL BIENESTAR DE TODOS Y CADA UNO... de la Población Mundial que ha de ser rescatada de la austeridad, del enfrentamiento, de la lucha de clases y de intereses generados por las luchas de poder...

EN ESTE TIEMPO... YA DE NADA SIRVE ALIMENTAR LAS APARIENCIAS OCULTANDO FALSOS PROPÓSITOS E INTENCIONES... ATRÁS HA DE QUEDAR ESE MUNDO, ESA SOCIEDAD ERIGIDA EN LAS FORMAS Y LAS APARIENCIAS QUE HAN MAQUILLADO LA MENTIRA... Es por esto por lo que ha de ser cultivada La Verdad... mientras se va Revelando TODO aquello que ha permanecido oculto, que ha gestado entre bastidores escenarios que ya son obsoletos en este Tiempo de cambios, de Despertares y Transformación...

EL PEOR ESCENARIO QUE PODRÍA VIVIR EL MUNDO... ES EL QUE OCASIONARÍA GRECIA SI FINALMENTE CEDE ANTE QUIENES ESCLAVIZAN Y OPRIMEN, ANTE QUIENES

HAN UTILIZADO LA ECONOMÍA GLOBAL PARA ATENTAR CONTRA LA VIDA Y LA LIBERTAD EN LA TIERRA... Por esta razón, es responsabilidad de quienes actualmente están luchando por el "No"... mantenerse fieles a lo que ha de Liberar a la Humanidad siendo ejemplo a seguir... Es esto lo que marca la diferencia en un Tiempo en el que TODO ha de ser Trascendido...

Y... DADO QUE TODO AFECTA EN ESTE PROCESO DE EVOLUCIÓN, DE TRANSFORMACIÓN Y DESPERTARES... NO ES DE EXTRAÑAR QUE PAÍSES QUE LUCHAN POR EL BIENESTAR COMÚN TOMEN MEDIDAS PARA IMPEDIR QUE LA POBLACIÓN MUNDIAL SEA ENVENADA A TRAVÉS DE CREENCIAS, IDEOLOGÍAS Y DE LOS ALIMENTOS QUE CONSUME... Son estas, claras muestras de lo que está siendo Transformado... Es esto lo que ha de ser Observado en este proceso del Despertar que ha de contribuir a que TODOS y cada UNO sean conscientes de lo que ha estado sucediendo, para así decidir que camino seguir a través del Libre Albedrío que cada cual ha de ejercer... Más Allá de mentiras y manipulaciones, de engaños creados por una élite corrupta que ya va perdiendo toda credibilidad...

PERSONAJES DE VIDA PÚBLICA, QUE OCUPAN PUESTOS DE PODER, QUE MUESTRAN SU NEFASTA FORMA DE PROCEDER, QUE SE CREEN DUEÑOS Y SEÑORES DE LA TIERRA Y DE SUS HABITANTES... HAN DE VER COMO PIERDEN SUS DOMINIOS, COMO CAE SU CORRUPTO IMPERIO... como esa economía que han dañado tanto se desvanece ante sus ojos impidiendo que continúen con sus acciones hostiles... ¿Puedes verles realmente? ...porque... si así fuese, serías consciente de quienes han sido los verdaderos terroristas que han atentado contra ti y contra tus semejantes...

Desafiando a los Jázaros Iluminatis…

DESAFIANDO AL ORDEN MUNDIAL QUE TRATABAN DE IMPONER LOS SIONISTAS, LOS JÁZAROS ILUMINATIS… LOS DEL CABAL… EL MUNDO DESPIERTA ESCOGIENDO LIBREMENTE SALIR DE LA PRISIÓN QUE HA HABITADO… Así es como comienza el principio de un Nuevo Tiempo en el que… TODOS y cada UNO podrán elegir conscientemente qué vida vivir, en que Mundo coexistir… para ello es imprescindible crear un Sistema que propicie el bienestar, la Paz, la Unidad, el Equilibrio y el Amor…

TRATARON DE CONVERTIR A GRECIA EN UN PAÍS DESTRUÍDO POR LA AUSTERIDAD… ERA PARA LOS AUTÉNTICOS TERRORISTAS DE LA ECONOMÍA UNA FORMA DE EXTENDER SUS OSCUROS PLANES OBEDECIENDO AL ORDEN MUNDIAL QUE CREÍAN CULMINARÍA CON EL ÉXITO… Sin embargo… como podrás ver, no contaban con que en este Tiempo ya la Humanidad ha escogido liberarse del yugo y las cadenas, de la esclavitud… Han sido los griegos los que han demostrado que es posible ir Más Allá de lo establecido y derribar a los Jázaros Sionistas que ven como se desmorona su corrupto imperio… mientras se va extendiendo la Libertad de Países que establecen una Federación basada en la Unidad, en la Prosperidad…

MINISTROS DEL BRICS… PLANIFICAN SUS ESTRATEGIAS LOGRANDO QUE LA ECONOMÍA EMERGENTE, LA QUE HA DE PREVALECER Y REGIR EL DESTINO DE LA HUMANIDAD SEA BENEFICIOSA PARA TODOS Y CADA UNO… SIN EXCEPCIÓN… Así es como la Población Mundial va a comprender que ha estado viviendo una mentira, que se ha atentado contra sus derechos básicos, contra La Vida y la Evolución en La Tierra… En este Tiempo han de demostrar su valía aquellos que van accediendo a puestos de poder con la tarea de velar por el bienestar de La Vida en La Tierra y de quienes forman parte de ella…

HA DE IMPULSARSE LA DESDOLARIZACIÓN GLOBAL… ECONOMÍA QUE HA FINANCIADO LOS OSCUROS PLANES DE AQUELLOS QUE TRATABAN DE IMPONER UN ORDEN MUNDIAL BASADO EN LA AUSTERIDAD, EN LA DESTRUCCIÓN DE LAS LIBERTADES… Ha de impulsarse una economía capaz de salvaguardar la existencia de quienes llegan a La Tierra aportando TODO lo que "Es" a través de sus dones y facultades… Almas capaces de ir Más Allá de las Apariencias y de las Formas…

CAMBIA EL MUNDO A TRAVÉS DE LOS BRICS… DEL NUEVO G8 QUE LUCHA PACÍFICAMENTE DÍA A DÍA LIBERANDO LA ECONOMÍA MUNDIAL… PREPARANDO NUEVOS ESCENARIOS TAN ESPERADOS POR TODOS Y CADA UNO DE LOS QUE… SIEMPRE VIMOS UNA ANOMALÍA LATENTE EN LOS QUE HAN ARRUINADO TODO… GESTANDO EL HOMICIDIO DE LOS HABITANTES DE LA TIERRA… Cambia el Mundo a través de TODOS y cada UNO… de ahí que lo verdaderamente importante reside en lo consecuente, en la conciencia y la responsabilidad que seamos a través de nuestros actos cotidiano… Ya no es posible vivir irresponsablemente… Atrás va quedando el FMI y el G7… como testimonio y vestigio de lo que ha de ser desterrado para nunca más vivirlo, manteniendo vigente la Memoria Histórica que TODO ha de recordarlo como parte del aprendizaje…

SON LOS MINISTROS DE FINANZAS LOS QUE HAN DE REVELAR EL POR QUÉ SUCUMBE LA UE… A TRAVÉS DE LA AUSTERIDAD IMPUESTA POR QUIENES CONTINÚAN DEFENDIENDO EL EURO Y SU EXPANSIÓN… todo un sistema capitalista neoliberal centrado en la especulación y el engaño de Wall Street…

Y MIENTRAS EL MUNDO SE VA TRANSFORMANDO… OBSERVA A AQUELLOS QUE DESEAN SEGUIR ALIMENTANDO EL SISTEMA CADUCO… SON LOS QUE SE BENEFICIAN DE EL… UNOS POCOS CON PRIVILEGIOS QUE VAN CONTRA EL BIENESTAR COMÚN, EL DE UNA MAYORÍA… son los que viven inertes, los lacayos y esclavos de Jázaros Iluminatis, de los del Cabal… son sus fieles criados capaces de servir a un amo infiel que… finalmente está siendo derrotado… Son los que votan "Si" a la esclavitud de la mayoría en beneficio de unos pocos que… siempre han recibido compensación por ser fieles a una élite carroñera…

EN LA MEDIDA QUE GRECIA RECORRE SU CAMINO HACIA LA IMPLANTACIÓN DEL DRACMA… RECUPERANDO LA INDEPENDENCIA A TRAVÉS DE SU PROPIA MONEDA… EL MUNDO HA DE OBSERVAR… Así es como se ha de ir saliendo de la zona euro… así es como se irá debilitando el Sistema que tanto ha oprimido, mientras escapan de sus garras aquellos países valientes y luchadores, ejemplo a seguir de otros que aún permanecen esclavos…

Gobiernos Jázaros, Iluminatis, pierden su poder...

EL GOBIERNO JÁZARO DE EE.UU., TEME PERDER SU DOMINIO, EL CONTROL QUE ESTÁ EJERCIENDO SOBRE PAÍSES QUE SE VAN LIBERANDO DE SU OPRESIÓN... No se trata de ideologías, de creencias o política... ni tan siquiera de ir contra unos u otros... Lo que está aconteciendo actualmente tiene más que ver con la Liberación que ha de alcanzar la Humanidad, ante ciertas fuerzas oscuras, seres despreciables que... desde otras dimensiones, desde otros lugares, influyen en La Vida de La Tierra y de sus habitantes para evitar que Evolucionen, que se Trasciendan a si mismos... Si nada sabes al respecto, mejor harías en investigar porque... tal vez descubrirás que... hay mucho Más Allá de las Apariencias, de las Formas, de lo que crees percibir...

LA CEGUERA DE LA HUMANIDAD NO SOLO ALCANZA A OCCIDENTE... EN REALIDAD ES ALGO QUE AFECTA A TODOS Y A CADA UNO MUNDIALMENTE... La Realidad es que la Población de La Tierra juega con desventaja, al estar sometida, esclavizada, manipulada para evitar que vea Otras Realidades que siempre han estado presente... Tal vez estas palabras te resulten extrañas y desees saber más sobre lo que cito... para ello tendrás que desear realmente que llegue a ti La Verdad para que así suceda... Es Tiempo en el que cada País, Líder y Gobernante ha de llevar a cabo su cometido... cumplir con lo que es parte de su acuerdo... más aún aquí y ahora, en este Tiempo en el que TODO ya ha de ser Trascendido... Más Allá de absurdas creencias, ideologías, políticas y religiones alimentadas por aquellos que tan solo obedecen las pautas de la programación que les ha sido inducida...

Y… AUNQUE SURGEN MUCHAS DUDAS Y DESCONFIANZAS EN ESTE TIEMPO DE CAMBIOS Y DE TRANSFORMACIÓN… TAMBIÉN ES CIERTO QUE ES IMPORTANTE QUE PROSPERE TODA INICIATIVA QUE IMPULSA EL BIENESTAR Y LA PROSPERIDAD, LA PAZ Y LA UNIDAD… Es esta, tarea de los BRICS… liberando a la Humanidad del FNI y del Banco Mundial… de sus acciones depredadoras y destructivas, de su forma de proceder tras atentar contra La Vida, contra la Humanidad… El día que la Población Mundial sea realmente consciente de lo que ha estado sucediendo… comprenderá por qué ha sobrevivido sin saber que era esclava, a través del caos, del sufrimiento… Es tarea del nuevo banco del BRICS, cumplir con lo que ahora es su responsabilidad y… velar por la Transformación de la Economía Mundial… propiciando la puesta en marcha de la Ley NESARA & GESARA… que ha de extender la prosperidad para TODOS y cada UNO…

VAN APARECIENDO EN ESCENA ALMAS DE GRAN VALÍA… CAPACES DE INFLUIR NOTABLEMENTE EN LOS ACONTECIMIENTOS MUNDIALES… ES ESTA SEÑAL DE LA TRANSFORMACIÓN QUE YA ACONTECE… Observa su mirada, su lenguaje corporal, los frutos de sus acciones y "Verás" lo que cada cual "Es"… En la medida que los Jázaros Iluminati, que los del Cabal se empeñan en seguir destruyendo las libertades y el bienestar… el derecho a una vida digna… tal vez desconocen que… están propiciando la expansión de la Luz, del Amor y la Unidad cultivada por quienes creen en la Paz y el Equilibrio…

OBSERVA ATENTAMENTE COMO TODA ACCION HOSTIL CONTRA QUIENES ESTÁN AYUDANDO A QUE SE TRANSFORME EL MUNDO… ES SANCIONADA POR QUIENES SON CAPACES DE MANTENER LA CORDURA, DE VER LA REALIDAD DE LO QUE ESTÁ SUCEDIENDO… Es por esto por lo que se van uniendo Países, Líderes y Gobernantes… logrando expulsar a quienes han de ser cesados, arrestados y a ser posible deportados afuera de La Tierra… despreciables seres que violaron la Evolución de los habitantes de La Tierra, apropiándose de sus voluntades, manipulando su Libre Albedrío…

Tomás Morilla Massieu, Alicia Morilla Massieu & Semjase (Semyase)

MUCHOS SON LOS PAÍSES QUE SE HAN PREPARADO PARA DETENER A LA BESTIA QUE ALIMENTA EL AUTÉNTICO TERRORISMO MEDIÁTICO, EL DOMINIO Y LA CONQUISTA DE AQUELLOS QUE... TODO LO USURPARON... Verás que su tecnología está encaminada a neutralizar las acciones hostiles, a dejar inoperativos a quienes antes de comenzar una contienda perderán el control de su poderío militar... Son estos últimos los que ansían iniciar una Tercera Guerra Mundial para dar el golpe final que les permita el total y absoluto dominio de La Tierra y sus Habitantes... Afortunadamente... ya no es posible que esto suceda... ante la toma de conciencia de multitud de Almas que forman parte de la Masa Crítica que... vela por la Paz, por la Unidad, por el Equilibrio... Son quienes conservan su Memoria Histórica, son quienes han aprendido de los errores del pasado y quienes han cultivado su Vida Interior... Espiritual... Son quienes viven a través del Ser...

OBSERVA A LOS JÁZAROS ILUMINATIS, A LOS DEL CABAL... A LOS VERDADEROS TERRORISTAS Y MERCENARIOS QUE HAN INVADIDO LA TIERRA GENERACIÓN TRAS GENERACIÓN... Son aquellos que dicen luchar por las libertades y sin embargo, crean prisiones, encarcelan a sus ciudadanos... ¿Es esto el referente de países evolucionados?... Observa lo que sucede en sus sociedades, en la corrupción que se extiende a través de sus malditos gobiernos... Verás con claridad quienes son... lo que siempre han sido y podrás elegir dejar de creer en ellos, de seguirles... Tal vez incluso serás partícipe de su detención... testigo en alguno de los juicios que han de enfrentar por sus crímenes contra la Humanidad...

GRACIAS A LOS DESVARÍOS DE OCCIDENTE... EL MUNDO ESTÁ SIENDO LIBERADO DEL SIN SENTIDO, DE LA SIN RAZÓN, DE LA FALTA DE CORDURA, DE PRINCIPIOS Y DE VALORES QUE... FUERON ARREBATADOS POR AQUELLOS QUE... ERIGIÉNDOSE EN LÍDERES Y GOBERNANTES, TODO LO CORROMPIERON... Tendrás que preguntarte día tras día qué es lo que haces tú, con qué contribuyes para que TODO recupere su Equilibrio... aquel que se perdió en tiempos de la Atlántida y que propiciaron su caída y su destrucción...

LOS CORRUPTOS JÁZAROS ILUMINATIS, LOS DEL CABAL, LOS VERDADEROS TERRORISTAS QUE HAN ATENTADO CONTRA LA VIDA EN LA TIERRA... SON AQUELLOS QUE EN ESTE TIEMPO SE EXPONEN A ASI MISMOS... Tal ha sido su seguridad mientras festejaban su victoria antes de alcanzarla... que no se han dado cuenta que este ha sido su talón de Aquiles... No creyeron nunca que se fuese a producir, a Manifestar el Despertar de la Población Mundial en este Tiempo en el que... la Luz y la Unidad se van extendiendo, prendiendo y anidando en los corazones de TODOS y cada UNO...

CREEN LOS JÁZAROS ILUMINATIS, LOS DEL CABAL QUE DIRIGEN LA UNIÓN EUROPEA QUE... FORMAN PARTE DE UNA CADENA ¿CUYOS ESLABONES SON SUFICIENTEMENTE FUERTES COMO PARA RESISTIR LA CAÍDA DE SU IMPERIO?... Continúan mostrando su talón de Aquiles, dejándolo al descubierto en la batalla... Una flecha certera dará en el blanco y definitivamente acabará con su corrupción, en la medida que países como Grecia, Italia y España decidan liberarse de su opresión, de sus imposiciones... Ven en este Tiempo los Jázaros, los del Cabal como su Imperio de desmorona... al igual que ha ido sucediendo con los que en su momento existieron a lo largo de la Historia de la Humanidad... aquellos que se entregaron a la corrupción, al desenfreno y a prácticas a través de las que idolatraron a falsos dioses que pedían sangre, destrucción y sufrimiento a cambio de favores...

OBSERVA A LOS DESTRUCTORES DE LA VIDA, DE LA HUMANIDAD... A LOS QUE TODO LO HAN DESTRUIDO... Son despreciables, traicioneros, débiles y sin personalidad, sin valores, sin rumbo fijo... Tan solo se ocupan de si mismos y de sus vidas plagadas de vicios y desenfreno... Son los servidores del mal, de dioses que nunca lo fueron... OBSERVA A LOS BENEFACTORES DE LA VIDA, DE LA HUMANIDAD... Son los que sonríen en silencio, son los que mantienen en su mirada la Luz y el Amor que ha de Manifestar la Paz y el Equilibrio en un Tiempo de Gracia en el que... la Humanidad ha de "Ver" realmente la realidad de todo cuanto acontece... en un escenario que emula a laberintos intransitables de los que pocos lograron salir...

OBSERVA COMO LA SOLUCIÓN A LOS PROBLEMAS QUE AQUEJAN A LA HUMANIDAD TIENEN MUCHO QUE VER CON LA ECONOMÍA QUE ACTUALMENTE LA ESCLAVIZA... Es por esto por lo que ya se van escuchando las voces de quienes Iluminan el Camino hacia la Libertad, alejándose de una esclavitud impuesta a través de la manipulación... El conocido Euro... fue la trampa en la que cayeron países que fueron invitados a formar parte de la UE, del FMI, del G7... así es como los Jázaros, los Iluminatis, los del Cabal lograron conquistar el Mundo... pero... al igual que otros depredadores de la Historia de la Humanidad... sabían que llegaría el Tiempo en el que su reinado tocaría a su fin, desmoronándose sus falsos imperios... Es por esto por lo que se escucha cada vez con más fuerza la voz de Líderes y Gobernantes de países como Grecia... invitando a abandonar el euro a fin de recuperar la democracia... la tradiciones, costumbres y legados de pueblos y países que trataron de ser exterminados a través de la globalización... arrebatándoseles su propia identidad... ¿Serán capaces quienes han de defender las Libertades de completar aquello que les corresponde?...

La Humanidad… necesita ayuda externa…

ES MÁS QUE EVIDENTE QUE HA DE CAMBIAR EL MODELO ECONÓMICO Y SOCIAL.. LA HUMANIDAD NECESITA AYUDA EXTERNA DE CIVILIZACIONES ESTELARES QUE HAN ESTADO VELANDO POR QUE SE COMPLETE EL PLAN ESTABLECIDO PARA LA TIERRA… La Humanidad por si misma ha sido tan contaminada, esclavizada, prostituida tras la perdida de sus valores, de sus derechos que… verdaderamente ha de ser rescatada por Civilizaciones que han de llegar y reconducirla, recordándole su verdadera naturaleza, la que se encuentra enterrada profundamente en su Esencia Álmica y Eterna… Nunca vi una solución terral desde el plano físico y de la apariencia, tras un escenario que constantemente se repite en el que… lamentablemente todo ha sido un interés personal, un quiero y no puedo, un mundo de depredadores en el que… muchos han ido a lo suyo sin tener en cuenta las consecuencias de sus acciones… Es más que evidente que ha de ser Transformado el Modelo Económico y Social que actualmente condena a la Raza Humana a atentar contra si misma… para ello han de darse ciertos acontecimientos que… si fuesen explicados con palabras llanas y desde la lógica o la razón resultarían incomprensibles para quienes tan solo creen en lo que ven, en lo que piensan que saben, desconocedores de Realidades, Mundos y Dimensiones en las que… de todo hay, al igual que aquí… Otros Mundos en los que existen Seres capaces de Trascender toda limitación, que han Evolucionado Interior y Espiritualmente, que no están sujetos a patrones de comportamiento ideológicos, creencias o religiones diseñadas para convertir a quienes las siguen en corderos mansos y fieles, en rebaño al que se sacrifica a lo largo de toda una vida…

EN ESTE TIEMPO... HAN DE IR SIENDO APARTADOS DEL PODER AQUELLOS LÍDERES, GOBERNANTES Y QUIENES SON PARTÍCIPES DE SUS ACTIVIDADES ILÍCITAS, CORRUPTAS... En este Tiempo... ha de acontecer lo que para quienes ignoran Verdades reservadas a quienes "Ven" Más Allá de las Formas, podría ser parte de la ficción, de lo imposible... Podría relatártelo, explicar en lo que consiste, desvelarte lo que ya está aconteciendo pero... no tiene importancia en este contexto ya que... sería como lidiar con los crédulos y los incrédulos, recorriendo un escabroso camino en el que perdería el tiempo, la concentración, el estado interior que me permite co-crear conjuntamente con miles de Almas lo que ya de ser el bien común que beneficie a TODOS y a cada UNO... En este Tiempo... muchos han de ser los acontecimientos que han de irse sucediendo... encaminando a la Raza de los Humanos hacia nuevas experiencias que les permitan descubrir, ser conocedoras de lo profunda que ha sido su ignorancia, lo errados que han estado a través de creencias, ideologías y religiones... mientras han estado siguiendo a líderes y gobernantes que... en realidad han sido sicarios de seres oscuros, de entidades diabólicas capaces de influir desde las sombras en La Vida de todo un Planeta y sus habitantes...

SOLO EXISTE UN CAMINO HACIA LA EVOLUCIÓN DE UNA RAZA; EL QUE ES RECORRIDO EN PAZ, EN EQUILIBRIO, EN UNIDAD... CULTIVANDO LA HERMANDAD, LA LUZ Y EL AMOR QUE PERMITE LA TRANSFORMACIÓN DE CADA UNO DE QUIENES FORMAN PARTE DE ELLA... Lo contrario, lo que se ha estado viviendo en La Tierra a través de la globalización, de sociedades diseñadas para crear grandes diferencias, carencias que enfrentan... ha dado como resultado lo que puedes llegar a observar si has dejado atrás las dependencias, la manipulación, la mentira que te hicieron creer como verdad y que... tan solo te ha permitido sobrevivir en la esclavitud sin saberlo... Es tarea de Líderes y Dirigentes cualificados dar la vuelta a todo esto y ocupar puestos de poder, de responsabilidad para propiciar la Transformación de todo aquello que ha sido corrompido...

OBSERVA A LOS LÍDERES Y GOBERNANTES QUE HAN DESTRUIDO LA VIDA EN LA TIERRA… QUE HAN PROPICIADO LA POBREZA Y LA ESCLAVITUD DE SUS HABITANTES, EL CAOS, LA MUERTE Y EL DOLOR… son los que actualmente se tambalean, son los que luchan despiadadamente por mantener su globalización, por alimentar su nuevo orden mundial basado en dictaduras encubiertas, maquilladas de falsas democracias… Son los que han dirigido la banca, los negocios multinacionales, los que dominan áreas como la alimentación, la sanidad, la política, la religión… Observa a los auténticos criminales que han atentado contra La Vida y la Humanidad… porque son estos, vestidos de traje, chaqueta y corbata los que… silenciosamente han gestado todo lo que sucede alrededor de una Población Mundial afectándola hasta desgarrar sus vidas… En este Tiempo estamos… en el que ya una inmensa mayoría se revela, alzando sus voces, luchando incansable sin creer a estos farsantes… dejando de seguirles… Obsérvales… en su mirada verás la ausencia de luz, de amor y unidad… a través de sus gestos, reconocerás a verdugos capaces de acabar con La Vida en La Tierra antes que perder el dominio sobre los que consideran sus vasallos, sus esclavos, aquellos a los que han despojado de su dignidad y el derecho a vivir… ¿Cómo? …ya ni se sabe… tras generaciones padeciendo tanta secuela…

EN SILENCIO… DÍA A DÍA… PAÍSES QUE SE ESTÁN ALIANDO PARA LIBERAR A LA HUMANIDAD DE SUS CAPTORES, DE SUS OPRESORES… VAN AVANZANDO, EXTENDIENDO LA PAZ, EL EQUILIBRIO Y LA PROSPERIDAD… SUS LÍDERES Y GOBERNANTES, SON PORTADORES DE LA LUZ Y DEL AMOR QUE TODO HA DE EQUILIBRARLO… Verás en ellos a Seres capaces de Transformar La Vida… Co-Creando nuevos escenarios a través de los que recuperar lo que fue arrebatado en tiempos que ya ni recuerdas que exististe, en otras vidas… en otras reencarnaciones…

SON LOS PUEBLOS QUE LUCHAN POR SU LIBERTAD LOS QUE CO-CREAN LA TRANSFORMACIÓN DE ESTE MUNDO Y LA DE OTROS… DE PUEBLOS, CIUIDADES Y NACIONES… DE

RAZAS QUE HABITAN LA TIERRA Y... OTROS PLANETAS... Lo que aquí está aconteciendo, se refleja también Allá... de ahí la importancia de lo que cada UNO crea, del Legado que está dejando a sus semejantes... Son los Pueblos que luchan por su Libertad... los que están destinados a ser partícipes de la Evolución que TODO ha de Transformarlo... en un Tiempo en el que... la Humanidad descubrirá lo perdida que ha estado, lo cruel y despiadada que ha sido la vida en un planeta esclavo en el que... tan solo se trataba de recuperar la Unidad, la Paz, el Equilibrio... Co-Creando la Prosperidad... el bienestar para TODOS y cada UNO...

SON LOS BRICS LOS QUE HAN DE DEMOSTRAR QUE EL CAMBIO DEL MODELO SOCIAL Y ECONÓMICO ES POSIBLE... EN LA MEDIDA QUE LO VAN LOGRANDO, LA HUMANIDAD RECONOCE QUE NUEVOS ESCENARIOS PUEDEN SER CREADOS... Así es como actúa el Ser Humano... por imitación, creyendo tan solo lo que ve cuando le es demostrado que TODO es posible... Es tarea de los visionarios, de quienes "Ven" Más Allá de las Formas y la Apariencia... ir por delante de los acontecimientos y... Transformar el Mundo a través de sus iniciativas, de lo que a una mayoría ha de beneficiar... apartando a esta minoría elitista y cruel que lo ha impedido...

VA SIENDO CONSCIENTE LA HUMANIDAD QUE... LA ECONOMÍA, CORROMPIDA A TRAVÉS DE LA BANCA GLOBALIZADA Y EN MANOS DE LOS JÁZAROS ILUMINATIS, DE LOS DEL CABAL... YA NO TIENE SENTIDO... LES ESTÁ SIENDO MOSTRADA OTRA ALTERNATIVA A TRAVÉS DE LA QUE CREAR PROSPERIDAD E IGUALDAD DE CONDICIONES PARA TODOS Y CADA UNO... Así es como el bitcóin va descentralizando el poder que han ejercido quienes tras esta antigua y maldita estructura tanto ha dañado La Vida y la Evolución de la Raza de los Humanos... Va siendo consciente la Humanidad de TODO aquello que puede Transformar La Vida... puede llegar a verlo a través del conocimiento, de La Verdad y la información que ya va llegando a TODOS y a cada UNO... derrumbando muros que han dividido, que han impedido ver lo que hay al Otro Lado... mostrando nuevos horizontes que se extienden Más Allá de las apariencias, de las mentiras, de las limitaciones impuestas a través de modelos educacionales, formativos y sociales...

EMERGE UN NUEVO MUNDO A TRAVÉS DE TODOS Y CADA UNO... VERÁS COMO DÍA A DÍA LA HUMANIDAD SE VA DESCONTAMINANDO, MIENTRAS DEJA DE CREER EN FALACIAS, EN MENTIRAS QUE CREYÓ ERAN VERDADES... MIENTRAS ESTABA EXPUESTA A MIL Y UN ENGAÑOS GESTADOS POR AQUELLOS QUE LA CONTROLARON, QUE LA DOMINARON Y GOBERNARON... Emerge un Nuevo Mundo a partir del Despertar de TODOS y cada UNO... Más Allá de esas parodias vividas, como si de una película escenificada por actores se tratase... Tan solo serás capaz de "Ver" lo que está aconteciendo Interiormente... cultivando tu buen quehacer y tu Espiritualidad... retirándote cada día el tiempo suficiente como para crear en tu vida el silencio que te permita reflexionar...

VERÁS QUE EN ESTE TIEMPO... AQUELLOS PAÍSES QUE HAN CORROMPIDO EL MUNDO, QUE HAN DESTRUIDO LA EVOLUCIÓN DE LA RAZA HUMANA... TRATARÁN DE IMPEDIR QUE SE PRODUZCA LA TRANSFORMACIÓN DE LA VIDA, DE ESE ESCENARIO CAÓTICO CREADO POR ELLOS... Verás a sus líderes y gobernantes disfrazados de corderos, de salvadores, de libertadores... pero... sus palabras no coincidirán con sus acciones... los habitantes de esos entornos, conscientes o no... viven prisioneros, carentes de sentimientos, insensibles, dañándose unos a otros... mientras se extiende la delincuencia, la estafa, la destrucción de valores y la unidad... VERÁS EN ESTE TIEMPO COMO EMERGEN PAÍSES LIDERADOS, GOBERNADOS POR PERSONAS CAPACES DE VELAR POR LA PAZ, POR EL EQUILIBRIO Y LA PROSPERIDAD QUE CREA LA UNIDAD Y LA EVOLUCIÓN... Son estos los que están destinados a ser partícipes de la Transformación de La Vida en La Tierra...

Todo está vinculado en el Mundo...

TODO ESTÁ VINCULADO EN EL MUNDO... EN LA VIDA... EN EL UNIVERSO... EN LA MEDIDA QUE LA RAZA DE LOS HUMANOS INSISTE EN DESTRUIR, EN CONQUISTAR, EN ESCLAVIZAR... LE GUSTE O NO... VA ATRAYENDO NUEVOS ESCENARIOS QUE VAN CERCÁNDOLE COMO CIVILIZACIÓN...Si no es capaz de Evolucionar cada UNO e influir en el entorno, superando las limitaciones, las secuelas de actos que han creado la decadencia... la Raza que ha creado ese escenario va encaminada a autoextinguirse... Aquello que no Evoluciona... colapsa... Es esta una de las Leyes Universales que vibra constantemente con el Plan Universal Creado para que todo sea un aprendizaje... En este Tiempo... ¿Aprenderá el Ser Humano actual que no puede continuar viviendo como lo hace? ¿Escogerá liberarse de todo aquello que ha ido exterminándole generación tras generación?... Confiemos en que... no sea necesario volver a revivir lo que en otros tiempos ya sucedió... confiemos que... en esta vuelta, dispongamos de la Masa Crítica adecuada para Crear algo nuevo a través de la entropía... de una puerta de salida que ha de gestar nuevos escenarios a través de los dones y facultades de cada cual, de nuevas sociedades basadas en la igualdad de oportunidades para quienes deseen aprovecharlas y cultivar Legados que compartir... Así es como renace la Paz, el Equilibrio, la Unidad, la Prosperidad... ¿Por qué volver a atraer la extinción una vez más? Es este un ciclo que ha girado sobre si mismo más veces de las deseadas... Es tiempo de Ascender a través de la Espiral de la Evolución...

ESCUCHA ATENTAMENTE EL MENSAJE... LO QUE ESTÁ SIENDO CREADO PARA DEJAR DE ALIMENTAR ESE SISTEMA TAN ARCAICO Y OBSOLETO QUE YA HA DE IR PERECIENDO,

AUTOCONSUMIÉNDOSE, AUTOEXTERMINÁNDOSE… NO CREAS QUE ESTAS PALABRAS DEFIENDEN CREENCIAS O IDEOLOGÍAS POLÍTICAS… Más bien, trata de imaginar qué sucedería si… los Líderes, Gobernantes y Países implicados en este proceso de Transformación llegan a cumplir con lo que les corresponde, con su parte, con su contrato en este Plan Evolutivo que ha de ir ayudando a la Humanidad a Trascenderse, a Evolucionar, a superar todas las barreras que han limitado la posibilidad de ir Más Allá del dominio y la opresión… Escucha atentamente, observa sin dar nada por sentado… porque este proceso va avanzando día a día a través de lo que cada UNO aporta, de lo que dice, de lo que hace, de lo que siente y Crea Manifestando aquello que ha de Materializar un Mundo que ha sido capaz de superar aquello que le enfrentó…

VAN UNIÉNDOSE LOS PAÍSES… HERMANÁNDOSE… VINCULÁNDOSE Y COOPERANDO ENTRE SI PARA DEMOSTRAR AL MUNDO QUE ES POSIBLE CREAR UN MUNDO PRÓSPERO, EQUILIBRADO, QUE VIBRA EN LA ARMONÍA Y EN LA PAZ DEL SER QUE CULTIVA SU INTERIOR, SU ESPIRITUALIDAD… Cada uno de ellos ha de ir asumiendo responsabilidades, abarcando todos los campos, todas las áreas, todos los terrenos que abarcan los diversos entornos y capacidades desarrolladas por el Ser Humano… a fin de cuentas, lo que sucede en el Mundo existe porque antes ha sido concebido, materializado por quienes lo habitan… aunque también es cierto que siempre ha estado presente la manipulación de seres, de entidades de las que mejor es no hacer referencia en estos momentos…

OBSERVA LAS SIGLAS QUE HAN SIDO UTILIZADAS POR GOBIERNOS CORRUPTOS QUE HAN DESTRUÍDO PAÍSES, NACIONES, PUEBLOS… A SUS HABITANTES; "UNIÓN EUROPEA (UE)"… "FONDO MONETARIO INTERNACIONAL (FMI)"… NUNCA SE CORRESPONDE LA DEFINICIÓN CON LO QUE REALMENTE LLEVAN A CABO… En realidad hemos sido testigos, partícipes y cómplices de la "Des-Unión Europea", del "Fraude Monetario Impuesto"… así es como quienes han invadido el Mundo sin que la Humanidad sea consciente… han campado a sus anchas a través de la Banca, de Organizaciones, de los negocios, de Políticas... Ha de aprender la Humanidad en este Tiempo a identificar a esos incautos, mercenarios, terroristas... retirándolos de puestos de poder y cesándoles... lo repetiré una y otra vez incansablemente... ocupando su lugar quienes han de velar por la Paz y la Unidad, por la Prosperidad...

AQUELLAS ALMAS VALIENTES... LÍDERES Y GOBERNANTES QUE CONTRIBUYEN A QUE EVOLUCIONE LA PAZ Y LA HERMANDAD, LA UNIDAD ENTRE LOS PUEBLOS Y NACIONES, ENTRE TODOS Y CADA UNO... SIEMPRE HAN CORRIDO PELIGRO... QUIENES ATENTAN CONTRA LA VIDA, SIEMPRE TRATAN DE ELIMINARLOS... es por esto por lo que TODOS y cada UNO han de ser conscientes de lo que realmente sucede... si la Humanidad identifica a los corruptos, a los delincuentes que han estado ocupando el lugar que no les corresponde, podrá ayudar a detenerles... mientras tanto, es imprescindible que cada cual cumpla con lo que le corresponde, sin desviarse de su camino, de lo que ha de hacer, siempre creando el beneficio para TODOS y cada UNO de los habitantes de La Tierra que... han de salir de la mentira y la manipulación para "Ver" La Verdad...

OBSERVA A LOS LÍDERES QUE AL HABLAR MENCIONAN QUE LAS SOLUCIONES HAN DE ENCONTRARSE A TRAVÉS DE LA PAZ, DEL DIÁLOGO Y LA UNIDAD... TAL VEZ NO TENGAN TODAS LAS SOLUCIONES Y LAS RESPUESTAS... SIN EMBARGO... SUS INTENCIONES SON BUENAS, SON HONORABLES, SON DIGNAS... Ofrecen al Mundo la posibilidad de cambiar, de Transformar los modelos económicos, la forma en la que se ha vivido... Tal vez no les corresponda finalmente resolver todos los conflictos... tal vez te sorprendería si te dijese que esto está reservado a Civilizaciones Estelares que podrán intervenir desde el instante en el que... la Humanidad muestre sentimientos hacia sus semejantes que contribuyan a velar unos por los otros...

La supervivencia de La Tierra...

ESTE HA SIDO EL SISTEMA IMPUESTO A TRAVÉS DEL QUE HA SOBREVIVIDO LA HUMANIDAD EN LA TIERRA... HAS DE OBSERVARLO PARA COMPRENDER POR QUÉ EL MUNDO ES LO QUE HA SIDO... Un Sistema define a sus dirigentes, a líderes y gobernantes... a la población que les sigue, que permite lleven a cabo sus acciones... unas veces en beneficio de TODOS y cada UNO si se vela por el bienestar común... otras en perjuicio si se rinde culto a la esclavitud, al mal, a la mentira y la manipulación...

ES IMPRESCINDIBLE QUE LA HUMANIDAD CULTIVE LA MEMORIA HISTÓRICA... TAN SOLO AQUELLOS QUE TRATAN DE BORRAR LO SUCEDIDO, LOS QUE MIRAN HACIA OTRO LADO, LOS QUE OCULTAN LA VERDAD Y NO LA TRANSMITEN A LAS NUEVAS GENERACIONES... SON CÓMPLICES DE LO QUE FUE OCASIONADO... Ha de detenerse la Humanidad en este Tiempo y reflexionar... recordar de dónde viene, dónde está, hacia dónde va... reclamando su derecho a La Vida, a convivir en Paz y Equilibrio, cultivando el bienestar para TODOS y cada UNO... evitando que vuelvan a producirse los errores del pasado, alimentados por quienes los gestaron, por quienes regresaron de aquellos tiempos tras la reencarnación, por quienes siempre han permanecido inalterables a través de los tiempos...

REFLEXIONA EN SILENCIO, RETIRÁNDOTE DE LA VORÁGINE DE ESE MUNDO SIN SENTIDO QUE SOBREVIVE TRATANDO DE CONSERVAR LA VIDA... unas veces seducido por imperios corruptos, otras manipulado... unas veces inerte, otras alimentándolo mientras cree beneficiarse... Has de ser consciente de todo aquello que se te ha ocultado con el único propósito de evitar que despiertes y comprendas por qué te han hecho vivir como esclavo en un planeta prisión en el que... unos pocos se han beneficiado de los logros de visionarios que llegaron para traer la prosperidad a la Humanidad... Has de investigar la vida de quienes fueron inspirados por Otras Civilizaciones, por quienes forman parte de Otros Mundos, de Otras Dimensiones... sus aportaciones propician la Evolución de una Raza... a no ser que caigan en manos hostiles, en quienes lideran y gobiernan ciertos países sin escrúpulos... Recuerda a NICOLAS TESLA... descúbrelo... se consciente de lo sus logros y pregúntate ¿Por qué su Legado y Patrimonio se ocultó? ¿Por qué fue utilizado por quienes han condenado a la Población Mundial a seguir viviendo en la austeridad?...

OBSERVA ATENTAMENTE A LOS BRICS... AL NUEVO BANCO DE DESARROLLO... QUE GRADUALMENTE IRÁ ABSORVIENDO AL FONDO MONETARIO INTERNACIONAL (FMI)... MIGRANDO UN SISTEMA OBSOLETO HACIA EL QUE ESTÁ SIENDO CREADO Y QUE HA DE BENEFICIAR A TODOS Y A CADA UNO... Dependerá de como lleven a cabo las acciones quienes han sido designados para Liberar a La Humanidad, de sus propósitos e intenciones que La Vida en La Tierra sea Transformada... En este Tiempo se definirá definitivamente la Humanidad... a través de las acciones llevadas a cabo por los actuales Gobiernos de Brasil, Rusia, India, China y Sudáfrica, además de la Organización de Cooperación de Shanghái (OCS) han de cultivar su cooperación financiera, a través del Banco Asiático de Inversiones de Infraestructura (AIIB), del Fondo de la Ruta de la Seda ('Silk Road Fund') y el nuevo banco de desarrollo del BRICS...

¿SE SOMETERÁ GRECIA FINALMENTE EN ESTE TIEMPO A LOS DESIGNIOS DE QUIENES... TODO LO HAN CONTROLADO, DE QUIENES HAN DOMINADO Y DESTRUIDO LAS LIBERTADES?... ¿SERÁN CAPACES DE LUCHAR POR SUS DERECHOS? ¿O PERECERÁN TRAS LA MANO DURA, DE HIERRO... QUE LES REDUCIRÁ A SER ESCLAVOS DE UN SISTEMA CRUEL Y DESPIADADO?... Cada cual elige su destino según las decisiones que toma, según el camino que escoge recorrer... ¿SE ALEJA GRECIA DE SU COMETIDO? ¿OLVIDAN LO QUE LOGRÓ ISLANDIA?... Si así fuese, algo acontecerá y otros tomarán su lugar... En este Tiempo, quienes no desempeñan su cometido, su responsabilidad, dejan pasar la oportunidad de que la Evolución permanezca entre ellos...

OBSERVA LO QUE ESTÁ SUCEDIENDO EN GRECIA... COMO IMPLOSIONA EL SISTEMA BANCARIO QUE MANTIENE ESCLAVIZADA A SU POBLACIÓN... AL IGUAL QUE SUCEDE EN EL MUNDO SEGÚN LO PLANIFICAN QUIENES COORDINAN LA BANCA CORRUPTA JÁZARA QUE HA ESCLAVIZADO A LA HUMANIDAD... Observa como ha sido dominada la Raza Humana a través del sistema económico gestado por quienes se empeñan en crear el caos y la destrucción, mientras impiden la Evolución a través de la Paz, del Equilibrio, del a Unidad y la Prosperidad... Observa lo que está aconteciendo... porque dependiendo del a capacidad de la Población Mundial para "Ver" realmente lo que sucede... así se irán Manifestando los acontecimientos... Has de escoger Humanidad entre Revelarte pacíficamente... Luchando por tu derecho a vivir en Libertad... o seguir padeciendo las consecuencias de la inercia y la ignorancia en la que te han aprisionado quienes todo lo manipulan...

A LO LARGO DE LA HISTORIA DE LA HUMANIDAD... SIEMPRE APARECEN VISIONARIOS QUE TRANSMITEN SUS CONOCIMIENTOS DE DIVERSAS FORMAS... ES EL USO QUE SE LE DA AL LEGADO DE TODOS Y CADA UNO LO QUE DEFINE A CADA RAZA Y A QUIENES LA CONFORMAN... Ha de prepararse la Humanidad para ser asistida por Civilizaciones Estelares que... poseen tecnología, medios y conocimientos para Liberar a la Población Mundial de las garras de aquellos que la han oprimido... tanto de los servidores, de las marionetas y títeres... como de sus señores oscuros y pendencieros... para ello, ha de ser consciente de lo que realmente ha estado aconteciendo, de lo que ha propiciado que La Vida en La Tierra sea tan caótica y destructiva...

Y MIENTRAS PERMANECE ENFRENTADA LA HUMANIDAD... LUCHANDO CADA CUAL POR LO QUE CREE LE CORRESPONDE, IGNORA QUE SE ALEJA DE LA UNIDAD... ANTE LA FALTA DE CONCIENCIA, DE ESPIRITUALIDAD, DE SENTIMIENTOS... ¿Sólo pueden quedar unos pocos? Es lo que promueve ese obsoleto nuevo orden mundial alimentado por quienes han controlado el mundo, a través del que se ha regido la Humanidad... Tan solo quienes Interiorizan a través del Ser cultivando su Espiritualidad, pueden llegar a ser conscientes del camino que han de recorrer, de lo que han de Crear, de Manifestar, de compartir... Legados que han de ser Patrimonio que impulse la Evolución, la Paz, la Unidad, el Equilibrio y la Prosperidad...

HA DE APRENDER LA HUMANIDAD... TODOS Y CADA UNO DE LOS SERES QUE FORMAN PARTE DE ELLA... QUE LO QUE HACEN DÍA A DÍA REPERCUTE EN LO QUE VA SIENDO CREADO... MATERIALIZADO... Quienes dicen luchar por sus semejantes vinculándose a grupos, sectores y organizaciones supuestamente concebidas para velar por el bienestar y... se valen de sus posiciones para crear perjuicio a través de comportamientos negligentes, inertes... mientras tan solo se ocupan de sus intereses en perjuicio de quienes son afectados por su intencionada incompetencia... por su desidia, por el abuso al no estar a la altura de su cometido... han de reflexionar sobre sus acciones... sobre por qué cargan a los demás con sus responsabilidades mientras las incumplen alegremente... Es triste comprobar como quienes poseen gran cualificación... escogen reivindicar sus derechos ocupando puestos laborales a través de los que... dañan a los de su entorno, al vivir como si tuviesen derecho a dejar a un lado lo que han de llevar a cabo... mientras se les permite que semejante despropósito continúe sucediendo día tras día... "Aquello que a otros ocasionas, tendrás que vivirlo tú para que aprendas y Evoluciones"... TODO es Transformado a través de quienes crean el bienestar para TODOS y cada UNO sin excepción... Quienes tratan de reivindicar su valía, aquello que dicen no es reconocido y... se comportan como si nada ni nadie les importase dejando a un lado sus funciones que... recaen sobre otros... no son precisamente modelo a seguir... no pueden pedir que unos cumplan lo que ellos incumplen… Tendría que preguntarse la Humanidad ¿Por qué se ha llegado a esta situación? Posiblemente cada uno respondería según sus intereses, sus perspectivas y conveniencias…

VERÁS EN ESTE TIEMPO… AL IGUAL QUE EN OTROS… COMO MUCHOS POLÍTICOS, LÍDERES Y GOBERNANTES TRATARÁN DE SEGUIR MANIPULANDO A LA POBLACIÓN MUNDIAL VALIÉNDOSE DE TODO AQUELLO QUE HA DE LIBERARLA… Son estos elementos los que han de ser identificados, son los que han de dejar de ser seguidos, apoyados… son los que han de ser retirados de sus puestos ante el daño que causan… siendo sustituidos por quienes posean la preparación más adecuada…

Si decides no ser esclavo del Sistema...

TRATAN DE NEGOCIAR ACUERDOS QUE SON ABSURDOS... BASADOS EN UNA ECONOMÍA CONTROLADA POR LOS JÁZAROS... POR LOS DEL CABAL... POR AQUELLOS QUE SE VALEN DE ELLA PARA EMPOBRECER Y CONTROLAR A UN MUNDO QUE SE REVELA... Así es como se Manifiesta la Población Mundial diciendo "No" a la doctrina neoliberal... La Troika de negociadores mundiales tan solo extienden la austeridad a cambio de préstamos imposibles de devolver... Esto es lo que hacen; engañar, manipular, crear pobreza, marginación y desempleo... ¿Mientras el Mundo no logra entender por qué sucede? ¿Creyendo que forma parte del sistema y que hay que aceptarlo? ¿Tratando de negociar acuerdos? Han de ser expulsados, cesados, deportados... los líderes y gobernantes corruptos de los países de la Unión Europea (UE), de la Zona Euro, del entorno económico que está afectando a la Población Mundial... Ha de ser desarticulada esta farsa, sustituyéndola por un Sistema basado en la prosperidad; La Ley NESARA & GESARA forma parte del Plan Creado para sacar a la Población Mundial de la pobreza y dar lugar a situaciones de igualdad...

RUSIA Y CHINA... HAN DE IR ACORRALANDO AL ACTUAL GOBIERNO JÁZARO ILUMINATI DE EE.UU., CONTROLADO POR LOS DEL CABAL... SON ESTOS LOS QUE HAN EXTENDIDO SU DELINCUENCIA, COMO MERCENARIOS QUE SE APROPIAN DE TODO, USURPANDO LOS RECURSOS, MERMANDO LAS LIBERTADES... Es imprescindible que Países capaces de destituir y cesar a quienes extienden su dominio... lleven a cabo acciones que propicien el bienestar de TODOS y cada UNO... Ha de quedar atrás la austeridad alimentada malintencionadamente por quienes imponen la Eurozona...

entre ellos, el gobierno de Alemania, dirigido por Ángela Merkel, un país que está en deuda por sus Crímenes contra la Humanidad, llevados a cabo a través de Injustas Guerra Mundiales que permanecen en la Memoria Historia de una Raza esclavizada... guerras... financiadas por aquellos que... sustentan el actual sistema económico, creado únicamente para destruir las libertades y valores e la Humanidad...

SI DECIDES NO SER ESCLAVO DEL SISTEMA... ¿ERES EXPULSADO?... SI NO ACEPTAS LAS CONDICIONES ILÍCITAS DE UNA TROIKA JÁZARA ILUMINATI... CONTROLADA POR LOS DEL CABAL... ¿SERÁS EXTORSIONADO?... Es Tiempo en el que la Población Mundial ha de "Ver" la realidad que se oculta tras todos esos despreciables dirigentes, líderes y gobernantes... que se han creído dueños y señores del Mundo que habitan... de La Tierra y la Humanidad... ¿Recuerdas lo sucedido en Islandia? ¿Por qué no se sigue su ejemplo? ¿Estaba Grecia destinada a ser reflejo de Lucha y Libertad? ¿Se mantendrán sus líderes fieles a lo que ha de sacarles de la crisis y la opresión impuesta? Es Tiempo de dejar de alimentar el modelo económico que abandona a la deriva a quienes tratan de romper las cadenas de negociaciones políticas caóticas... mientras aquellos que todo lo destruyen han de ser enfrentados a través de movimientos independentistas...

ES EL BANCO DE DESARROLLO DE LOS BRICS EL ENCARGADO DE LIBERAR A LA HUMANIDAD DE LA TROIKA, DE LOS JÁZAROS ILUMINATIS, SE SUS MIEMBROS CONOCIDOS COMO LOS DEL CABAL... QUE LIDERAN LA EUROZONA, EL FONDO MONETARIO INTERNACIONAL (FMI), LA UNIÓN EUROPEA (UE)... CONTAMINADA, CORROMPIDA POR CRIMINALES QUE ATENTAN CONTRA LA HUMANIDAD A TRAVÉS DE SU SISTEMA ECONÓMICO HOSTIL... ¿Cumplirán quienes han de Crear Nuevos Sistemas Económicos con lo que les corresponde? ¿Se mantendrán fieles al Plan que ha de Liberar a la Humanidad? ¿Serán los BRICS capaces de debilitar al actual Gobierno de EE.UU., que ha de ser cesado en su totalidad? En la medida que la Población Mundial es consciente de lo que realmente sucede entre bastidores, Más Allá de creencias, ideologías y religiones impuestas como medio para manipular al rebaño que... se deja conducir como borregos hacia el abismo de la ignorancia... mientras la Población Mundial sea capaz de distinguir La Verdad de la mentira y la manipulación... podrá vislumbrar en el Horizonte un Destino que le aguarda a través del que puede llegar a ser Trascendido... Transformando toda esa barbarie que actualmente continúa siendo alimentada por quienes ostentan el poder y dominio, tras gobiernos corruptos, mercenarios y pendencieros... Son estos los que han de ser enfrentados y desarticulados, son estos los que diseñan Guerras Mundiales... Conflictos Interminables, mientras se enriquecen a través del sufrimiento y de la carencia, del dolor y del caos... Es tarea de los Países que se han de Velar por el bienestar de la Humanidad destruir su dominio...

INVESTIGA A TRAVÉS DE LAS NOTICIAS QUE COMPARTEN ECONOMISTAS QUE... NO ESTÁN SUJETOS NI RINDEN CULTO AL SISTEMA JÁZARO ILUMINATI, QUE NO TEMEN A LOS DEL CABAL, QUE "VEN" CLARAMENTE EL ENGAÑO TRAS LA TROIKA, TRAS LOS QUE CREARON LA ZONA EURO... Investiga a través de Medios Alternativos y saca a continuación tus propias conclusiones, guiándote por lo que eres capaz de intuir... Si realmente deseas "Ver" La Verdad de cuanto está aconteciendo, has de vaciarte para volverte a llenar, has de dejar de seguir, de alimentar un sistema creado para que seas dependiente de el, para que seas su servidor, su esclavo... has de dejar atrás creencias, ideologías, religiones... has de cultivar tu Interior y tu Espiritualidad, entrar en conexión con tu Ser y... vibrar en sintonía con La Vida, con el Universo... ¿No sabes cómo? Observa a los niños... ellos son grandes Maestros que te mostrarán el camino de regreso a la Unidad...

LA LUCHA DE PAÍSES QUE TRATAN DE RECUPERAR SU LIBERTAD... DE CONSERVARLA... HA DE CONSISTIR EN SER PARTÍCIPES DE ALIANZAS, DE LA UNIDAD DE TODOS Y CADA UNO A TRAVÉS DE LA FEDERACIÓN QUE VELE POR EL BIENESTAR DE TODOS Y CADA UNO... Ya no es posible sobrevivir en un Mundo liderado por multitud de creencias, de ideologías, de religiones que enfrentan a unos contra otros, tratando de prevalecer, de extender doctrinas que imponen fe ciega y seguimiento dócil de fieles que nada se cuestionan... Quienes atentan contra La Vida, quienes la destruyen... muestran que no se rigen por los valores que ha de alimentar la Evolución de una Raza... Todo acto de violencia, toda acción que atenta contra las Libertades y la Transformación de quienes han de dejar atrás su propia destrucción, ha de ser erradicado, ha de dejar de ser seguido, así como sus líderes y gobernantes al servicio de creencias e ideologías obsoletas...

EL CONFLICTO EN EL MUNDO ES BIEN SENCILLO DE ENTENDER... A TRAVÉS DE QUIENES LO CREAN Y LO SUSTENTAN... TAN SOLO HAS DE VER A QUIENES DOMINAN... A QUIENES SON DOMINADOS... A QUIENES ENFRENTAN... A QUIENES SON ENFRENTADOS... Un círculo vicioso que jamás finaliza debido a que... tan solo es alimentado el odio, la desesperación, la venganza... Es este el sistema que ha imperado en la Humanidad... mientras sus víctimas se han dejado seducir por los Jázaros Iluminatis que… conociendo muy bien la reacción emocional de la Raza de los Humanos... tan solo han tenido que crear el escenario propicio para que el Mundo continúe destruyéndose, a través de matanzas sin sentido, de diferencias irreconciliables; Jázaros Iluminatis que dominan el Mundo y a la Humanidad, a través de un sistema económico que controla, que empobrece, que limita, que destruye... que trata de impedir el Despertar de una Humanidad que ha de cultivar la Unidad, la Paz y el Equilibrio que propicie la Prosperidad, dejando atrás a quienes siempre lo han impedido...

VERÁS EN ESTE TIEMPO COMO EL SISTEMA IMPUESTO POR LAS JÁZAROS ILUMINATIS... POR EL CABAL... ¡IMPLOSIONA!... HA DE SER ASÍ DEBIDO A QUE YA NO PUEDE CONTINUAR COEXISTIENDO CON UNA RAZA QUE VA DESPERTANDO, QUE VA SIENDO CONSCIENTE DE LO QUE HA ESTADO SUCEDIENDO REALMENTE... por esta razón verás claramente como aquellos países que alimentan la Eurozona... financiados y controlados por la Troika, se van tambaleando, mientras sus cimientos se resquebrajan, como los de aquellos Imperios que a lo largo de la Historia de la Humanidad se desplomaron sobre si mismos, sobre sus líderes y gobernantes que también resultaron ser mercenarios, criminales que atentaron contra la Población Mundial... aquellos que... vida tras vida han continuado reencarnándose en diferentes épocas, a fin de propiciar su Evolución... aprendiendo -o no- de sus aciertos y de sus errores... aunque... bien es cierto que muchos repiten sus mismos patrones de comportamiento, por esta razón... reaparecen en escena reproduciendo lo que antaño fue vivido... escenificando su parodia, su forma de proceder que... les identifica claramente con lo que realmente son, con lo que fueron, con lo que escogen seguir siendo... Verás en este Tiempo como ya no es posible continuar viviendo sometidos a tanta barbarie, planificada hace mucho, mucho tiempo, a través de agendas oscuras que han sido heredadas generación tras generación por quienes siempre pretendieron acabar con La Libertad y la Transformación de la Raza Humana en La Tierra... con el Plan establecido para su Ascensión...

¿CREES AÚN QUE GOBIERNOS COMO LOS DE EE.UU., CREAN EJÉRCITOS, BOMBAS, MAQUINARIA BÉLICA PARA DEFENDER AL MUNDO DE AMENAZAS TERRORISTAS, DE PAÍSES QUE PRETENDEN CONTROLAR Y DOMINAR?... ¿El Mundo está del revés? ¿Son aquellos que hablan de Paz y Libertad los que destruyen y esclavizan? ¿Por qué la Humanidad continúa necesitando seguir a líderes y gobernantes corruptos, dejándose llevar por la inercia? Pensaba que aquellos tiempos de creencias, ideologías, políticas y religiones creadas para dominar, controlar y adoctrinar a la masa, ya habían tocado a su fin... Creía que la Humanidad ya había tenido suficiente tras tanta barbarie, que sería capaz de reconocer la manipulación, la mentira, lo que realmente se ha estado gestando tras los bastidores de un sistema imperialista y destructivo que todo lo ha socavado... ¿Crees que la lucha en el Mundo es entre países por la Libertad y por la Paz?... ¡Si!... así es en parte... pero lo que no sabes es que unos desean mantener esclavizada a la Humanidad, tal y como ha sido hasta ahora, mientras su población ha ido sobreviviendo, conformándose con las migajas que caían, con la austeridad que le ha sido impuesta... mientras que Más Allá de lo que conoces de lo que crees saber... ¡Luchan! Espiritualmente Almas, Seres... Civilizaciones Estelares que velan por el cumplimiento del Plan establecido para La Tierra y sus habitantes... Inspirando a verdaderos Líderes y Gobernantes que… en Alianza, son partícipes de acciones que propician la Unidad...

OBSERVA DETENIDAMENTE A QUIENES CONFORMAN EL EUROGRUPO... A QUIENES HAN ESTADO ALIMENTANDO UN SISTEMA ECONÓMICO CORRUPTO, QUE EXTIENDE LA CARENCIA, EL CAOS, LA DESTRUCCIÓN... Observa su lenguaje corporal, nada creas de lo que dicen... Observa el resultado de sus acciones... son los que han cometido Crímenes contra la Humanidad y han de ser juzgados... son los que han diseñado creencias, ideologías y religiones que justifican sus actos... son los que forman a líderes y gobernantes que no están cualificados, son los que deciden qué puestos ocuparán, para continuar extendiendo su agenda infernal, devastadora... sus planes de dominio y expansión... Observa a Grecia... a sus actuales líderes y gobernantes... a su población que... ha decidido revelarse, luchando contra la injusticia, contra la opresión, contra la esclavitud... ¿Lograrán ser lo suficientemente fuertes como para mantenerse unidos? ¿O será capaz el Eurogrupo de salirse con la suya encadenándoles a nuevas deudas, a acuerdos que les esclavizarán aún más? ¿Serán los líderes y gobernantes del pueblo Griego capaces de luchar por sus derechos? ¿O pactarán vendiendo su Alma al diablo?...

DETRÁS DE LA NOTICIA... SIEMPRE SE ENCUENTRA LATENTE LA VERDAD... DEPENDIENDO DE LA PERSPECTIVA, DE LAS CREENCIAS, DE LAS IDEOLOGÍAS, DE LOS INTERESES PERSONALES DE UNOS Y DE OTROS... ASÍ ES COMO SERÁ DESVELADA LA VERDAD QUE HA DE SER COMÚN A TODOS O CASA UNO... ASÍ ES COMO PODRÁ SER OCULTADA Y MANIPULADA SEGÚN LOS INTERESES DE UNOS POCOS EN DETRIMENTO DE UNA MAYORÍA... Has de ser capaz en este Tiempo de "Ver" Interiormente... de sentir La Verdad... para ello has de Ser en la Unidad... propiciando el bienestar de TODOS y cada UNO sin excepción... De nada sirven las acciones de quienes dicen haber despertado si... se dedican a humillar a sus semejantes, si cultivan la hipocresía, si se creen que llegaron a La Vida para vivir ajenos a una realidad que día a día se hace más patente; su falta de sentimientos ha endurecido el corazón y ya no distinguen el bien del mal, la luz de la oscuridad... simplemente viven como seres despreciables, frustrados, amargados, egoístas y pendencieros, mientras son cómplices de quienes destruyen el Mundo, al alimentar un sistema basado en la desigualdad, en la falta de Espiritualidad que... no se adquiere tras una fachada, tras maquillar la mentira, tras imágenes o palabras de si mismos haciendo creer que poseen maestría... cuando en realidad, tanta necesidad de demostrar lo que no son refleja sus verdaderas carencias... condenando a los de su entorno a vivir experiencias denigrantes... amparándose en que... así son las cosas y hay que aceptarlas... Es Tiempo de derribar los muros que han mantenido a la Humanidad prisionera de su ignorancia...

El Plan Cósmico para la Humanidad…

LEJOS AÚN DE LLEVAR A LA PRÁCTICA la Ley NESARA & GESARA (http://www.artemorilla.com/index.php?ci=450) PARA CREAR LA TOTAL Y ABSOLUTA PROSPERIDAD A LA QUE TIENE ERECHO EL SER HUMANO… MUESTRAN LOS ACTUALES GOBIERNOS DE LA TIERRA SUS CARENCIAS Y ENTREGA A UN SISTEMA BASADO EN LA ESCLAVITUD… Creyéndose con derecho a controlar La Vida de sus ciudadanos, a pagarles por desarrollar una actividad… ¿Cómo es que no llevan a la práctica la Ley del Derecho Natural? TODO Ser Humano tiene derecho a tener cubiertas todas sus necesidades básicas… y el trabajo que desarrolle, ha de formar parte de su crecimiento personal… lo que perciba por realizarlo… ha de ser utilizado para mejorar su calidad de vida… Pero… ¡Claro! Liberar la economía, dejar de esclavizar a la Población Mundial supondría que ya no podrían ejercer su dominio quienes hasta estos días se han erigido en líderes y gobernantes que… seducidos por la corrupción, obedecen a aquellos que se erigieron en sus dueños y señores… son los conocidos como Jázaros Iluminatis… los del Cabal…

LAS BASES MILITARES DEL ACTUAL GOBIERNO DE EE.UU. JÁZARO ILUMINATI DEL CABAL… HAN DE IR SIENDO DESARTICULADAS, AL IGUAL QUE GRAN PARTE DE SUS DIRIGENTES, A FIN DE QUE LOS PAÍSES QUE SE ESTÁN UNIENDO PARA PRESERVAR LA VIDA EN LA TIERRA HAN DE IMPULSAR SU PLAN DE EXPANSIÓN… VELANDO POR EL BIENESTAR DE TODOS Y CADA UNO… Observa lo que han ocasionado las acciones tan destructivas y caóticas del actual gobierno de EE.UU. y los anteriores a la Humanidad… Si observas atentamente, es este corrupto gobierno y los que lo secundan quienes actualmente continúan ejerciendo su dominio y control de un

Mundo que ya va despertando de su letargo, siendo consciente de quién es quién...

GOBIERNOS COMO EL DE LA FEDERACIÓN RUSA... LUCHAN PARA LIBERAR A LA HUMANIDAD DE LAS GARRAS DESTRUCTIVAS DEL GOBIERNO DE EE.UU., ASÍ COMO DE LOS QUE LO SECUNDAN... Si te fijas... hace uso de sus recursos para extender el comercio, la Prosperidad, la Unidad y la Paz... Si recuerdas a través de la Memoria Histórica... fue Rusia quien venció en la Segunda Guerra Mundial a Alemania... impidiendo que extendiese sus viles planes de dominio.... Observa a los Gobiernos de los países que integran los BRICS; Brasil, Rusia, India, China y Sudáfrica... sus acciones reflejan el buen talante, la predisposición que Manifiesta lo que están Creando... aquello que va a contribuir a que la Humanidad Trascienda tanta barbarie, a que sea liberada de los corruptos, de los Jázaros Iluminatis, de los del Cabal que han estado sirviendo a seres oscuros que... desde otras dimensiones han manipulado y extorsionado a la Humanidad... Son los BRICS los que están rescatando a gobiernos y países esclavizados de aquellos otros que tratan de destruirlos, de dominarlos y controlarlos...

CONTINÚA VIGENTE EL PLAN QUE HA DE LIBERAR A LA HUMANIDAD DE LOS JÁZAROS ILUMINATIS, DE LOS QUE FORMAN PARTE DEL CORRUPTO CABAL.. Observa sus rostros fríos, burleteros, inertes... son los que han ejecutado a la Humanidad manteniéndola prisionera a través de una economía gestada para encadenar a la Población Mundial a sus designios... a su oscura agenda que incluía la eliminación de millones de personas a través de una Tercera Guerra Mundial... para evitar que la Población Mundial se alzase tras el despertar que ya está Manifestándose... Continúa el vigente el Plan que ha de Liberar a la Humanidad de estos despreciables seres que... han de ser detenidos, juzgados y desterrados, deportados lejos de La Tierra, de la Humanidad que tanto ha padecido... Saben que ya nada tienen que hacer, que sus planes han fracasado y que tan solo les queda aguardar a que llegue su hora, la que les encerrará tras las rejas de prisiones inimaginables para el Ser Humano... creadas en Otros

Mundos, en Otras Dimensiones para contener a seres tan oscuros, servidores de falsos dioses de la antigüedad que... son sus amos... CONTINÚA VIGENTE EL PLAN QUE HA DE LIBERAR A LA HUMANIDAD DE LOS JÁZAROS ILUMINATIS, DE LOS QUE FORMAN PARTE DLE CORRUPTO CABAL... Grecia ha de salir de la Eurozona, crear su propia moneda y establecer Alianza con los BRICS... su ejemplo, ha de ser seguido por el resto de países que han sido doblegados...

OBSÉRVATE A TI MISMA HUMANIDAD... ATRINCHERADA TRAS MUROS, TRAS SACOS DE ARENA DESDE LOS QUE DISPARAS CONTRA TUS SEMEJANTES CREYENDO DEFENDER TUS CREENCIAS, TUS IDEOLOGÍAS, TU RELIGIÓN... Quienes matan, destruyen y contribuyen a extender el caos... tal vez ignoran que están siendo partícipes del juego cruel y despiadado ideado por Gobiernos Corruptos como el de EE.UU., en manos de Jázaros Iluminatis, de los del Cabal... servidores de falsos dioses que se alimentan del dolor y del sufrimiento de los habitantes de La Tierra... que ajenos a lo que ha sucedido realmente tan solo ven lo que les ha sido inducido, obedeciendo una programación que ha sido adaptada a cada entorno, a costumbres y tradiciones con un único fin... enfrentar, impedir la Unidad... OBSÉRVATE A TI MISMA HUMANIDAD... porque has de salir de ese círculo vicioso, en un Tiempo en el que ya TODO se ha cumplido y la Evolución toca a tu puerta, permitiéndote Trascender... Ascender tras tu Despertar... ¿Continuarás pereciendo a manos de aquellos que te utilizan como si de una pieza insignificante de su tablero de ajedrez se tratase?...

OBSERVA A LOS BRICS... ESPECIALMENTE A LA FEDERACIÓN RUSA... Sus acciones muestran los propósitos e intenciones que están Manifestando... que Materializan la Transformación de este escenario en el que se ha de reencontrar la Humanidad con sigo misma... despertando tras tanta oscuridad... Iluminando el camino de regreso a casa, al hogar... junto a Civilizaciones Estelares que... ya van Revelando su existencia para recordarte tu Linaje... que formas parte de ellas, que ya has de ser consciente de tu Naturaleza... tras haber superado el Plan establecido para La Tierra y sus Habitantes, a través del que... una minoría, formando parte de la Masa Crítica, ha ido influyendo en una Mayoría que ya va Despertando... dejando atrás la pesadilla creada por seres oscuros que trataron de impedirlo... OBSERVA A LOS BRICS... ESPECIALMENTE A LA FEDERACIÓN RUSA... A SU ACTUAL GOBIERNO, A SUS LÍDERES Y REPRESENTANTES... tienden la mano a los Países que cayeron, que fueron violados y destruidos por la Unión Europea (UE) y el Fondo Monetario Internacional (FMI)... por los que tratan de mantener con vida la Eurozona mientras ven como su arcaico sistema económico se resquebraja...

¿EL FUTURO DEL ACTUAL GOBIERNO CORRUPTO DE EE.UU.? ES BIEN CLARO EN ESTE TIEMPO... EN EL QUE ES VISTO POR LA POBLACIÓN MUNDIAL TAL Y COMO ES; MERCENARIO, CORRUPTO, ASESINO... mientras ha usurpado y destruido a quienes consideró enemigos, esclavizándoles, valiéndose del engaño y la manipulación... ¿EL FUTURO DEL ACTUAL GOBIERNO CORRUPTO DE EE.UU.? ES PREPARARSE PARA SER CESADO, PARA SER DETENIDOS SUS MIEMBROS... aquellos que propiciaron tanto caos, tanta destrucción... Ya no es posible que continúen convierto a los Países, a la Población Mundial en sus vasallos... Ese Tiempo, ha finalizado...

HA DE SER CONSCIENTE LA HUMANIDAD QUE HA LLEGADO LA "PRIMAVERA EUROPEA"... A TRAVÉS DE LA QUE GRECIA HA DE SER EJEMPLO A SEGUIR... En la medida que sus Líderes y Gobernantes reúnan la fortaleza y el coraje suficiente como para luchar por la Libertad del país Heleno y de sus habitantes... por un Mundo que está pendiente de lo que están llevando a buen término... contribuyendo a que los Jázaros Iluminatis del Cabal, su corrupto sistema y sus bancos... sean reducidos a perecer, finalizando ese imperio macabro... HA DE SER CONSCIENTE LA HUMANIDAD QUE HA LLEGADO LA "PRIMAVERA EUROPEA"... Ha de Manifestarse el Pueblo Griego... impidiendo que su país sea rescatado por mercenarios, asesinos y criminales que conforman la Unión Europea (UE) y el Fondo Monetario Internacional (FMI)... Es Grecia en este Tiempo la Punta de Lanza que ha mostrar su Espíritu Guerrero, recordando a sus Ancestros, honrando su Memoria a través de lo que han de lograr... hermanándose con Países que también luchan por Liberar a la Humanidad de sus opresores... del actual Gobierno de EE.UU. y de los que lo secundan...

Sólo existe un camino
de regreso al Origen...

CON CADA GOBIERNO, CON CADA PAÍS, CON CADA LÍDER, GOBERNANTE... CON CADA PERSONA QUE FORMA PARTE DE LA POBLACIÓN MUNDIAL QUE... EXPRESA EL 'NO' A CONTINUAR SIENDO ESCLAVOS DEL SISTEMA CORRUPTO QUE... HA DESTRUIDO EL MUNDO Y LA UNIDAD, LA PAZ, EL EQUILIBRIO Y LA EVOLUCIÓN... se va abriendo el camino que lleva al reencuentro Espiritual de UNOS y otros... el que han de completar los habitantes de La Tierra hasta reencontrarse Civilizaciones Estelares que... tan solo pueden ayudar a quienes se ayudan a si mismos... Una Raza capaz de salir de la barbarie, de Trascender lo que le ha sido impuesto por seres hostiles que... ¡TODO! ...lo manipularon desde tiempos inmemoriales, desde la existencia de la Atlántida y su posterior destrucción... Con cada Alma que se alza a través de su Libre Albedrío... escogiendo vivir en Libertad, contribuyendo a Co-Crear un Mundo que se Transforma, en la medida que la Humanidad es capaz de recuperar sus sentimientos y emociones, que la vinculan con TODO lo que "Es"... Nada importa que no comprendas estas palabras si tratas de darles sentido a través de la razón... tu mente tal vez no las interprete... pero si tu Ser; "El mensaje es claro... tan solo te recuerda quién eres tú, quien fuiste en otras vidas... tu Eternidad, tu participación en diversas épocas que han propiciado que... quienes habitan en este Tiempo La Tierra, llegasen a este constante presente tan Trascendental... para ser protagonistas de la consecución del Plan establecido para la Ascensión de sus habitantes... al igual que la del Planeta que habitan y que los ha acogido pacientemente...

SUCEDA LO QUE SUCEDA EN EL MUNDO... HAGAN LO QUE HAGAN QUIENES TRATAN DE IMPONER SU CRITERIO... FINALMENTE SIEMPRE SE ALZARÁN LAS VOCES VALIENTES DE QUIENES... COMPROMETIDOS... ¡LUCHAN POR LA LIBERTAD!... Son Almas Nobles y en Servicio que honran y enaltecen la valía del Ser Humano a la hora de defender su derecho a vivir con dignidad... observando a quienes se erigieron en dueños y señores de un Mundo que no les pertenece.. encontrando su Talón de Aquiles y abatiéndoles allá donde tratan de reducir y extorsionar a los Pueblos que Manifiestan el 'No' a ser oprimidos, esclavizados, destruidos... Suceda lo que suceda en el Mundo... hagan lo que hagan quienes... tratan de imponer su criterio basado en la austeridad y la imposición de su sistema regido a través de la deuda, creando pobreza, caos y muerte... alimentándose del dolor de los oprimidos... siempre aparecerán en escena Almas valientes que... ¡Alzarán su voz! ¡Luchando por la Libertad!...

POLÍTICOS Y GOBERNANTES... ALIADOS Y CÓMPLICES DEL ACTUAL GOBIERNO JÁZARO ILUMINATI DE EE.UU., TRATAN A TODA COSTA DE MANTENERSE EN PIE... MIENTRAS SU IMPERIO VA PERECIENDO AL IGUAL QUE SUCEDIÓ EN LA ATLÁNTIDA TRAS SER CORROMPIDA... Ven como una amenaza a los Países en los que... Líderes y Gobernantes honrados, sinceros, comprometidos con La Vida, con la Paz, el Equilibrio, la Unidad y la Prosperidad les enfrentan... Así es como el Cabal ha invadido y conquistado La Tierra... así es como va siendo observado por una Población Mundial que... ya no cree sus patrañas, sus mentiras y manipulación... así es como quienes les sirven fielmente han de darse cuenta que... siguen a políticos y gobernantes crueles, despiadados, que utilizan a la Humanidad como mano de obra, como esclavos reducidos a sobrevivir a través de su sistema impuesto a base de opresión, austeridad y destrucción... de la corrupción que trata de impedir la Evolución, la Transformación, la Ascensión de La Tierra y de sus pobladores...

GOBERNAR UN PAÍS NO SIGNIFICA SOMETERSE A OTROS QUE SE CREEN DUEÑOS Y SEÑORES DEL MUNDO... PERMITIR QUE HUMILLEN QUIENES SE APODERARON

DE LA ECONOMÍA MUNDIAL, EXTORSIONANDO Y ESCLAVIZANDO A LOS POBLADORES DE LA TIERRA... Liderar a un Pueblo conlleva estar a su servicio velando por su bienestar... ser capaz de "Ver" Más Allá de lo que lo limita e impulsarle a Evolucionar... ¿SERÁN LOS LÍDERES Y GOBERNANTES GRIEGOS CAPACES DE LUCHAR Y NO AMEDRENTARSE?... Tal vez sepan por la Historia de la Humanidad que... la Liberación consiste en desenmascarar a los servidores de seres involucionados, depredadores, que ocuparon puestos de poder a través de su oscura agenda Iluminati... Son los conocidos Jázaros... los del Cabal... aquellos que han ido heredando, extendiendo su linaje desde remotos tiempos... desde la época de la antigua Babilonia... con el único propósito de apoderarse del Mundo... de la voluntad de la Humanidad... Identificarles, saber quienes son, reconocer su existencia, conduce al conocimiento que ayuda a comprender el por qué siempre han existido los conflictos, las guerras, la destrucción... Impedir que todo siga igual, derribar sus oscuros planes, destruir su agenda, tan solo es posible si es de dominio público, si la Población Mundial... ¡Se Alza!... saliendo de su inercia, de la ignorancia que le ha sido impuesta... GOBERNAR UN PAÍS... SIGNIFICA... POSEER EL CONOCIMIENTO ANCESTRAL QUE HA PERMANECIDO OCULTO... dar a conocer lo que realmente ha estado sucediendo... ser conscientes de quiénes han sido esos oscuros seres que... tras apariencia humana, tras el disfraz o la influencia que ejercen sobre líderes débiles, ávidos de poder, fáciles de controlar... son en realidad fieles servidores de aquellos que... ya han de ser desenmascarados...

LOS LOGROS DE TODOS Y CADA UNO SON LOS QUE CONFORMAN EL LEGADO QUE HA DE TRANSFORMAR LA TIERRA Y A SUS HABITANTES... En un tiempo en el que Líderes y Gobernantes han de actuar en Unidad, mostrando que la Raza de los Humanos es merecedora del reencuentro que ha de producirse con Civilizaciones Estelares que... TODO lo Inspiran... que ayudan a que cada UNO Evolucione en la medida que se establece la comunicación... el "Contacto" a través del Ser... Interiorizando... con el corazón... cultivando sentimientos y emociones que... son Alianzas...

SÓLO EXISTE UN CAMINO PARA RECUPERAR LA PAZ Y EL EQUILIBRIO... LA UNIDAD Y LA PROSPERIDAD... en la medida que cada Alma que habita un cuerpo terrenal va tomando conciencia de su destino, de su verdadera naturaleza.... En la medida que cultiva su Alma... tratándose a si misma y a los demás con respeto, con Amor, cultivando los valores que enaltecen... estará formando parte de quienes... en Servicio han permanecido vigilantes, velando por el Plan Cósmico que ha de completarse, que ha de llevar a la Humanidad a Manifestar su Evolución a través de lo que es Creado... es por esta razón por la que... ha de cesar la violencia, el dominio, el caos, el terror y las matanzas que aún mantienen a este Planeta Tierra sumido en las tinieblas y la esclavitud... impuesta por seres despreciables que se ocultan tras las sombras... que temen a la Luz y al Despertar de la Población Mundial que... está capacitada para desterrarles de sus vidas para siempre...

OBSERVA EL MUNDO COMO REFLEJO DE LO QUE LA VIDA HA SIDO HASTA EL DÍA DE HOY... EN ESTE TIEMPO EN EL QUE TE REVELO AQUELLO QUE HA DE FORMAR PARTE DE TU CONOCIMIENTO... DE LO QUE HAS DE RECORDAR... Observa a quienes engañan, extorsionan, destruyen y pisotean los derechos humanos, las libertades, la paz, el equilibrio, la unidad, la prosperidad... Obsérvales porque en este Tiempo ya son expuestos para que les identifiques, para que decidas si deseas que continúen causando tanto daño o... si por el contrario, escoges expulsarles, cesarles, retirarles tu atención y credibilidad... porque esto es lo que está Transformando La Vida, este Mundo...

EL HOMBRE... LA HUMANIDAD... HA SIDO UTILIZADA PARA DESTRUIR LA TIERRA Y LA VIDA QUE ALBERGA... La Población Mundial, ajena a la Verdadera Historia que le ha sido ocultada, que ha sido manipulada para continuar con el engaño y la manipulación... tan solo ha creído aquello que se le ha permitido creer... tan solo ha visto lo que se le ha permitido ver... dejándose llevar por la inercia de la norma, de la aceptación, del reconocimiento... ¿Por qué esperar a que llegue el final de tu existencia en esta reencarnación para ser consciente de lo que tu vida ha sido? Aprovecha este Tiempo y observa atentamente... a ti llegará La Verdad si con sinceridad deseas reconocerla...

EN LA MEDIDA QUE SE VAN SUCEDIENDO LOS ACONTECIMIENTOS... LOS GESTADOS POR LOS OSCUROS JÁZAROS ILUMINATIS, LOS DEL CABAL... LOS CREADOS POR LAS ALMAS QUE EN SERVICIO LES HACEN FRENTE EXTENDIENDO LA PAZ, EL EQUILIBRIO Y LA UNIDAD QUE HA DE MANIFESTAR LA PROSPERIDAD... verás que todo parece estar revuelto, que nada tiene sentido... no sabrás a quién creer, en quién confiar... esto está sucediendo porque ya se va desvaneciendo el imperio de los corruptos, de los destructores de La Vida... Verás en este Tiempo que... quienes velan por la Humanidad, están solucionando lo que quienes pretenden destruirla han dañado... Es este un proceso de Transformación, de Restauración en el que... TODOS y cada UNO han de ayudar, de contribuir a través de sus dones, de sus facultades... Es Tiempo de finalizar las contiendas, los enfrentamientos, las guerras... y aunar esfuerzos para dar solución a los problemas que aquejan a una Humanidad abatida, cansada, exhausta... Es Tiempo en el que está siendo solicitada la intervención de Civilizaciones Estelares que han de combatir y expulsar definitivamente a los Jázaros Iluminatis, a los del Cabal que se aferran a sus puestos de poder a sabiendas que... ya han fracasado, que han de retirarse....

Observa al actual Gobierno Jázaro Iluminati de EE.UU.

OBSERVA AL ACTUAL GOBIERNO JÁZARO ILUMINATI DE EE.UU., EL QUE PLANIFICABA CREAR LA TERCERA GUERRA MUNDIAL PARA EXTERMINAR A LA MAYORÍA DE LA POBLACIÓN MUNDIAL ANTES DE QUE SE REVELASE TRAS SU DESPERTAR... Observa sus declaraciones... día a día va cediendo ante las evidencias... Tras generaciones de engaños y manipulación, ha de admitir que Rusia ha sido partícipe y protagonista de acuerdos llevados a cabo con Irán... imprescindibles para la Paz... para el Equilibrio del Mundo... ¿Será que el Mundo ya es consciente de las mentiras de su actual Presidente Obama, marioneta del Cabal? Rusia es quien verdaderamente ha logrado impedir la destrucción de La Tierra... mientras va estableciendo alianzas a través de los BRICS., mientras va rescatando a Países y Gobiernos esclavizados y destruidos por la mafia corrupta de líderes y gobernantes de Estados Unidos de América... fieles servidores de fuerzas oscuras, de seres demoníacos creadores de religiones, creencias e ideologías enfrentadas con el único fin de mantener distraída a toda una Raza que... ya no les cree... que ya va dejando de seguirles...

OBSERVA A LOS LÍDERES QUE ASPIRAN A OCUPAR PUESTOS DE PODER EN EL GOBIERNO MÁS OSCURO Y PENDENCIERO DEL PLANETA TIERRA... Observa el lenguaje corporal de los títeres, de las marionetas Jázaras Iluminatis que engrosan las filas del Cabal... En este Tiempo ya no pueden ocultar lo que son, lo que siempre han sido... Ha de ser capaz la Población Mundial de "Ver" en esa manada de despiadados asesinos a seres manipulados por fuerzas ocultas que... desde dimensiones en las que se alimentan del caos, del dolor, del sufrimiento, de la destrucción... han colocado en puestos de poder a todos estos sicarios, con el único fin de gestar escenarios inconcebibles a través de los que... han extendido su barbarie... En este Tiempo... ha de Despertar la Población Mundial siendo consciente de que... en la medida que les "Ve" realmente tal y como son, ha de dejar de creer en ellos, pidiendo su cese inmediato, su detención y que... sean sometidos a juicio por sus Crímenes contra la Humanidad...

Y MIENTRAS EL MUNDO VA DESPERTANDO... OBSERVA LA ILEGALIDAD DE AQUELLOS GOBIERNOS QUE AÚN PRETENDEN CONTINUAR DOMINANDO A LA HUMANIDAD... a través de sus prácticas ilícitas, de sus actividades delictivas... ¿A caso convierten lo ilegal en legal porque ocupan puestos de poder? Ante esta situación, la Población Mundial ha de Manifestarse y decir 'No' a estos criminales, a estos mercenarios Jázaros Iluminatis que... actualmente dirigen la vida y el destino de una Raza manipulada, engañada, sometida...

LOS POBLADORES DEL PAÍS CONOCIDO POR TODOS COMO EE.UU., ¡HAN DE REVELARSE!... HAN DE SALIR A LAS CALLES Y... ¡ALZARSE!... DESTITUYENDO Y EXPULSANDO DE LOS PUESTOS DE PODER A SUS ACTUALES DIRIGENTES, A ESOS LÍDERES JÁZAROS ILUMINATIS CORRUPTOS, ADORADORES DE FUERZAS OSCURAS QUE... PRACTICAN RITUALES SATÁNICOS, CON EL ÚNICO FIN DE CONSERVAR SU PODER Y DOMINIO DE LA TIERRA, DE SUS HABITANTES, ENTREGANDO EN OFRENDA EL SACRIFICIO DE LAS VÍCTIMAS QUE OCASIONAN A TRAVÉS DE GUERRAS, AUTOATENTADOS, FALSO TERRORISMO, CAOS Y DESTRUCCIÓN... ¿Tal vez estas palabras que llegan a tú tras ser leídas te resultan inconcebibles? ¿Imposible de asimilar y creer?... Tendrás que Despertar e investigar si realmente quieres ser partícipe de La Verdad, comenzando así a recorrer el camino que te liberará, dejando atrás la ignorancia que te ha hecho creer en mentiras, gestadas a través de la manipulación y del engaño... El día que seas consciente realmente de lo que ha estado sucediendo, de lo que ha de acontecer... verás con claridad lo que el Mundo ha sido... lo que puede llegar a ser... Tan solo quienes poseen el valor, la cordura y el equilibrio necesario, son capaces de ir Más Allá de las Formas y… "Ver" lo que ha permanecido oculto, lo que en este Tiempo va siendo Revelado…

OBSERVA COMO EL MUNDO YA SE VA TRANSFORMANDO EN LA MEDIDA QUE LA POBLACIÓN MUNDIAL ES CONSCIENTE DE LOS ACONTECIMIENTOS QUE YA SE VAN SUCEDIENDO, QUE SE VAN MANIFESTANDO… La Humanidad ya se va Liberando de sus captores con tan solo se conscientes de quienes son, de lo que han hecho, de su naturaleza… escogiendo vivir en Paz, en Equilibrio, en Unidad, en Prosperidad… Observa como los Países liderados por Gobernantes honrados ya van extendiendo la Luz y el Amor que TODO lo Transforma… son los que verdaderamente están luchando por ti, por tu familia, por quienes conforman tu entorno… por La Vida que ha de Evolucionar en un Planeta destinado a Trascender Más Allá de las Formas, de las Apariencias que… tanto han distraído a quienes se dejaron seducir por caprichos banales, sin ser conscientes de la realidad de cuanto está Materializándose…

OBSERVA LAS PRÁCTICAS LLEVADAS A CABO EN PAÍSES CORROMPIDOS POR SUS GOBERNANTES Y LÍDERES JÁZAROS, POR ILUMINATIS QUE SITÚAN EN PUESTOS DE PODER A QUIENES FORMAN PARTE DEL CABAL… Han convertido La Vida de los Habitantes de La Tierra en un infierno, en un caos sin sentido.. Afortunadamente, en este Tiempo… ya no es posible que continúen con su oscuro plan… con su agenda de exterminio y terror, por estar razón van quedando al descubierto para que TODOS y cada UNO los vean tal y como son; "Si ves a la bestia sin disfraz alguno… reconocerás en ella la oscuridad, la destrucción, el caos… podrás elegir si seguirla o… desterrarla"…

OBSERVA COMO EN ESTE MUNDO GOBERNADO Y DOMINADO POR LOS ACTUALES LÍDERES CORRUPTOS DE EE.UU., TANTO ELLOS COMO SUS AMOS Y SEÑORES -ANTIGUOS FALSOS DIOSES DEL TIEMPO DE BABILONIA-, tratan de jugar con una imagen apacible, cordial, llamando la atención para que creas que su apariencia es la que refleja su oscura naturaleza cruel y despiadada... No te dejes engañar... Antaño, el sanguinario Obama que... ¿Fue elegido Premio Nobel de La Paz? ¿Siendo uno de los Presidentes que más asesinatos ha perpetrado desde que fue erigido como tal?... mientras ha corrompido a un país que... finalmente perece a manos de los Jázaros Iluminati... Ahora... ¿Es John Kerry nuevo candidato para dicho Premio?... Has de recordar que aunque el depredador se disfrace de cordero... en realidad siempre está al acecho, para abalanzarse sobre sus víctimas y despedazarlas... En este Tiempo... los que forman parte del Cabal, temiendo ser descubiertos, recurren a la estrategia del camuflaje... maquillando su apariencia, creyendo que así continuarán engañando al Mundo... Ha de ser capaz la Humanidad de desarticularles, de cesarles, de retirarles todos los privilegios que aún les permiten continuar llevando a cabo sus acechanzas... Han de ser conscientes quienes conceden el Premio Nobel (Nobelprize.org) que... en la medida que permiten les sea otorgada tal distinción a mercenarios que... han de ser juzgados por sus Crímenes contra la Humanidad, desprestigian la valía de tan importante Galardón... El Premio Nobel ha de ser entregado a quienes han destacado a través de sus logros, de su valía... por la contribución y Legado que ha de contribuir al crecimiento y la Evolución de la Humanidad, no para ocultar a crueles y despiadados asesinos de masas, actualmente en puestos de poder...

**Vida en Otros Planetas…
en Otros Mundos y Dimensiones…**

HAS DE COMPRENDER LO QUE SUCEDE ENTRE BASTIDORES PARA SER CONSCIENTE EN QUE MUNDO VIVES… Se te ha ocultado La Verdad para que permanezcas siendo un esclavo al servicio de los conocidos como Jázaros Iluminatis… los del Cabal… integrados en muchos círculos de poder que abarcan diversos campos como la política, la economía, los gobiernos y las casas reales…

TE HICIERON CREEN QUE NO EXISTE LA VIDA EN OTROS PLANETAS… ASÍ ES MÁS FÁCIL MANIPULARTE… El día que la Humanidad sea consciente del gran engaño al que se le ha sometido… tomará conciencia de TODO lo que acontece entre bastidores… del por qué los líderes y gobernantes Jázaros Iluminatis que… tanto han corrompido La Tierra… En cuanto la Población Mundial Despierte y deje de vivir tras las cortinas del engaño y la ilusión… acontecerá una gran Transformación…

TODO ESTÁ RELACIONADO… HAS DE COMPRENDER QUE EN ESTE TIEMPO LA INFORMACIÓN VA LIBERÁNDOSE, VA SIENDO REVELADA PARA QUE COMPRENDAS LO QUE ES INCOMPRENSIBLE… PARA QUE CREAS LO QUE ES INCREÍBLE… Tan solo has de observar tus creencias, ideologías… la fe que profesas y preguntarte; ¿Me ayuda a descubrir quién soy yo? ¿Hacia dónde voy? ¿De dónde vengo? ¿O por el contrario… me insta a permanecer inerte, a ser partícipe de las normas, a integrarme en una sociedad convulsa, caótica, obsoleta?…

UNA RAZA... UNA CIVILIZACIÓN ESCLAVA... LOGRA LIBERARSE A TRAVÉS DEL CONOCIMIENTO... SI ES CAPAZ DE IR MÁS ALLÁ DE LO QUE LE HA SIDO IMPUESTO POR SUS LÍDERES CORRUPTOS, MANIPULADORES Y... VA EN BUSCA DE SUS PROPIAS RESPUESTAS... ¿Eres tú parte de exploradores, de investigadores que no se conforman con lo que te han dicho, con lo que formó parte de tu absurda instrucción académica? ¿Te limitas a ser tan solo un mero reflejo de lo que has heredado, de lo que ha sido parte de la historia de la humanidad falsa y manipulada?...

LOGRA QUE UNA RAZA CREA LO QUE LE DICES... A TRAVÉS DE UN ENTRAMADO COORDINADO A TRAVÉS DE CREENCIAS, IDEOLOGÍAS, POLÍTICA, RELIGIONES... Instruye a la Población Mundial según te conviene, enfrentándola a través de luchas interminables, logrando que así se distraiga... que no tenga tiempo de cuestionarse lo que su vida es... y así hará todo aquello que deseas... se irá adaptando, amoldando con tal de formar parte del colectivo, del rebaño... No creas que pretendo convencerte o hacerte creer en lo que tal vez nunca formará parte de tus creencias... tan solo te muestro una de tantas realidades que se te ha ocultado... tú has de elegir qué camino recorrer... Mi compromiso siempre ha sido avanzar... y con lo descubierto... regresar y compartir, para a continuación continuar en la dirección que siempre me tracé... rumbo hacia la Eternidad, hacia la Evolución y la Espiritualidad del Ser...

EN ESTE TIEMPO... VERÁS QUE HE ESCOGIDO SER PARTÍCIPE DE TU INSTRUCCIÓN -MOMENTÁNEAMENTE-, MOSTRÁNDOTE LO QUE HAS DE "VER"... LO QUE HAS DE COMPRENDER A GRANDES RASGOS... A TRAVÉS DE NOTICIAS ACTUALES QUE ESTÁN AFECTANDO A TODOS Y A CADA UNO... PREPARÁNDOTE PARA LO QUE HA DE MANIFESTARSE A CONTINUACIÓN... Has de ser consciente de tu Naturaleza Espiritual... de tu Genética, de tus capacidades, de tu Linaje vinculado a Civilizaciones Estelares... Que en multitud de ocasiones te reencarnases en La Tierra olvidando tu origen, no quiere decir que todo desapareciese, que tu identidad se perdiese en el tiempo... Tan solo has sido partícipe de un Plan Creado para La Tierra y sus Habitantes... un Plan Cósmico que ya finaliza y que... a continuación ha de permitir el "Contacto" directo, púbico entre los Habitantes de La Tierra y Civilizaciones que habitan Otros Planetas, Otras Dimensiones, Mundos Intraterrenos...

SI TE CUESTA CREER LO QUE POR TU EDUCACIÓN Y FORMACIÓN FORMA PARTE DE UN IMPOSIBLE... PREGÚNTATE... ¿Y SI FUESE CIERTO? ¿CÓMO SERÍA TU EXISTENCIA EN UN ENTORNO COMO EL QUE DESCRIBE LA EXISTENCIA DE OTRAS CIVILIZACIONES?... Es normal que te cuestiones... ¿Cómo es que no se han mostrado? A lo que podría responderte... ¿Lo han hecho... a lo largo de la Historia de la Humanidad... Si en este Tiempo el Ser Humano es capaz de Trascender todas y cada una de las limitaciones que le han sido impuestas... verás que el "Contacto" tan esperado... el reencuentro se producirá... y traerá con sigo la Liberación de la Raza Humana...

HA SIDO MUY TRISTE "VER" COMO TODA UNA CIVILIZACIÓN SE HA DEJADO SEDUCIR POR LA INERCIA, MIENTRAS ERA MANIPULADA POR QUIENES SABEN BIEN DE SUS VIRTUDES Y DEFECTOS... Son los que siempre han temido el Despertar de TODOS y cada UNO... Una Raza que es conocedora de su Verdadera Historia... que mantiene latente su Memoria, aprendiendo del pasado... ya no es posible que sea esclavizada... porque se revela ante quienes tratan de reducirla, de limitar su existencia...

¿Crucificar a Países? ¿A su Población?

CRUCIFICAR A UN PAÍS... AL IGUAL QUE A SU POBLACIÓN O INCLUSO A UNA SOLA PERSONA... ACARREA CONSECUENCIAS DESASTROSAS PARA QUIEN LLEVA A CABO SEMEJANTE BARBARIE... Por esta razón en el Mundo se están aconteciendo tantas situaciones hostiles. Una vez que el Ser Humano Despierta y... decide tomar partido, hacerse cargo de su vida, asumir su responsabilidad, ha escogido a través del Libre Albedrío lo que realmente desea, lejos de la manipulación y del engaño de aquellos que... todo lo han corrompido... Quienes atentan contra las libertades, contra la existencia de un Alma, de La Vida, de un Planeta... han de pagar por su osadía... Esto es Ley Universal...

Y COMO LAS LEYES UNIVERSALES FUERON CREADAS PARA QUE ESTABLECIESEN UN EQUILIBRIO EN EL UNIVERSO... TODA CRIATURA QUE LAS INFRINGE... ESTÁ SUJETA A VIVIR LO QUE A OTROS HA OCASIONADO COMO PARTE DE SU APRENDIZAJE... Así está sucediendo en este Tiempo con muchos líderes y gobernantes corruptos que han estado al servicio de los del Jazal Iluminati, de los del Cabal; Tristes marionetas movidas por los hilos de sus titiriteros... que permanecen en la sombra escondidos... Si la Humanidad supiese de su existencia, elegiría enfrentarles... por esta razón no se muestran, por miedo a la Fuerza Vibracional de UNA Raza que posee la capacidad de Crear aquello en lo que cree... de vivir aquello que elige a través del Libre Albedrío... Políticos, líderes y gobernantes corruptos, manipularon a los Humanos para que eligiesen siendo manipulados tras el engaño... Esto, hasta nuestros días... sin embargo, ya la Población Mundial va Despertando, ya no les cree, ya va dejando de seguirles y les enfrenta... Esto es lo que Manifiesta la pérdida de credibilidad de estos mercachifles, vendedores de humo envasado, de aire viciado... Son estos seres despreciables los que han propiciado tanto caos y descontrol, tantas injusticias, muertes y destrucción... Han de aprender de sus errores.... y... te aseguro que... ¡Lo harán!...

HASTA AHORA EN LA TIERRA... GOBIERNOS CONTROLADOS POR LOS MANIPULADORES JÁZAROS ILUMINATIS HAN EXTENDIDO LA VIOLENCIA, USURPANDO LOS RECURSOS NATURALES DE LA TIERRA, CONQUISTANDO EL MUNDO A TRAVÉS DE UNA ECONOMÍA CORRUPTA QUE TAN SOLO HA SIDO GESTADA PARA ESCLAVIZAR A LA POBLACIÓN MUNDIAL... Ha de ser consciente la Humanidad que... estos dementes, psicópatas y mercenarios no están bien de la cabeza, no atienden a razones, mucho menos a sentimientos y emociones que ayudan a cultivar la Unidad... Ya no se puede permitir que continúen así... por esta razón, es imprescindible Interiorizar, reflexionar... hacerles frente... no con armas ni con violencia... su sistema es desarticulado en cuanto son expulsados de sus puestos de poder, en cuanto son cesados y entregados a la justicia que ha de desterrarlos... Así es como los Ejércitos y Fuerzas de Seguridad del Estado ya no recibirán sus absurdas órdenes... Destronando a los sicarios del mal... caen sus Imperios...

ES BIEN SENCILLO... EXTIENDEN EL CAOS Y LA VIOLENCIA... Y ESTO ES LO QUE SE VIVE EN EL MUNDO... Es bien sencillo, ya no se les puede permitir que esto continúe ocurriendo... Si en Islandia expulsaron a líderes, políticos y gobernantes corruptos... si consideraron criminales a banqueros que estafaron al país, a la población... ¿Qué espera el resto del Mundo? ¿Por qué Grecia cedió a las imposiciones de los malditos Jázaros? ¿Por cobardía? ¿Se doblegaron sus líderes y gobernantes condenando a un pueblo esclavizado... impidiendo que el resto del Mundo siguiese sus pasos? ¡Mal hecho! Es tiempo que la Población Mundial exija a sus auténticos Líderes y Gobernantes que pongan fin a toda esta barbarie... para esto se les designó... para velar por el bienestar de TODOS y cada UNO, para cultivar la Paz, la Unidad, el Equilibrio y la Prosperidad...

OBSERVA COMO SE ENFRENTAN UNOS CONTRA LOS OTROS... SIN TENER EN CUENTA QUE HA DE SER CULTIVADO TODO AQUELLO QUE PROPICIE LA PAZ... En una contienda, cada parte lucha por lo suyo... difícilmente es capaz de lograr beneficiar a TODOS y cada UNO... entre otras cosas porque... prevalecen los intereses... Lo mejor ante estas situaciones es detenerse, reflexionar y... a través del criterio personal, en sintonía con el Ser Interno, crear lo siguiente Espiritualmente... no a través de ese falso escenario de las apariencias y las formas...

FINALMENTE... GOBIERNOS, CREENCIAS, IDEOLOGÍAS Y RELIGIONES HAN SIDO CORROMPIDAS A TRAVÉS DE QUIENES HAN OCUPADO EN ESTE TIEMPO Y EN OTROS LOS PUESTOS DE PODER... Es tarea de la Humanidad cesar y destituir a todos aquellos que causan perjuicio a sus semejantes, eligiendo a continuación a quienes han de demostrar su cualificación y valía...

AQUELLOS PAÍSES, ESCLAVIZADOS POR LÍDERES Y GOBERNANTES CARENTES DE CRITERIO Y PERSONALIDAD... QUE AÚN RINDEN PLEITESÍA A LOS JÁZAROS ILUMINATIS... han de ser Transformados... ya no es posible continuar atentando contra La Vida en La Tierra, contra este Planeta que... bastante ha soportado ya... más bien demasiado... No enfrentes a sus Ejércitos, ni a las Fuerzas de Seguridad del Estado, ni sus Leyes... más bien destrona a los Césares, Nerones y Calígulas que... tanto daño han causado... así es como toda su barbarie tocará a su fin y será posible un nuevo comienzo...

El fracaso de un País, de sus Líderes y Dirigentes...

RECONOCERÁS A LOS PAÍSES QUE ESTÁN BAJO EL DOMINIO DE LOS LÍDERES Y GOBERNANTES CORRUPTOS DEL JAZÁL ILUMINATI PORQUE... SIEMPRE EXTIENDEN LA POBREZA ESCLAVIZANDO A LA POBLACIÓN... Reconocerás quienes han de ser cesados y destituidos, retirados del poder, porque sus acciones son hostiles, pendencieras, crueles y despiadadas... Hacen uso de la política y de la religión para convertir al pueblo en ganado al que sacrificar...

Y... MIENTRAS TODO VA SIENDO PREPARADO PARA SER TRASCENDIDO... IRONÍAS DE LA VIDA; EN ESPAÑA SUS LÍDERES Y POLÍTICOS EXTORSIONAN A LA POBLACIÓN, CREANDO NECESIDADES, FOMENTANDO LAS CARENCIAS, ROBANDO Y ESTAFANDO, IMPIDIENDO LA EVOLUCIÓN DE LA POBLACIÓN... en otros países, españoles crean avances científicos y tecnológicos que proporcionan bienestar a quienes les acogen... Ironías de La Vida... mientras que en España se impide que la Energía fluya libremente a través de los avances y descubrimientos que han de fomentar la Prosperidad... españoles que exportan sus Legados son capaces de Fluir con la Energía que da Vida... a través de su contribución y buen quehacer... RECONOCERÁS A LOS LÍDERES, POLÍTICOS Y GOBERNANTES CORRUPTOS... PORQUE SON LOS QUE EXTORSIONAN A LA POBLACIÓN QUE LOS ELIGIÓ PARA VELAR POR LA PAZ, EL EQUILIBRIO, LA UNIDAD Y LA EVOLUCIÓN... NO PARA SER SOMETIDOS POR ESOS LOCOS PENDENCIEROS QUE TAN SOLO OBEDECEN COMO SICARIOS A SUS AMOS JÁZAROS ILUMINATIS...

EL FRACASO DE UN PAÍS, RESIDE EN LAS ERRONEAS DECISIONES LLEVADAS A CABO POR SUS LÍDERES, DIRIGENTES Y GOBERNANTES QUE... EN MUCHAS OCASIONES SUJETOS CON UNA CADENA AL CUELLO, SON FIELES MASCOTAS DE AQUELLOS QUE LAS ENSEÑAN A BAILAR A SU SON... El fracaso de Grecia, recae sobre los hombros de sus líderes, gobernantes y dirigentes que... han dejado el país y al pueblo en manos de los mercenarios corruptos del Cabal... esos Jázaros Iluminatis que pretenden destruirla, convertirla en cabeza de turco para amedrentar al resto del Mundo... ¿Mostrando lo que sucede a quienes se Revelan?... La solución para que la Raza de los Humanos salga de ese entorno hostil y despiadado en el que cree vivir sobreviviendo... tan solo es posible a través de Verdaderos Líderes, Dirigentes y Gobernantes capaces de Luchar por aquellos que les eligieron para hacer frente a un enemigo en ocasiones invisible, que se vale de su ventaja, del desconocimiento de la Población para... manipular y extorsionar desde dimensiones oscuras en las que reside, propiciando el dolor para alimentarse de el... de lo que cada Alma reencarnada en La Tierra padece y entrega a modo del sufrimiento vibracional, captado por estas entidades...

ES INCOMPRENSIBLE COMO LA RAZA DE LOS HUMANOS QUE HABITA LA SUPERFICIE DE LA TIERRA SE DEJA ENGAÑAR, MANIPULAR Y EXTORSIONAR TAN FÁCILMENTE... ¿Tal vez es porque prefiere que otros tomen las decisiones por ellos? ¿Tal vez es porque escoge vivir inerte? ¿Tal vez es porque tan solo desea obtener lo que caprichosamente persigue y... lo demás le da igual? Es incomprensible que generación tras generación los Jázaros Iluminatis ejerciesen tanto control a través de sus sicarios del Cabal... mientras una mayoría ha obedecido dócilmente a quienes hicieron creer que eran elegidos por el pueblo, aquellos que a través de la política y la religión han sido la pantalla, la apariencia que con astucia ha gestado engaños y mentiras... aquellos que... una vez en el poder, son presa fácil de entidades, de seres hostiles que se adentran en sus entrañas seduciéndoles, ofreciéndoles riquezas, poder, dominio sobre el ganado... Es incomprensible que costase tanto llegar a este Tiempo en el que... TODO ya es Revelado... en el que TODO es sentido, presentido… Afortunadamente… la Población Mundial ya va siendo consciente de lo que ha sucedido, del por qué de las situaciones, de quienes las han llevado a cabo, de quienes han fracasado en su intento de destruir una vez más La Tierra y a sus Habitantes… La Luz y la Unidad se extienden a través del Ser, del Interior de cada UNA de las Almas que reencarnaron en este Tiempo de Gracia…

MUCHOS SON LOS QUE… VAN INTUYENDO LO QUE SU VIDA HA SIDO, LAS CONSECUENCIAS DE SUS ACCIONES… MUCHOS SON LOS QUE PRESIENTEN QUE HAN DE SALDAR SUS DEUDAS CON SUS SEMEJANTES… Es por esta razón por la que no pueden acallar sus conciencias, por las que ya no pueden ocultar sus faltas, enterrarlas en lo más profundo del Ser… Muchas son las Almas que sienten remordimientos al "Ver" lo que hicieron, lo que dejaron de hacer… al sentir lo que a otros ocasionaron siendo conscientes… o tal vez ignorando las consecuencias que… en este Tiempo… emergen de abismos insondables para reclamar aquello que ha de ser saldado… En este Tiempo… cada UNO ha de ser consciente de sus faltas y remediar el daño ocasionado a quienes lo han padecido… En este Tiempo, la Humanidad ha de aprender a pedir perdón de corazón… En este Tiempo… muchas son las Almas que ya van admitiendo sus defectos, sus errores y… siguiendo su intuición, sus presentimientos, se sinceran con sus víctimas pidiendo ser perdonadas…

AQUELLOS PAÍSES QUE TAN SOLO CULTIVAN LA NECESIDAD DE CONQUISTAR A OTROS, QUE TAN SOLO SE RIGEN POR LA VIOLENCIA Y LA DOMINACIÓN… ESTÁN DESTINADOS A DESTRUIRSE A SI MISMOS… El Mundo ya no permite que se continúe viviendo a través del caos y la destrucción… Con cada día que nace, muchas son las Almas que… siendo conscientes de la Transformación que ha de Manifestarse… ven en quienes se creen con derecho a causar daño a mercenarios inconscientes a los que hay que detener… Con cada Alma que siente desde el Ser que La Vida en La Tierra ya va Trascendiendo… Evolucionando hacia la Paz, el Equilibrio y la Unidad… el Universo, La Vida contenida en Multitud de Planetas y Dimensiones inspira a quienes Vibran en el Amor a Co-Crear el bienestar para TODOS y cada UNO...

HA DE LLEGAR EL DÍA EN EL QUE LOS PAÍSES DE LA TIERRA HAN DE ACABAR CON TANTA GUERRA, CON EL ENFRENTAMIENTO Y LA CONTIENDA... FRONTERAS, CREENCIAS E IDEOLOGÍAS HAN DE DESAPARECER Y... LA HUMANIDAD HA DE UNIRSE VELANDO POR LA PAZ... Así es como Evoluciona una Raza... Creciendo y Evolucionando a través de lo que cada UNO "Es"... esta es la auténtica riqueza, el bien que ha de ser reconocido como el más preciado...

HA DE LLEGAR EL DÍA EN EL QUE... LA HUMANIDAD HA DE TOMAR CONCIENCIA DEL LUGAR QUE OCUPA EN EL UNIVERSO... DE SU CONDICIÓN ESTELAR, DE SU VÍNCULO CON CIVILIZACIONES QUE HAN INSPIRADO SU EVOLUCIÓN, SU ESPIRITUALIDAD... Así es como en este Tiempo ya se va preparando a la Humanidad para que complete su Despertar... para que recupere su Memoria Histórica, para que recuerde su Origen... Ya no es posible ocultar lo que ha de ser percibido por TODAS y cada UNA de las Almas que... al reencarnar, al nacer, según fueron avanzando a través de sus vidas, olvidaron su Verdadera Naturaleza Eterna y Divina... Es tiempo de regresar junto a Civilizaciones Estelares que TODO lo han dispuesto...

Y MIENTRAS VAS TOMANDO CONCIENCIA DE TU NATURALEZA ESTELAR, ETERNA, ESPIRITUAL... OBSERVA A ESAS POBRES ALMAS DÉBILES, SUMISAS, CAPRICHOSAS, INMADURAS... Muchas de ellas fueron instruidas, seducidas por los ya conocidos Jázaros Iluminatis para formar parte de las facciones del Cabal desde puestos de poder... contribuyendo a extender sus dominios, guerras, sufrimiento... tratando de impedir la Transformación de La Tierra y sus Habitantes... Observa a esas Almas infelices que... caprichosamente dan pataletas y gesticulan creyendo engañar al Mundo que... ya las "Ve" tal y como son, dejando de creer en sus patrañas, en sus mentiras, en su causa...

¡Seguiremos alzando nuestra voces!
El lado oscuro de la humanidad...

...Y vinieron nubes oscuras a ensombrecer la tierra, la belleza del paisaje palideció de ver la oscuridad que reinaba...

Estamos en estos momentos en manos de un mundo cruel, sin sentido... cada vez más donde siguen reinando las injusticias, la maldad, las mayores barbaridades cometidas con seres humanos jamás vistas.

Están destruyendo La Tierra, nuestro mundo, no lo cuidan... lo destruyen porque no lo ¡Aman!.

Hay grupos de personas que no se enteran, pero por desconocimiento, otro grupo que pasa de todo... no quieren saber nada.

Pero hay millones de personas que vemos lo que está ocurriendo... Gobernados por dirigentes llenos de crueldad, sin sentimientos -no todos-, no les importamos nada, somos sus esclavos, sus servidores, para ellos enriquecerse nos utilizan para sus fines.

Todo lo tienen programado; guerras, terrorismo, corrupción, ruina de los países, trabajos donde las personas se juegan la vida... no les importa que mueran... abusos de niños de personas «de alto nivel», explotación de menores en fábricas como si fueran esclavos trabajando por un mísero sueldo, animales torturados para divertimento de los demás, tierras donde la riqueza prevalece... y ellos, los más pobres se podrían beneficiar. Son los dirigentes los que se aprovechan y se enriquecen, alimentos que contienen «veneno» y a la larga producen enfermedades... nos matan... quieren diezmar la población mundial.

¡Asesinos! Váyanse al lado oscuro, pasadizo estrecho… a pagar por todo lo que nos están haciendo… no es castigo, es enseñanza.

Dinero que dan las personas de buen corazón, para los países más pobres, y se quedan por el camino…

¡Son tantas las injusticias! que no acabaría…

Nos angustiamos, nos desesperamos… no sabemos qué hacer para solucionar todo esto.

Ellos, los dirigentes, vuelven la cabeza para otro lado.

La Cultura no les interesa, porque un pueblo culto, se levanta, se enfrenta, son valientes… ¡Como en Grecia! ¡Italia!

Luego viene la venganza, ellos dicen; -Por sublevarte lo vas a pagar para que las Naciones vean lo que les pasa cuando alguien se revela… «Son los amos de nuestro mundo» ¡Nosotros seguimos alzando nuestras voces! poniendo nuestra Alma y corazón para decir; -¡Basta ya! ¡Fuera de nuestra tierra! Queremos seres honestos de gran sabiduría… que nos gobiernen con prosperidad, que amen a sus ciudadanos, que reine el bien común para todos por igual, con hermandad, un mundo precioso de una belleza indescriptible que nos han prestado para vivir felices y dejarlo mejor para las nuevas generaciones.

Sé que todos los que abogamos por ese cambio… con nuestras voces, escritos, imágenes… nos tachan a veces de locos, fuera de la realidad… que vivimos en otro mundo…

¡Pues si! Tienen razón, somos seres fuertes, valientes, sin miedos… ni mejores, ni peores, que los demás, sólo diferentes, que luchamos por la Libertad, la Justicia, la Verdad, la Hermandad…

Siempre digo; -No importa lo que digan.. haz lo que tu corazón guíe… con todo el amor interior que tienes.

¡Justicia! ¡Paz! ¡Amor para La Tierra y el Universo!

Autora
Alicia Morilla Massieu

La Historia de la Humanidad
será reescrita...

HAS DE SER CONSCIENTE QUE... EN ESTOS MOMENTOS RUSIA ESTÁ PROPICIANDO LA TRANSFORMACIÓN DEL MUNDO EN EL QUE NOS ENCONTRAMOS... IMPIDIENDO QUE EL ACTUAL GOBIERNO CORRUPTO JÁZARO ILUMINATI DE EE.UU., CONTINÚE CON SUS PLANES DE EXPANSIÓN Y DOMINIO... Has de ser consciente que... valiéndose de la mentira y la manipulación, el actual gobierno corrupto del país que vive del dominio, la extorsión, la manipulación y usurpación de bienes que han de ser patrimonio de la Humanidad... lucha impotente ante los cambios que ya se van produciendo... Afortunadamente para la Población Mundial, Rusia, a través de su Líder Putin, está salvaguardando la Paz, el Equilibrio y la Unidad a través de las alianzas establecidas por países que van agrupándose para combatir y destituir al actual gobierno Jázaros Iluminati que opera desde las sombras, traicionando a la Humanidad, a La Vida y los principios que son regidos por las Leyes Universales...

PAÍSES ALIADOS A TRAVÉS DE LA OTAN, DIRIGIDOS E INFLUENCIADOS POR EL ACTUAL GOBIERNO JÁZARO ILUMINATI DE EE.UU., TRATAN DE SEGUIR CON SU JUEGO DE MENTIRAS DESPIADADO Y DESTRUCTIVO, HACIENDO CREER QUE SUS ACCIONES PROPICIAN LA PAZ... A través de TODOS y cada UNO ya va siendo de dominio público que... no es posible continuar mirando hacia otro lado ignorando sus constantes estrategia de dominio, sus intenciones de proseguir con el caos, las guerras y los enfrentamientos mundiales que... propician su domino sobre los Habitantes de La Tierra... Ya no son creíbles sus acciones y aquellos que las secundan, o deciden seguirles, siendo partícipes de ese tenebroso juego que... puesta su falsa bandera, les convierte en cómplices y responsables de tan tenebrosa forma de proceder… Los ciudadanos y habitantes que van Despertando a La Verdad, han de impedir que esto continúe sucediendo, destituyendo y entregando a la justicia a sus despiadados líderes gobernantes aliados con los del Cabal…

DESCUBRIRÁS EN ESTE TIEMPO QUE… LOS VÍNCULOS DE LAS FAMILIAS REALES, ASÍ COMO MUCHOS DE LOS LÍDERES Y GOBERNANTES DE LA HISTORIA DE LA HUMANIDAD ESTÁN EMPARENTADOS… POR ESTA RAZÓN, HAN PODIDO COORDINAR SU DOMINIO, EXTENDIENDO LA DESTRUCCIÓN A TRAVÉS DE UN MUNDO QUE HA IGNORADO SUS ARTIMAÑAS… Verás en este Tiempo su verdadero rostro, sus propósitos e intenciones que ya van siendo desarticulados a través del Despertar de la Conciencia que… ya va contribuyendo a que TODOS y cada UNO puedan llevar a "Ver" La Verdad que ha permanecido oculta… Descubrirás en este Tiempo que… Familias Reales a igual que muchos líderes y gobernantes corruptos, mercenarios, criminales… en realidad siempre fueron parte del linaje de aquellos que… desde las sombras han dominado y esclavizado a la Humanidad… Son estos los que han de ser reconocidos y detenidos en este Tiempo de Gracia en el que la Luz se extiende Revelando lo que permaneció oculto…

VERÁS QUE PAÍSES HAN SIDO CORROMPIDOS, MIENTRAS SON UTILIZADOS SUS CIUDADANOS POR LA FORMA EN LA QUE GOBIERNAN SUS LÍDERERES… SICARIOS EN MUCHAS OCASIONES DE LOS CRIMINALES JÁZAROS ILUMINATIS… Reconocerás a los verdaderos terroristas, a los auténticos culpables de tanto caos, dolor y sufrimiento a través de la población que es sometida, que es utilizada y esclavizada para fines despiadados y destructivos… son estos, los que propician el mal… frente a los Países que Cultivan la Luz, la Paz, el Equilibrio y la Unidad que… se ocupan de sus habitantes, avanzando y Evolucionando día a día, contrarrestando las secuelas de aquellos otros que… desde las sombras van perdiendo credibilidad y poder… Los Líderes y Gobernantes que propician la Prosperidad entre quienes los eligieron para velar por el bienestar común, te muestran el camino hacia la Transformación de un Mundo que ha de ser consciente de cuanto acontece...

LA ÉLITE JÁZARA ILUMINATI QUE SE HA IDO CORROMPIENDO DESDE LOS TIEMPOS DE LA ANTIGUA BABILONIA, VE COMO YA NO ES POSIBLE OCULTAR SUS ACCIONES HOSTILES... YA NO PUEDEN ESCONDERSE BAJO TIERRA EN SUS REFUGIOS, EN SUS CIUDADES EXCAVADAS LEJOS DE LAS MIRADAS DE QUIENES... YA LES "VEN" TAL Y COMO SON... Es en este Tiempo en el que se Manifiesta La Verdad que va Liberando a la Humanidad del desconocimiento... de la ignorancia... Por esta razón, el Mundo parece estar viviendo un tiempo de convulsión, de carencias, de enfrentamientos, de descontrol... Sin embargo, es fácil comprobar que... tras las aparentes noticias que hablan de desastres y pesimismo... grandes acontecimientos se van sucediendo... Si no los "Ves" es porque... aquellos conocidos como los del Cabal, aún manipulan parte de los Medios de Comunicación que... se empeñan en no desvelar La Verdad que siempre ha sido manipulada... Aún así, has de tener la certeza que TODO está en movimiento... TODO se está Transformando a través de quienes... en Servicio, están Velando por la Evolución y la Transformación de La Tierra y de sus Habitantes...

LA PROSPERIDAD LLEGA A MANOS DE LOS BRICS (BRASIL, RUSIA INDIA, CHINA, SUDÁFRICA)... QUE VAN CREANDO UN SISTEMA ECONÓMICO PARALELO BASADO EN LA PROSPERIDAD, FRENTE AL YA CONOCIDO FMI QUE ATENTA CONTRA LAS LIBERTADES Y CREA DEUDAS... La Prosperidad se va extendiendo a través de países capaces de dar rienda suelta a las Libertades a las que siempre ha tenido derecho la Humanidad y que le han sido usurpadas, arrebatadas vilmente... Rusia... conjuntamente con los países que han establecido Alianza para salvar a la Población Mundial de las garras de los Jázaros Iluminatis, liderados por el actual gobierno mercenario y criminal de EE.UU., cuya marioneta es su títere Obama... regido por sus amos que... desde dimensiones paralelas hostiles ,siempre manipularon a los habitantes de La Tierra...

LA HUMANIDAD TENDRÁ QUE ESTUDIAR NUEVAMENTE SU HISTORIA, REESCRIBIENDO LOS CAPÍTULOS QUE HAN SIDO MANIPULADOS, ESCRITOS POR AQUELLOS QUE OCULTARON LA VERDAD... Lideres sicarios del país de EE.UU., gobernado por criminales al servicio del mal, sumido en las tinieblas, han pretendido dominar y esclavizar a TODOS y a cada UNO de los Habitantes de La Tierra... Verás en este Tiempo, que ante La Verdad que ya va siendo Revelada, que ya va formando parte del dominio público, aquellos que han atentado contra sus semejantes querrán justificar sus actos, esconderlos bajo la alfombra... Sin embargo, esto ya no es posible, por esta razón, temen quedar al descubierto y que la Población Mundial les vea tal y como siempre han sido; depredadores y crueles asesinos disfrazados de corderos... auténticos chacales capaces de despedazar a sus presas... buitres carroñeros que se abalanzan tras los cadáveres que han ido dejando tras de si a lo largo de la Historia de la Humanidad... reencarnación tras reencarnación...

LA HUMANIDAD TENDRÁ QUE REFLEXIONAR SOBRE LO QUE HA SUCEDIDO REALMENTE EN EL MUNDO... YA NADA SERÁ IGUAL, YA LA IGNORANCIA Y LA MANIPULACIÓN VAN SIENDO DESTERRADAS, AL IGUAL QUE AQUELLOS QUE LA CREARON, CON EL ÚNICO FIN DE MANTENER SUS IMPERIOS CORRUPTOS BASADOS EN LA DOMINACIÓN... La Humanidad descubrirá que... muchos de los líderes y gobernantes, así como miembros de casas reales, en realidad siempre fueron parte de un plan oscuro y cruel, concebido para esclavizar a la Humanidad hasta límites insospechados... Temiendo que la Población Mundial Despertase... trataron de distraerla, de someterla, de desviarla de su autentico propósito, de su Plan de Vida, concebido tras cada reencarnación para cumplir con su misión; Trascender, Ascender, Evolucionar y Co-Crear la Transformación de TODO lo que "Es"... En este Tiempo... gracias a quienes han permanecido vigilantes, en Servicio... fuerzas oscuras infiltradas en puestos de poder, manipulando a los débiles, a los que se dejaron seducir... ven como ya no pueden mantenerse ocultas... son esos seres que... viven más allá de los límites planetarios, que no son vistos ni percibidos por quienes carecen de visión remota, de percepciones, de una intuición desarrollada... son los que habitan dimensiones hostiles desde las que han ejercido su poder gracias al anonimato en el que han permanecido... En este Tiempo... quedando al descubierto, la Humanidad, gracias a su potencial, a su Luz, a su Vínculo con Civilizaciones Estelares que Vibran en la Unidad y en el Amor... va recuperando su Naturaleza, su auténtica Esencia... va recordando cual es su Linaje Eterno y Espiritual... así es como con tan solo pensarlo, con sentirlo... puede llegar a liberarse de aquellos que la temen y que ya no son desconocidos por quienes... "Ven" Más Allá de las apariencias... Verás en este Tiempo como cada País aliado con Rusia, con los BRICS, ha de cumplir con la parte que le corresponde... Velando por el bienestar común... Es este el inicio de la Liberación de los Fondos de Prosperidad; NESARA & GESARA será de dominio público... así el oro y los bienes que han sido preservados, protegidos de aquellos que pretendieron apoderarse de ellos... China, ha de mostrar su valía, su compromiso al ser parte de la Alianza...

MUCHOS SON LOS PAÍSES QUE HAN SIDO ESCLAVIZADOS AL IGUAL QUE SUS HABITANTES A TRAVÉS DE UN SISTEMA ECONÓMICO GLOBAL CREADO PARA ENDEUDAR Y DESTRUIR... LA CONOCIDA ZONA EURO Y QUIENES LA INTEGRAN, HAN DE IR SALIENDO DE LAS GARRAS DE AQUELLOS QUE LA GESTARON... Es este el Tiempo en el que estamos... mientras la Lucha continúa silenciosa, entre bastidores, ajena para un Mundo, para los Habitantes de La Tierra que no "Ven" aquello que desconocen, que les resulta incomprensible...

VERÁS EL MAL COMPRENDIENDO POR QUÉ EL MUNDO ES LO QUE HA SIDO... A TRAVÉS DE ESOS FALSOS LÍDERES Y GOBERNANTES CONOCIDOS COMO JÁZAROS ILUMINATIS... QUE FORMAN PARTE DE LAS FILAS DEL CABAL... LES VERÁS COMO A DELINCUENTES, COMO A MATONES DE BARRIO, COMO PSICÓPATAS AL SERVICIO DEL MAL... Son los que han de ser apresados, retirados del poder y de la vida social, despojados de sus bienes, de sus derechos y de su libertad, reducidos y confinados allá donde ya no puedan causar ningún mal... La población que ha permanecido ignorante, sometida, extorsionada y manipulada a manos de estos sinvergüenzas que... han de ser juzgados por sus Crímenes contra la Humanidad... ha de ser liberada, ha de ser indemnizada por todo lo vivido... no solo en este Tiempo presente, sino por lo que han padecido generaciones anteriores, sus antecesores e incluso cada Ser reencarnado a través de diversas etapas y tiempos de la Historia Terrestre... Observa a los verdaderos terroristas, disfrazados de líderes y gobernantes, que han alimentado la corrupción y la barbarie... El Mundo, la Humanidad, la Población Mundial ya no ha de permitirles cabalgar como Jinetes del Apocalipsis que todo lo arrasan... Es imprescindible derribarles de sus monturas y... entregarles a una Justicia Universal que se encargará de juzgar sus hostiles actos contra La Vida y el Universo...

TEMEN LOS EJERCITOS Y FUERZAS DE SEGURIDAD QUE ESTÁN AL SERVICIO DE LOS JÁZAROS ILUMINATIS, DE LOS DEL CABAL... QUE FINALICE SU IMPERIO OSCURO Y CURRUPTO DE DOMINIO Y ESCLAVITUD... POR ESTO, AÚN TRATAN DE ENGAÑAR A LA POBLACIÓN MUNDIAL, CREYENDO QUE EN ESTE TIEMPO PUEDEN SEGUIR MANIPULÁNDOLA... Sin embargo, ya esto no es posible, gracias a que TODO está siendo Trascendido y... la Conciencia de TODOS y cada UNO Despierta ante La Verdad que es mostrada, que va saliendo a la Luz... Cada cual va presintiendo e intuyendo lo que es cierto, lo que no lo es... Así es como se extiende la liberación de quienes han sobrevivido en un Planeta regido por un sistema oscuro y pendenciero... al decidir que ya no desean seguir siendo esclavos...

EN LA MEDIDA QUE LÍDERES Y DIRIGENTES MUESTRAN SU VALENTÍA, ENFRENTÁNDOSE A QUIENES MUESTRAN SU VENGATIVO PLAN A TRAVÉS DE ORGANIZACIONES, ENTIDADES Y SISTEMAS COMO EL DE LA UNIÓN EUROPEA (UE)... el Mundo continúa su Evolución preparando el reencuentro con Civilizaciones Estelares que han aguardado pacientemente la llegada de este Tiempo... Debía ser la Humanidad quien escogiese qué camino recorrer a continuación, saliendo de la cueva, de las tinieblas, de las garras del mal... Con cada Alma capaz de alzar su voz y luchar por el bienestar de TODOS y cada UNO... el "Contacto" y el retorno al Origen, recordando el Linaje con Ancestros y con Razas que habitan el Universo... va Manifestándose día a día... Interiormente, Espiritualmente... a través del Ser...

CUÍDATE DE LIDERES Y DIRIGENTES QUE SE VALEN DE CIENTÍFICOS A SU SERVICIO... QUE TRATAN DE ENGAÑARTE Y CONFUNDIRTE CON FALSOS MENSAJES... Te dirán en este Tiempo que hay que tener cuidado con Civilizaciones Estelares que habitan el Universo haciéndote creer que... son hostiles... ¿Cómo es que hasta hace bien poco negaban su existencia? ¿Cómo es que hasta nuestros días ni tan siquiera creían en la existencia de vida más allá de La Tierra? Saben lo que va a acontecer... saben que son estas Civilizaciones las que están preparando el tan esperado "Contacto" de superficie para Revelar La Verdad y Liberar a la Raza Humana aquí, en este Planeta y en otros en los que... ha sido esclavizada por esos líderes y dirigentes, por científicos al servicio del Cabal, por quienes rinden pleitesía a los Jázaros Iluminatis... No te dirán que... precisamente los que ellos denominan extraterrestres, ya hace mucho, mucho tiempo que están entre nosotros... UNOS... Vibrando en la Luz y en el Amor, en la Paz, el Equilibrio y la Prosperidad... otros, influyendo en líderes y gobernantes manipulables, débiles, ávidos de poder y riquezas... utilizándoles como piezas de un tablero de ajedrez en el que... cada pieza lucha por conquistar, dominar y destruir al adversario...

El reencuentro con Civilizaciones Estelares...

CONFIEMOS EN QUE LAS NAVES DE CIVILIZACIONES ESTELARES RECIBAN PRONTO LA AUTORIZACIÓN PARA MANIFESTARSE PÚBLICAMENTE Y MOSTRAR AL MUNDO SU EXISTENCIA... Si así sucediese, finalizarían los problemas que aquejan a la Humanidad... Con anterioridad no han podido intervenir debido a que no podían interferir ni cambiar el destino de los Habitantes de La Tierra que... han de tomar sus propias decisiones a través del Libre Albedrío... Sin embargo... la Evolución de esta Raza que habita la Superficie de este Planeta, fue alterada hace mucho, mucho tiempo por ciertas facciones de otro tipo de civilización más hostil que... alteraron el Plan Establecido para la Evolución y la Ascensión de las Almas reencarnadas... Es por esto por lo que... todo ese tiempo pasado y el actual, este constante presente y sus múltiples escenarios, así como sus posibilidades... ofrece la oportunidad a la Población Mundial de escoger si... seguir siendo esclava de quienes alteraron el verdadero destino de TODOS y cada UNO... o si escoge continuar su Evolución Trascendiéndose...

POR INCREÍBLE QUE PUEDA PARECERTE... TE DIJERON QUE NO EXISTÍA VIDA MÁS ALLÁ DE LA TIERRA, MINTIÉNDOTE Y MANIPULÁNDOTE PARA QUE NO VIESES MÁS ALLÁ DE LAS FORMAS Y LAS APARIENCIAS... ¿TE LO CREÍSTE?... ¿Te conformaste con una vida banal y superficial? ¿Efímera? ¿Sin sentido?... Aún así, has ido Manifestando a través de tus múltiples reencarnaciones lo que "Es" en ti y... de una u otra forma, has contribuido a que TODO sea Trascendido... ¿O tal vez has interferido dejándote seducir por los oscuros que... se han valido de tu ignorancia y de tu debilidad para evitar tu Despertar?... Tendrás que aceptar que has vivido una mentira... que todos tus conceptos se van a ir desquebrajando, que los cimientos sobre los que has edificado tu vida desaparecerán bajo tus pies... y a continuación, cuando se desvanezcan las Formas y Apariencias que... formaron parte de tus creencias, ideologías... aquello que te ha impedido "Ver" TODO lo que "Es"... serás consciente de quién eres tú y de lo que has venido a "Ser" en esta vida, en este Tiempo en el que... cada UNO ha de reencontrarse con su Linaje Estelar...

EN ESTE TIEMPO... HAN DE IRSE SUCEDIENDO LOS AVISTAMIENTOS, A FIN DE QUE LA POBLACIÓN MUNDIAL SE VAYA ADAPTANDO A TODO LO QUE ESTÁ POR LLEGAR... En este Tiempo... TODO será Revelado... saliendo a la Luz para que La Verdad ayude a Trascender a la Humanidad que... ya ha de salir de la caverna... del oscuro abismo en el que... seres oscuros y pendencieros la han sumido a lo largo de infinidad de generaciones... Ha de finalizar tanta barbarie, el caos y la destrucción que ha azotado a La Tierra y a sus Habitantes... Ha de aprender la Población Mundial a respetar La Vida y a sus semejantes, contribuyendo a Crear el bienestar de TODSO y cada UNO... dejando de negociar con lo que es Patrimonio Universal...

A TRAVÉS DEL "GRUPO ARTEMORILLA" (www.artemorilla.com) HEMOS COMPARTIDO TODO AQUELLO QUE SENTIMOS AYUDARÍA A PROPICIAR EL DESPERTAR... ADAPTANDO LO QUE YA SABÍAMOS A LOS DIFERENTES TIEMPOS POR LOS QUE HA TRANSITADO LA HUMANIDAD... a la espera de que llegase el instante preciso en el que... la Masa Crítica Vibrase en la Frecuencia adecuada, propiciando el reencuentro entre la Humanidad y las Civilizaciones Estelares... tras finalizar el Plan Creado para La Tierra y sus habitantes...

EL "CONTACTO"... LLEGA CON EL DESPERTAR... en un Tiempo en el que la Humanidad está siendo verdaderamente instigada, masacrada, doblegada y esclavizada por aquellos que han de ser apresados, desterrados... son los que no permiten que la Liberación de TODOS y cada UNO se produzca... mientras continuamos aguardando a que acontezca el instante en el que... cada Ser ocupe el lugar que le corresponde...

RUMBO HACIA LA ASCENSIÓN... TRASCENDEMOS... Guiados e Inspirados por Civilizaciones Estelares que siempre han estado velando, a la espera de que llegase este Tiempo en el que... ya van siendo autorizadas según el Plan Divino a establecer el "Contacto" con los Habitantes de Superficie de La Tierra...

LARGA HA SIDO LA ESPERA... EN UN TIEMPO QUE HA DE SER DE "CONTACTO"... CON OTRAS CIVILIZACIONES... en la medida que TODOS y cada UNO son capaces de Interiorizar y cultivar su Espiritualidad...

CIVILIZACIONES ESTELARES... HAN AGUARDADO PACIENTEMENTE EL DESPERTAR DE LA HUMANIDAD... Es a través de quienes están Velando por sus semejantes como TODO se va concretando...

LAS ALIANZAS SIEMPRE PERMANECIERON INALTERABLES... SERES DESPIERTOS, ALMAS VALIENTES... SE MANTUVIERON EN SERVICIO, VIGILANTES, LUCHANDO POR SUS SEMEJANTES... en tiempos oscuros y difíciles en los que... fueron atacadas por fuerzas oscuras, tenebrosas de las que... posiblemente nada sabes... En este Tiempo... recibirás la instrucción necesaria para que se complete tu Despertar...

EN CUANTO LOS PAÍSES DESIGNADOS PARA ELLO DEN A CONOCER EL PLAN DE RESCATE Y PROSPERIDAD QUE HA SIDO CO-CREADO EN ALIANZA CON CIVILIZACIONES ESTELARES... SERÁ DE DOMINIO PÚBLICO NESARA & GESARA... Los Países BRICS (Brasil, Rusia, India, China y Sudáfrica) han estado preparando un Sistema Económico paralelo al ya conocido que ya va siendo derrocado... La Humanidad reconocerá el Plan de Prosperidad concebido por UNOS y "Otros"... como inicio de la Liberación que ha de producirse en este Tiempo... de la Transformación y la Ascensión a la que ha estado destinada La Tierra y sus Habitantes desde que fue creado el Plan Cósmico...

Las Señales de Civilizaciones Estelares...

OBSERVA COMO OPERA EL ACTUAL GOBIERNO JÁZARO ILUMINATI CONTRA LA HUMANIDAD AL ENFRENTAR A LOS PAÍSES QUE BUSCAN ALTERNATIVAS VIABLES PARA CREAR LA PROSPERIDAD, LA PAZ Y EL EQUILIBRIO EN UN MUNDO QUE... HA DE LIBERARSE DE LA TIRANÍA DE LOS DEL CABAL... Observa atentamente quienes son los auténticos terroristas en un Mundo que ha de elegir entre permanecer como hasta ahora sometido... o luchar por liberarse...

OBSERVA EL AUTÉNTICO ROSTRO DEL ACTUAL GOBIERNO MERCENARIO Y CORRUPTO DE EE.UU., SI RECONOCES AL AUTÉNTICO ENEMIGO DE LA HUMANIDAD, A QUIENES CONTINÚAN EJECUTANDO A INOCENTES... SABRÁS COMO ENFRENTARLES... Son los que imponen su criterio, los que roban la identidad de los pueblos y sus tradiciones... son los que atentan contra la Libertad, el Equilibrio y la Unidad...

PAÍSES ALIADOS QUE LUCHAN POR PRESERVAR LA PAZ (BRICS)... MUESTRAN A LOS QUE SON HOSTILES QUE NADA TIENEN QUE HACER EN UN MUNDO QUE SE VA TRANSFORMANDO... Aquellos que han atentado contra La Vida de sus semejantes... en este Tiempo tendrán que saldar sus deudas, viendo como son derrotados por Fuerzas Terrestres que se van coordinando con Civilizaciones Estelares que... van preparando el terreno para dar a conocer su existencia a una Humanidad que tan solo cree lo que ve...

Y AUNQUE CONSTANTEMENTE SE ANUNCIA LA PUESTA EN MARCHA DE UNA GUERRA MUNDIAL QUE... AFORTUNADAMENTE ESTÁ SIENDO NEUTRALIZADA... es bien cierto que esta es la intención y el propósito del actual gobierno Jázaro Iluminati de EE.UU., y de quienes lo secundan, tratando de evitar que la Humanidad se libere de sus garras, de las de aquellos que la han mantenido prisionera, esclava... de los sicarios que conforman la Cábala Oscura... y quienes siendo conscientes o no, son a su vez sus seguidores y servidores... Ha de ser consciente la Humanidad que, los Jázaros Iluminatis, conocidos también como los del Cabal, desde tiempos remotos han sido ayudados por seres hostiles que viven en dimensiones que no son percibidas por la Población Mundial... por esta razón han jugado con ventaja... ¿Tal vez no logras entender estas palabras? ¿Tal vez te resultan incomprensibles? ¿Increíbles? Descubrirás en este Tiempo que desconoces en que Mundo has vivido realmente... Es a través del conocimiento y La Verdad como una Raza se libera de la opresión y de sus captores... a diferencia de la actitud que mantienen los que... afirmando estar... ¿Despiertos? ...miran hacia otro lado, o tan solo se ocupan de sus banales vidas maquillándolo todo, adornándolo con pretextos absurdos... e incluso afirmando que... vivir así no es tan malo, que por algo es... son quienes así piensan, caldo de cultivo, rebaño manipulable... al igual que quienes se dejan influenciar por creencias, ideologías, políticas y religiones que delimitan las paredes de un redil, antesala del matadero en el que son sacrificadas "las ovejas dóciles y conformistas"...

VERÁS QUE... LAS ACCIONES DEL ACTUAL GOBIERNO MERCENARIO DE EE.UU., Y DE LOS QUE LO SECUNDAN... DELATAN SUS VERDADERAS INTENCIONES... NO PERMITIRÁN QUE LA HUMANIDAD SE LIBERE DE SU OPRESIÓN... por esta razón, harán lo imposible... recurriendo a acciones hostiles contra aquellos que se revelan, financiando el terrorismo mundial, planificando autoatentados como el del "11 S" tras dinamitar las Torres Gemelas y sacrificar a sus propios ciudadanos, convirtiendo semejante catástrofe en un lucrativo negocio y ofreciendo a sus falsos dioses la muerte de tantas Almas inocentes...

ES IMPRESCINDIBLE QUE PAÍSES COMO RUSIA Y CHINA -PARTE DE LOS BRICS-, CONTRARRESTEN LA

IRREVERSIBLE BANCARROTA QUE HA ORIGINADO EL ACTUAL GOBIERNO CORRUPTO DE EE.UU., CON EL ÚNICO FIN DE DESESTABILIZAR EL MUNDO Y PROPICIAR LA PUESTA EN MARCHA DE SU TAN ANSIADA TERCERA GUERRA MUNDIAL... De esta forma, darían salida al armamento que fabrican, convirtiendo tal desastre en un nuevo negocio... y por otro lado, continuarían con su oscura agenda que contempla la reducción de la Población Mundial para evitar que se subleve y... dominar definitivamente a quienes queden... Este es el destino que ha estado aguardando a la Población de La Tierra... esclavizada por aquellos que... desde puestos de poder han extendido su tiranía y destrucción... Esto es parte de lo que ha estado aconteciendo entre bastidores sin que tú fueses consciente... una lucha entre el bien y el mal, entre la luz y la oscuridad... dependiendo en gran medida el desenlace final de lo que cada UNO eligiese vivir...

EN ESTE TIEMPO DE REVELACIONES... MUCHOS ORGANISMOS, ENTIDADES Y PAÍSES DOMINADOS POR LOS JÁZAROS ILUMINATI Y POR SUS SECUACES DEL CABAL... SABEN QUE LA VERDAD YA NO PUEDE SER MANIPULADA... por esta razón, van Revelando, dando a conocer todo aquello que han ocultado generación tras generación... ¿Evitando así que la Población Mundial se abalance sobre ellos despojándoles de su poder y dominio, de la manipulación a través de la que han engañado a millones de Seres Humanos?... Tendrá que ser consciente cada cual... siendo partícipe de la Memoria Histórica que será compartida y ayudará a comprender que... el Universo está plagado de Vida... que multitud de Civilizaciones Estelares existen conviviendo en Unidad, en Paz, y Prosperidad... y que... los Habitantes de La Tierra... al haber sido esclavizado por razas hostiles, de baja densidad, han sido manipulado con el único propósito de evitar su Despertar; "UNA Civilización que Despierta... ya no puede ser dominada, ya que... a través de su Libre Albedrío, puede elegir cómo desea vivir"...

VERÁS QUE LOS PAÍSES QUE... EN ALIANZA CON CIVILIZACIONES ESTELARES... DESARROLLAN TECNOLOGÍA PARA VELAR POR LA PAZ... SON AQUELLOS

QUE VAN EXTENDIENDO SU AYUDA A QUIENES LA NECESITAN... Verás en este Tiempo como Líderes y Gobernantes que se han comprometido Espiritualmente a permanecer en Servicio hacia La Vida contenida en La Tierra... van mostrando sus capacidades, sus Planes de Prosperidad y Equilibrio para un Mundo que ha de Transformarse...

LAS SEÑALES DE CIVILIZACIONES ESTELARES VAN SIENDO DE DOMINIO PÚBLICO, SON RECONOCIDAS A TRAVÉS DE MISTERIOSOS CÍRCULOS EN CAMPOS DE TRIGO, REVELANDO UN CONOCIMIENTO ANCESTRAL... Verás que... de lo que se trata, es de preparar a la Humanidad para entrar en Sintonía con quienes forman parte de la Confederación Galáctica, siendo conscientes que formamos parte de ella, aunque aún permanezcamos en apariencia aislados...

Las capacidades innatas en el Ser Humano...

LAS CAPACIDADES INNATAS EN EL SER HUMANO... MUESTRAN SU CREATIVIDAD A TRAVÉS DE LO INIMAGINABLE, LO INCREÍBLE, LO INCONCEBIBLE, LO IMPOSIBLE QUE... PUEDE LLEGAR A MATERIALIZAR, Y QUE FORMA PARTE DE SU NATURALEZA, DE SUS DONES Y FACULTADES... Es por esta razón por la que ha sido esclavizado desde tiempos remotos por viles mercenarios, por crueles depredadores que han frenado su Evolución, su Despertar Espiritual... ¿Cual es el motivo? Retenerle, convertirle en esclavo, en alimento energético para seres que vibran en baja densidad, que se alimentan de la energía que es generada a través del dolor, del miedo, del temor... En este Tiempo... ya no es posible retrasar la Transformación, la Ascensión de La Tierra, de sus Habitantes, de TODO este Sistema Solar que conforma nuestro entorno aislado, este Holograma, esta Ilusión paralela al Tiempo Real del Universo...

EN ESTE TIEMPO... LA HUMANIDAD YA VA SIENDO CONSCIENTE DE TODO LO QUE CREÍA DESCONOCER Y QUE... EN REALIDAD HA PERMANECIDO LATENTE EN SU INTERIOR... Es a través del Ser Interno... del silencio y del recogimiento como TODAS y cada UNA de las Almas reencarnadas en La Tierra pueden llegar a responder a sus propias preguntas, compartiéndolas a modo de Legado a través del que se produce el Crecimiento y la Evolución de TODOS y cada UNO de los Seres... Verás en este Tiempo que La Verdad se extiende... recordarás, reconocerás que formas parte de Linajes Estelares que te Vinculan con Civilizaciones que aportaron parte de su ADN para crear a la Raza de los Humanos con un propósito Divino... Eterno, Universal...

EN ESTE TIEMPO... TODOS TUS SUEÑOS SE HARÁN REALIDAD... COMPRENDIENDO QUE EN EL MUNDO SE MANIFIESTA TODO AQUELLO QUE "ES" EN TI... EN TODOS Y CADA UNO... En este Tiempo... cada Alma encontrará el lugar que ha de ocupar... mientras va finalizando tanta barbarie, caos y descontrol... en la medida que van siendo arrestados los corruptos Jázaros Iluminati, los del Cabal... tras ser desarticulada su red de criminales, de sicarios y servidores... así como la absurda parodia gestada a través de sus amos, esos falsos dioses que tanto han complicado La Vida en La Tierra, en este Sistema Solar y... en otros que... también están siendo liberados de la esclavitud que le ha sido impuesta...

Y... MIENTRAS SE COMPLETA LA LIBERACIÓN DE LA TIERRA, DE SUS HABITANTES, DEL SISTEMA SOLAR... DE ESTE HOLOGRAMA, DE ESTA ILUSIÓN... has de "Ver" con claridad como fuerzas oscuras han procedido, para ser consciente de lo que vamos dejando atrás, para recordar a través de la Memoria Histórica cual ha sido parte del bagaje de la Humanidad... tan solo así lograrás evitar repetir lo vivido, tan solo así podrás instruir a Otras Razas, a Otras Civilizaciones también esclavizadas cuando te corresponda ayudarlas a salir de las garras de esos seres que actúan desde dimensiones densas, oscuras, crueles... Has de observar como son TODOS y cada UNO... para comprender su verdadera naturaleza y... descubrir el camino de la Ascensión, liberándote de sus trampas, de su mentira, de su manipulación... de creencias, ideologías, religiones, política... concebidas para distraerte, para limitarte, para convertirte en parte de la masa, del rebaño, para evitar que llegues a cultivarte interiormente al crear la dependencia a través de la que... muchas Almas se mantienen encadenadas, mientras viven en la ignorancia, dejándose llevar por la inercia de sus amos... de sus líderes y dirigentes corruptos... a excepción de aquellos que... verdaderamente te invitan a ser quien realmente siempre has sido... a través de la Eternidad...

LA TECNOLOGÍA DESARROLLADA POR AQUELLOS PAÍSES EN LOS QUE SUS LÍDERES Y GOBERNANTES PERMANECEN EN SERVICIO... VELANDO POR LA PAZ, POR

EL EQUILIBRO, POR LA PROSPERIDAD, POR LA LUZ Y EL AMOR QUE... HAN DE SER CULTIVADOS Y EXTENDIDOS... ha de ayudar a Liberar a una Raza que ya no ha de permanecer en la esclavitud... ha de contribuir a neutralizar a los auténticos enemigos de la Humanidad... aquellos que aún sirven a seres denominados Jázaros Iluminatis, a sus secuaces del Cabal... Es esta la continuación del Plan Cósmico Establecido por Altas Jerarquías de Maestros Ascendidos que... Espiritualmente Inspiran a TODAS las Formas de Vida Universales a Trascenderse a si mismas, a ir Más Allá de la Limitación...

VERÁS EN ESTE TIEMPO QUE... AQUELLOS QUE HAN OSTENTADO EL PODER, QUE HAN ACAPARADO LAS RIQUEZAS, QUE HAN DOMINADO Y DOBLEGADO A SUS SEMEJANTES, A UNA MAYORÍA... EN ESTE TIEMPO AÚN SE CREEN CON DERECHO A SEGUIR OCUPANDO EL LUGAR QUE A TODOS USURPARON... por esto es por lo que... a sabiendas de lo que ya está aconteciendo... ahora pretenden erigirse en líderes, en destacados personajes influyentes... ¿Tratan de hacerte creer que son ellos los que darán a conocer los Grandes Eventos que están a punto de ser Revelados? ¿Tratan de tapar sus faltas, sus mentiras, su manipulación haciéndote creer que son los descubridores de lo que ya va siendo Revelado? No te dejes engañar... aunque el depredador se disfrace de cordero... su naturaleza le lleva a buscar su propio beneficio, en detrimento de una mayoría... El protagonismo, la necesidad de dominio, de tratar de prevalecer sobre los demás, de destacar... nada tiene que ver en este Tiempo con lo que está impulsando a la Humanidad a Ascender, a Trascender las limitaciones, a liberarse de las cadenas invisibles con las que ha permanecido aprisionada sin saberlo...

VERÁS EN ESTE TIEMPO QUE... EL PLÁN CÓSMICO DESIGNADO PARA LA HUMANIDAD Y PARA QUIENES YA VAN SIENDO LIBERADOS... GIRA A TRAVÉS DE UNA ESPIRAL ASCENDENTE HACIA LA CREACIÓN DE NUEVOS ESCENARIOS... a través de los que se extiende la Prosperidad y la Unidad... En este Tiempo... serás consciente del significado de NESARA & GESARA... una Ley que... dicta la Liberación de los

Fondos que han de permitir que TODOS y cada UNO vivan con todas sus necesidades cubiertas, nada puede faltarte... Es el inicio, la antesala de lo que está por venir, por Manifestarse; Un Mundo en el que TODO estará disponible para TODOS y cada UNO... El bien más preciado será lo que cada cual sea capaz de Crear y compartir a modo de Legado... su Crecimiento, su Evolución...

VERÁS QUE LA ECONOMÍA A TRAVÉS DE LOS BRICS COMIENZA A TRANSFORMARSE... MIENTRAS SIRVE A LA POBLACIÓN MUNDIAL, CREANDO IGUALDAD DE CONDICIONES PARA TODOS Y CADA UNO... PROSPERIDAD... Verás que los BRICS van debilitando a esas instituciones tan solo fueron concebidas para regir un orden económico corrupto y hostil que ha dominado al Mundo; el BM (Banco Mundial), el FMI (Fondo Monetario Internacional) gestados a través de los acuerdos de Bretton Woods... organismos depredadores que han defendido única y exclusivamente los intereses de los gobiernos Jázaros Iluminati de EE.UU., y de los países del Cabal industrializados... VERÁS QUE LOS BRICS... van desarticulando a esos corruptos, a esos mercenarios y tiranos que han de ser juzgados por sus Crímenes contra la Humanidad...

Y MIENTRAS MULTITUD DE PAÍSES, DE LÍDERES Y GOBERNANTES AL SERVICIO DEL BIEN, DE LA PAZ Y DE LA EVOLUCIÓN VAN POSICIONÁNDOSE... AFIANZANDO LOS CIMIENTOS SOBRE LOS QUE YA SE VA CO-CREANDO UN MUNDO, UNA SOCIEDAD MUNDIAL BASADA EN LA UNIDAD Y LA PROSPERIDAD... esos patéticos y desalmados Jázaros Iluminatis continúan pataleando, tratando de mostrar el extinto poder perdido... haciendo desfilar a sus siervos, a sus esclavos del Cabal que... perdidos, no siguen rumbo alguno... a sabiendas que ya su dominio finaliza, que sus imperios se van desmoronando...

SON LOS PAÍSES QUE HAN DE LIBERAR A LA HUMANIDAD DE LAS GARRAS DE SERES OSCUROS Y PENDENCIEROS LOS QUE... VAN MOSTRANDO SU PODER MILITAR... QUE LLEGADO EL TIEMPO... HA DE EXISTIR

Tomás Morilla Massieu, Alicia Morilla Massieu & Semjase (Semyase)

ÚNICAMENTE PARA VIGILAR QUE LA PAZ PREVALEZCA... persiguiendo a quienes atenten contra ella... no fomentando guerras y enfrentamientos, conquistas y destrucción como han hecho los Jázaros Iluminati que... serán recordados como crueles y viles asesinos, como Criminales que han atentado contra La Vida y la Humanidad...

Ya no es posible continuar
dañando La Vida

EN ESTE TIEMPO… SE VAN SUCEDIENDO LOS ACONTECIMIENTOS A TRAVÉS DE LO QUE CADA UNO "ES"… Por esta razón podrás verles Más Allá de las apariencias… tan solo observa lo que TODOS y cada UNO aportan a sus semejantes, lo que ocasionan… y comprenderás por qué el Mundo es lo que ha sido… Ya es tiempo en el que la Humanidad no puede atentar contra si misma… Aquellos que todo lo han distorsionado… no pueden continuar sometiendo a la Población de este… y de Otros Planetas esclavos…

VERÁS EN ESTE TIEMPO… QUE AL SER DESCLASIFICADO TODO AQUELLO QUE HA PERMANECIDO OCULTO COMO LO ILÍCITO CONVERTIDO EN LEGALIDAD… MUESTRA EL LADO MÁS OSCURO DE UNA RAZA CAPAZ DE MASACRARSE A SI MISMA… ¿Y todo por qué? Por creencias, ideologías, intereses y ese ansia por dominarse unos a otros, imponiendo cada cual su dogma, sus deseos… Ha de aprender la Raza de los Humanos de sus aciertos y de sus errores… no ha de olvidar su Memoria Histórica, tal y como hacen aquellos que… afirmando estar despiertos, viven a través del engaño de la New Age… interpretando que tan solo han de ver lo positivo mientras miran hacia otro lado… decidiendo alimentar su ignorancia y su falta de perspectiva con tal de transitar por La Tierra como Almas que finalmente tan solo obedecen a sus caprichos, a su necesidad de dar rienda suelta al egoísta protagonismo que tanto les caracteriza… ¿Y todo por qué? …por obtener reconocimiento, mientras se rodean de aduladores e hipócritas…

OBSERVA A AQUELLOS PAÍSES QUE HAN TRATADO DE DESTRUIR LA TIERRA Y LA VIDA CONTENIDA EN ELLA... En este Tiempo, viendo fracasar sus oscuros planes, perciben como sus Imperios caen despedazados... tal y como hicieron a su vez con los inocentes que cayeron en sus fauces... Afortunadamente, va extendiéndose la Luz y la Unidad... estableciendo Alianzas entre quienes saben bien como contribuir a que el Mundo Evolucione y se Trascienda, a través de la Espiritualidad...

VERÁS COMO LA NASA Y OTRAS ORGANIZACIONES GUBERNAMENTALES, ASÍ COMO AQUELLOS QUE HAN OSTENTADO EL PODER... TRATARÁN DE CAMBIAR AHORA DE TERCIO... Saben lo que ya está aconteciendo y... ante la imposibilidad de impedirlo, se cambian de chaqueta, pasan al otro lado del tablero... Antes dominadores... ahora tratarán de disfrazarse de salvadores... Has de reconocerles para dejar de seguirles y alentar que sean entregados a la justicia... Son los que te han ocultado La Verdad que te ha sumido en las tinieblas de la ignorancia...

EN ESTE PROCESO DE TRANSFORMACIÓN, ES IMPRESCINDIBLE QUE LOS EJÉRCITOS TAN SOLO ESTÉN AL SERVICIO DE LA PAZ Y DEL EQUILIBRIO... Fuerzas Pacificadoras que han de salvaguardar este Mundo y Otros... a la Humanidad, a toda forma de vida... velando por su seguridad...

LA TECNOLOGÍA EN ESTE TIEMPO HA DE ESTAR AL SERVICIO DEL SER HUMANO... HA DE ESTAR A DISPOSICIÓN DE TODOS Y CADA UNO... siempre que su uso reporte beneficios comunes, ayudando en este proceso de Ascensión de La Tierra y de sus Habitantes... derribando muros, trincheras, complejos militares edificados para ocultar la traición llevada a cabo por aquellos que permanecen en servicio hacia los Jázaros Iluminatis que... ya no pueden continuar atentando contra inocentes...

YA NO ES POSIBLE CONTINUAR DAÑANDO LA VIDA, HACIENDO USO DE ARMAS NUCLEARES O DE CUALQUIER OTRA ÍNDOLE... DAÑANDO A LA TIERRA... AL MEDIO

AMBIENTE… La Raza de los Humanos ha de comprender que ha de superar el conflicto…

TODO… ES MÁS SIMPLE DE LO QUE PARECE A PRIMERA VISTA… EN ESTE MUNDO, LO CONOCIDO, LO QUE HA LIMITADO AL SER HUMANO ESTÁ COLAPSANDO… ¿Sabes por qué? …porque en este Tiempo la Libertad es la Premisa a través de la Conciencia que ya se va extendiendo, gracias a quienes son conocedores de La Verdad que ha permanecido oculta y que ya va siendo de dominio público… ¿Qué Verdad? ¿La individual? ¿Aquella por la que se rigen TODOS y cada UNO de forma individual?… ¡No!… La que ha de ser común propiciando el bienestar de la Población Mundial sin excepciones…

TENDRÁS QUE APRENDER A DISTINGUIR LO QUE FORMA PARTE DE LA VERDAD DE LO QUE NO LO ES… CIVILIZACIONES ESTELARES SE COMUNICAN CONSTANTEMENTE CON QUIENES ENTRAN EN SINTONÍA CON ELLAS… y mantienen el Equilibrio Evolucionando a través de lo que les es Inspirado… En ocasiones… muestran sus Mensajes a través de Manifestaciones Físicas… TODO… absolutamente todo ha de impulsar a TODOS y a cada UNO hacia su Destino… Más Allá de los establecido por los limitadores del Espacio/Tiempo que… ya han interferido más de lo permitido…

LA MISMA TECNOLOGÍA UTILIZADA POR LOS OSCUROS PARA DESTRUIR LA VIDA… ES AHORA ENFRENTADA POR LA QUE PAÍSES ALIADOS CREAN PARA CONTRARRESTAR EL MAL… Así es como la Humanidad es impulsada a volar hacia un Horizonte en el que… TODO ha de darse, en el que TODO es Revelado y Trascendido… En cuanto TODOS vayan siendo conscientes, aquello que ha distraído tanto se desvanecerá al serle retirada la atención… Es Tiempo de enfrentar a aquellos que han de ser neutralizados para proseguir el Viaje de la Ascensión hacia la siguiente Dimensión…

VERÁS QUE AQUELLOS QUE HAN TRATADO DE DESTRUIR TODO… LÍDERES Y GOBERNANTES CORRUPTOS…

SON LOS QUE ATENTANDO CONTRA LA NATURALEZA Y EL ORDEN DE TODO LO QUE "ES"... destruyen los valores que impulsan a Evolucionar... Una Raza que ve normal lo que ha sido alterado, se encamina hacia su propia destrucción... mientras trata de justificar todo aquello que la ha prostituido, que ha violado el Equilibrio de lo que fue Creado como Plan Universal... Ha de llegar el tiempo en el que la Vibración de TODOS y cada UNO ha de volver a estar en sintonía con la Luz que desde el Origen Crea la Unidad y el Amor que es cultivado Espiritualmente... no a través de los excesos, de la corrupción y la depravación...

SE VAN HACIENDO PÚBLICOS AQUELLOS SECRETOS DE LÍDERES Y GOBERNANTES CORRUPTOS... DE JÁZAROS ILUMINATIS DESCABEZADOS DEL NUCLEO PRINCIPIAL QUE... OPERAN POR SU CUENTA, QUE TRATAN DE MANTENER SUS IMPERIOS DECADENTES... en un Tiempo en el que... ya no es posible que así sea... en la medida que van siendo expuestos a la Luz Pública... Obsérvales... son muchos los que han de ser juzgados por sus Crímenes contra la Humanidad... Su fuerza, radicaba en el anonimato, en el fraude, en la manipulación de la información, encubriendo los asesinatos que han ido perpetrando contra la Población Mundial... Desenmascararles es tarea de quienes actualmente habitan la Superficie de La Tierra... con el único propósito de despejar el camino que ha de traer la Prosperidad, la Paz, el Equilibrio y la Unidad entre Países y Naciones que... son Inspiradas a través de Alianzas establecidas con Civilizaciones Estelares que propician la Transformación y la Ascensión de una Raza que Evoluciona...

OBSERVA COMO AQUELLOS PAÍSES CUYOS LÍDERES Y GOBERNANTES SON CORRUPTOS DEPREDADORES, DESTRUCTORES DE LA PAZ... FOMENTAN EL TERRORISMO, EL CAOS Y LOS ENFRENTAMIENTOS... GUERRAS INTERMINABLES... Lo han hecho para hacer creer al Mundo que... gracias a ellos, la Población Mundial está protegida... ¿De quiénes? En cuanto sean arrestados y ya no puedan continuar financiando su descabellada agenda oscura Iluminati... estos Jázaros y sus sicarios del Cabal tan solo serán un recuerdo que ha de permanecer latente en la Memoria Histórica de la Humanidad... para recordar qué es lo que jamás ha de volverse a repetir, tras dejar atrás esos tiempos de decadencia y violación de lo que ha de ser en el Equilibrio...

Tomás Morilla Massieu, Alicia Morilla Massieu & Semjase (Semyase)

Preservando La Paz...
en Alianza...

PARA QUIENES EL MUNDO NUNCA HA TENIDO SENTIDO TAL Y COMO ES CONCEBIDO POR AQUELLOS QUE... LO ACEPTAN SIN CONTEMPLAR OTRAS OPCIONES... SIN CUESTIONARSE NADA MÁS ALLÁ DE LOS QUE ES LA APARIENCIA... sería conveniente que comenzasen a adentrarse a través de otras opciones, de otras alternativas que pueden ayudar a comprender lo que ya está aconteciendo... lo que ha estado sucediendo en La Tierra y en otros planetas esclavos que... han de ser liberados de los Jázaros Iluminatis y de sus secuaces del Cabal... a cargo del control que han estado ejerciendo en el Mundo, ocultando avances en diversos campos que pueden impulsar a la Humanidad hacia Nuevos Escenarios en los que convivir en Prosperidad, en Paz y Equilibrio...

TAL Y COMO TENÍAN PREVISTO LOS SICARIOS DEL CABAL... A LAS ÓRDENES DE SUS AMOS LOS JÁZAROS ILUMINATI... FACCIÓN QUE -SEGÚN INFORMES DE DIVERSAS FUENTES- OPERA POR SU CUENTA Y RIESGO, DE FORMA INDEPENDIENTE, CONTRAVINIENDO LO QUE SE LE HA INDICADO CON EL ÚNICO PROPÓSITO QUE DEN FIN A ESTA CONTIENDA... A TODA COSTA DESEAN DESTRUIR LA ECONOMÍA... Así es como planean crear una convulsión mundial que sacuda los cimientos de la Civilización esclavizada de los Humanos en la Tierra... Afortunadamente, los Países Aliados defensores de La Paz, del Equilibrio y la Unidad... los que han de poner en marcha la Ley NESARA & GESARA para extender los Fondos de Prosperidad Económica, que ha de Crear el bienestar de TODOS y cada UNO... han previsto esta anomalía con antelación y... si siguen el Plan coordinado con Civilizaciones Estelares y

Maestros Ascendidos… con quienes desde Dimensiones Superiores TODO lo disponen, lograrán frenar la catástrofe que los Jázaros despiadados tratan de ejecutar, mientras siguen su oscura y decadente Agenda Iluminati destinada al fracaso…

OBSERVA COMO EN ESTE TIEMPO… TODO SALE A LA LUZ… POR ESTA RAZÓN NO HA DE EXTRAÑARTE VER COMO SE VAN MANIFESTANDO AQUELLOS QUE HAN ADORADO A SERES OSCUROS, DEMONÍACOS… son fuerzas hostiles que desde dimensiones densas y destructivas han estado afectando a la Humanidad… son quienes crearon muchas ideologías, dogmas, religiones, movimientos políticos y sociales para mantener a la Población Mundial distraída y controlada a través de los enfrentamientos, la manipulación y el caos… Observa como en este Tiempo… TODO va siendo Revelado y es comprendido; El principal enemigo de la Raza de los Humanos es el temor a lo desconocido… idolatrar a aquellos que… siempre han pedido ser seguidos por el rebaño sumiso y fiel que nada se cuestiona… a sabiendas que… con cada Despertar, su Imperio corre el peligro de desmoronarse… tal y como ya está sucediendo…

LA VIDA HA DE IR ABRIÉNDOSE CAMINO… Ante las tormentas y temporales desencadenados por aquellos que… manipulándolo todo… también se han valido de la tecnología capaz de convertir a la naturaleza en un arma mortífera, alterando sus patrones y el equilibrio que no ha de ser tomado a la ligera… Ante las tormentas y temporales generados artificialmente para destuir el Equilibrio de La Vida de los Habitantes de La Tierra… el Mundo ha de Despertar ante Realidades Multi Dimensionales que constantemente se están superponiendo en un constante presente, como piezas de un tablero que han de ser escogidas según la Vibración de la Masa Crítica que… ha de estar en Sintonía con La Verdad que ha de ser común a TODOS y a cada UNO… la que es capaz de crear el bienestar…

RUSIA… HA DE VELAR POR LA PAZ… IMPIDIENDO QUE EL ACTUAL GOBIERNO JÁZARO CORRUPTO DE EE.UU., LOGRE PONER EN MARCHA SU TAN ANSIADA Y ABSURDA

TERCERA GUERRA MUNDIAL...Confiamos en que continúe siendo "el mayor obstáculo para los planes de Occidente de una guerra sin fin"... El Mundo, en esta recta final, en este Tiempo... ha de reaccionar y expulsar la oscuridad en la medida que es capaz de cultivar la Luz, a través de la Espiritualidad...

OBSERVA A LAS SUPUESTAS FUERZAS DE SEGURIDAD QUE... ¿HAN DE VELAR POR EL BIENESTAR DE LA POBLACIÓN?... A las órdenes de los Jázaros Iluminatis, atentan contra las libertades, van siendo preparadas para atentar contra inocentes... siendo conscientes o no... son ahora sicarios del Cabal... son cómplices de los verdaderos terroristas... de aquellos que han de ser Juzgados por sus Crímenes contra la Humanidad; políticos, dirigentes, líderes, religiosos y miembros de casas reales... miembros de un tenebroso linaje que desde los tiempos de Babilonia... tan solo existen por un motivo, con una razón de ser; ¿Destruir a la Población Mundial a toda costa antes de que se complete el Plan Estelar designado para La Tierra y sus habitantes?... No lo lograrán... se enfrentan a Fuerzas muy Poderosas de Luz, Paz, y Amor...

HA DE FINALIZAR EL TIEMPO DE LOS OSCUROS Y PENDENCIEROS JÁZAROS ILUMINATIS... ASÍ COMO DE SUS SECUACES DEL CABAL... La única forma de impedirles que continúen adelante con sus absurdos planes consiste en mermar su capacidad adquisitiva, en derribar su economía y neutralizar sus astutos planes... como quien da caza a una manada de hienas que... han de ser apartadas del tablejo de juego para que... TODO sea concretado...

CADA SER HUMANO... ALBERGANDO UN ALMA EN SU CUERPO FÍSICO... EN CONEXIÓN ESPIRITUAL CON TODO LO QUE "ES"... HA DE ELEVAR SU CONCIENCIA Y RECONECTAR CON SUS ANCESTROS... CON CIVILIZACIONES ESTELARES, CON MAESTROS ASCENDIDOS... Cada Ser Humano capaz de propiciar el bienestar de sus semejantes, merece ser contado entre los Justos que... han de Co-Crear la Transformación de TODO lo que siempre ha sido... dando la oportunidad a TODOS y a cada UNO de Ser Más Allá de las Formas y las Apariencias...

HA DE HACER FRENTE LA HUMANIDAD EN ESTE TIEMPO A TODO AQUELLO QUE ATENTA CONTRA LA NATURALEZA, CONTRA LA VIDA... Para ello han de alinearse TODAS y cada UNA de las Almas que habitan La Tierra con la Unidad que TODO lo Crea...

SI LA ACTUAL HUMANIDAD ES CAPAZ DE REORIENTAR LA ECONOMÍA MUNDIAL BENEFICIANDO A TODOS Y A CADA UNO... estará lista para iniciar su viaje que le llevará hacia la Madurez y el Despertar Espiritual, tras demostrar que en el Mundo Físico, es capaz de Materializar su buena voluntad... a través del Libre Albedrío... asumiendo cada cual la responsabilidad que implican TODAS y cada UNA de sus acciones...

EL FRACASO DE LA EUROZONA MUESTRA "EL ÉXODO MASIVO" DE LOS PAÍSES QUE HAN SIDO ATRAPADOS EN ESE SISTEMA FRAUDULENTO, CRUEL Y DESPIADADO... Afortunadamente ya son muchos los economistas que se van dando cuenta de lo que realmente sucede... y... aunque aun les queda mucho por descubrir... lo cierto es que... físicamente pueden al menos impedir que la fraudulenta economía mundial continúe siendo corrompida por aquellos gobiernos Jázaros Iluminatis y sus sicarios del Cabal...

CONTINÚA OBSERVANDO DE CERCA AL ACTUAL GOBIERNO JÁZARO ILUMINATI DE EE.UU., QUE... ES QUIEN LIDERA LA CONTIENDA QUE HA DE SER DESARTICULADA POR LOS PAÍSES BRICS... Ya no se esconden porque actúan desesperadamente... creyendo que en este Tiempo pueden alterar el Equilibrio y la Paz como lo han hecho a lo largo de generaciones, mientras han manipulado y engañado a la Población Mundial... Es tiempo de mostrar al Mundo quienes son realmente; Sirvientes y adoradores de fuerzas oscuras, crueles, despiadadas, satánicas... de entidades que todo lo han controlado desde dimensiones tras las que se esconden... Que la Humanidad sea consciente de esto y... mucho más, es lo que la irá liberando de su impuesta esclavitud... aunque no entienda estas palabras, escritas para quienes son conocedores de lo que ha estado aconteciendo entre bastidores...

OBSERVA EL LENGUAJE CORPORAL DE LOS CORRUPTOS LÍDERES Y GOBERNANTES JÁZAROS ILUMINATIS... LOS VERDADEROS TERRORISTAS QUE HAN ATENTADO CONTRA LA VIDA, CONTRA EL MUNDO Y LA HUMANIDAD... Son los que han ocultado todo aquello que hacen a espaldas, camuflándolo a través de las Formas, de las Apariencias... El día que seas realmente consciente de quienes son... de como han conquistado La Tierra... sabrás como combatirles, como neutralizarles... La Paradoja en este Tiempo... es que La Victoria de la Luz contra las Fuerzas del mal... se va alcanzando gracias a la Espiritualidad que Vibra en Sintonía con Fuerzas Estelares que... actúan en cuanto son solicitadas por la Masa Crítica... estableciéndose UNA Alianza Universal que propicia la Evolución...

¿SERÁN CAPACES LOS SERES HUMANOS DE EXTERIORIZAR LO MEJOR DE SI MISMOS Y... DAR SALIDA A SUS DONES Y FACULTADES... PUESTOS AL SERVICIO DE LA PAZ, LA UNIDAD, LA ESPIRITUALIDAD?... De esto es de lo que TODO se trata... de lo que cada UNO es capaz de Legar a sus semejantes, esta es la auténtica riqueza que permite la Transformación, la Evolución y la Prosperidad...

Aviso a los Navegantes...
Tiempo de Revelaciones...

TIEMPO DE REVELACIONES... en el que TODO ha de salir a la Luz... incluso las injusticias cometidas por aquellos que siempre se creyeron impunes... "Quienes han atentado contra las Libertades ajenas... tendrán que saldar sus deudas"...

EN ESTE TIEMPO... LOS PUESTOS DE RESPONSABILIDAD HAN DE ESTAR A CARGO DE PERSONAS CUALIFICADAS, CAPACES DE COMPRENDER, SENTIR Y AMAR AQUELLO QUE LLEVAN A CABO, SIENDO JUSTAS Y CAPACES DE RESOLVER TODO CONFLICTO... Han de ser evaluadas todos aquellos que... por el motivo que sea ya no disfrutan con la labor que escogieron realizar... o en muchos caso que le fue impuesta... La Humanidad merece ser tratada con respeto... con Amor y dignidad... Se trata de llegar a la raíz del problema y... resolver las anomalías que se han materializado en este Mundo de las Formas a través de Apariencias que... en muchas ocasiones no muestran la realidad de los problemas...

ES UN ERROR CREER QUE SIRVE PARA ALGO EL ACTUAL SISTEMA ECONÓMICO, SOCIAL O POLÍTICO MUNDIAL... CREADO POR LOS JÁZAROS ILUMINATIS PARA DOMINAR Y ENFRENTAR A LA HUMANIDAD QUE... HA SIDO REDUCIDA A VIVIR ESCLAVIZADA... LOS OSCUROS SERES INVOLUCIONADOS, SICARIOS DEL MAL, CONTROLAN A LÍDERES Y GOBERNANTES CORRUPTOS, SUS PEONES DEL CABAL... El antiguo sistema económico, social, político y religioso tan solo obedece a un patrón de comportamiento; Los explotadores y los explotados... enfrentando constantemente a unos contra otros... cada cual luchando por sus creencias e ideologías según su entorno y circunstancias... Tan solo un Sistema Económico, Social, Político y Espiritual que Vela por el bienestar de TODOS y cada UNO sin excepción... puede lograr que se alcance La Paz y el Equilibrio, la Unidad y la Prosperidad... La Humanidad ha de aprender que... la única diferencia que ha de caracterizarla es lo que cada UNO aporta a sus semejantes, el Legado a través del que contribuye a que TODO sea Trascendido en este Tiempo de Transformación y Ascensión Planetaria... de TODA Forma de Vida contenida en La Tierra...

Y MIENTRAS EL MUNDO SE DEBATE ENTRE EL BIEN Y EL MAL, ENTRE LA LUZ Y LA OSCURIDAD HASTA QUE LOGRE ALCANZAR EL EQUILIBRIO, LA PAZ Y LA UNIDAD... Países que están protegiendo La Vida en La Tierra logran grandes avances, a fin de ir contrarrestando el daño causado por aquellos otros que... tanto daño han causado a La Vida en La Tierra... En este Tiempo, la Humanidad será totalmente consciente de la Historia que ha permanecido oculta, separando la manipulación de La Verdad...

AQUELLOS QUE TODO LO MANIPULARON, QUE HAN ESTADO EN NÓMINA AL SERVICIO DE LOS CORRUPTOS GOBIERNOS JÁZAROS ILUMINATI... QUE HAN MANIPULADO LA VERDAD, EN ESTE TIEMPO, A SABIENDAS QUE ESTÁN QUEDANDO AL DESCUBIERTO, TRATARÁN DE DISFRAZARSE DE CORDEROS, ERIGIÉNDOSE EN SALVADORES... Son los que han de ser desenmascarados y juzgados por sus Crímenes contra La Humanidad... Has de escucharles e interpretar su verdadero mensaje, entendiendo que... si te dicen que quieren salvar al mundo, en realidad siempre fue todo lo contrario... Son estos desalmados los que han contribuido a crear el caos y el conflicto, los que han propiciado que se ocultasen multitud de avances que a estas alturas ya podrían estar al Servicio de la Humanidad...

El Mundo transita en este Tiempo por escenarios similares a los vividos en el pasado, tras la intervención de Rusia para neutralizar y derribar el corrupto Imperio Alemán erigido bajo la influencia de Hitler… y… con anterioridad, aquel qu de forma absurda trató de conquistar también el Mundo… a través de las hordas napoleónicas…

Ahora, en este Tiempo… Rusia ha de impedir que el actual Gobierno Jázaro Iluminati de EE.UU., y los que le secundan, continúen extendiendo la barbarie y el caos sobre la Superficie de La Tierra… Esto, nada tiene que ver con creencias e ideologías, ni con políticas absurdas…

TODO va mucho Más Allá de lo que ha sido mostrado… Una vez neutralizado el enemigo… las Fuerzas de Seguridad y los Ejércitos, tendrá que ser Creada la Unidad que permita velar por la Paz y el Equilibrio de la Humanidad… haciendo únicamente uso de sus recursos en caso de una verdadera amenaza hacia La Vida…

Siempre existen alternativas que… tal vez por ser desconocidas, no son contempladas por quienes viven sin "Ver"… hasta que les es mostrada La Verdad que TODO lo Trasciende… Los que hacen de su tránsito por La Vida un camino inerte, conformista… son los que gustan comportarse como esclavos, son los que siempre han de seguir a alguien por miedo a la libertad… a tener que asumir las consecuencias de sus acciones…

Sin embargo… no son esclavos aquellos que son conocedores de La Verdad…

Extraterrestres de dimensiones densas inferiores

EXTRATERRESTRES de dimensiones densas inferiores... han manipulado a la Humanidad a través de creencias, ideologías, religiones y la política, extendiendo los enfrentamientos, la destrucción y el caos... impidiendo su liberación, ocultando La Verdad...

EXTRATERRESTRES de dimensiones densas inferiores... se erigieron en falsos dioses logrando que la incauta Humanidad les adorase e idolatrase, recibiendo ofrendas a través de sacrificios, del dolor y la esclavitud, alimentando la hostilidad de esos seres despiadados...

EXTRATERRESTRES de dimensiones densas inferiores... temen el Despertar de la Humanidad en cuanto sea consciente del engaño gestado contra ella... mientras ha sido sometida por seres hostiles de baja vibración, que la ha esclavizado...

Una vez más atentan contra nuestro Legado...

Cinco de agosto del año dos mil quince... cae el sistema a través del que compartimos nuestro Legado...

Cinco de agosto del año dos mil quince... cae Artemorilla.com, es atacado el servidor en el que alojamos nuestro sitio web... coincidiendo con las Revelaciones que vamos compartiendo, al igual que sucede con muchos otros sitios, con múltiples blogs... en la medida que se va desenmascarando a quienes atentan contra la Humanidad, a aquellos que habitan dimensiones densas interiores, mientras son expuestos seres y civilizaciones hostiles que todo lo han manipulado...

Quienes conforman el Grupo Artemorilla... trabajan arduamente, contra reloj, mientras es reprogramado todo aquello que ha tratado de ser destruido...

Cinco de agosto del año dos mil quince... cae el sistema a través del que compartimos nuestro Legado... hemos perdido otras páginas y sitios... ignoramos si podremos recuperarlos...

Nuestro agradecimiento a quienes han decidido entregar su tiempo ininterrumpidamente con el único propósito que Artemorilla.com vuelva a estar presente en la Red...

Días atrás... padecimos las consecuencias de otros ataques sistemáticos en todos nuestros equipos informáticos... Milagrosamente ¡Logramos restaurar las copias de seguridad! ... en menos de quince días fuerzas hostiles, seres oscuros que habitan dimensiones inferiores, densas, hostiles... han tratado de impedir que prosigamos con nuestra tarea, con nuestra labor...

Afortunadamente... quienes llevan a cabo este tipo de acciones van perdiendo su fuerza, el poder de antaño...

Agradecemos a quienes siempre nos han Inspirado, a quienes nos han protegido desde "Otros Lugares"... su inmediata intervención, su asesoramiento en este trance...

En la distancia, que no lo es... Almas que cultivan el silencio y su Verdad, que son en la Unidad nos hacen llegar su mensaje de apoyo; "¡Ladran, Sancho!, señal que cabalgamos... ¡Ánimo familia!"...

Todo está relacionado... se valen de mil y una argucias los falsos dioses, para tratar de impedir ser descubiertos... Saben de la Naturaleza de quienes llegaron para ser partícipes de la Liberación de La Tierra, de quienes no pueden ser afectados por su fortaleza... sin embargo, se valen de quienes forman parte del entorno, de los débiles, para mermar su trayectoria, su cometido, por esta razón propician las interferencias a través de las carencias en aquellos que... sin saberlo, en muchas ocasiones se convierten en sicarios de seres no encarnados,

que habitan dimensiones densas inferiores... dominándoles, utilizándoles como piezas de un tablero en el que... dejándose seducir por todo aquello
que es banal, atentan contra las Libertades y el Libre Albedrío de quienes forman parte de la Masa Crítica, que está Co-Creando la Transformación de La Tierra y sus habitantes, a través de lo que albergan en sus corazones, en su Ser...

"¡Ladran, Sancho!, señal que cabalgamos"... ¡Ánimo valientes! ...pocas son las personas que no se dejan seducir por las apariencias, las que logran alejarse de esa trampa que atrapa a quienes necesitan ser aceptadas...

Tan solo quienes han logrado "Ver" Más Allá de las Formas y las Apariencias, se liberan de la Ilusión que se desvanece... el resto... elige vivir tras la inercia que... les Revela al final de sus vidas como perdieron su tiempo...

Muchos... fueron los llamados, los invitados a Revelar La Verdad...

Muchos... son los que fueron atacados...

Muchos... escogieron retirarse... tan solo unos pocos, decidieron seguir adelante, compartiendo con el Mundo, con sus semejantes TODO aquello que... Desvela La Verdad que a TODOS y a cada UNO ha de Liberar...

La Evolución de una Raza, de una Civilización, de un Mundo...

SÓLO EXISTE UNA FORMA DE GANAR EN UNA GUERRA, EN UNA CONTIENDA... ES "NO LUCHAR", "NO ENFRENTARSE"... Así es como ha de lograr una Raza Trascender todo aquello que ha impedido su Evolución...

En un Tiempo en el que... el Ser Humano ha de escoger en qué escenario desea realmente vivir, convivir, es importante hacer repaso a lo acontecido, replantearse lo que La Vida ha sido, aprender de los errores y aciertos del pasado, dejar atrás esa necesidad que a unos pocos ha llevado al dominio, al control, al caos y la destrucción en detrimento de una mayoría y... ser conscientes que es posible Evolucionar hacia una Paz duradera que ha de ser experimentada y sentida día a día por TODOS y cada UNO, propiciando la Prosperidad y la Unidad de pueblos y naciones...

SÓLO EXISTE UNA FORMA DE GANAR EN UNA GUERRA, EN UNA CONTIENDA; NO LUCHAR, NO ENFRENTARSE... resolver los conflictos de forma pacífica...

¿QUÉ MEJOR GUERRA? ¿QUÉ MEJOR CONTIENDA QUE LA QUE ES EVITADA A TRAVÉS DE MEDIOS PACÍFICOS?... Desenmascarando a esos gobiernos de países que han sido corrompidos, neutralizando su actuación hostil, su pendenciera forma de proceder, exponiendo sus oscuros planes para que el Mundo sea partícipe directo de las mentiras y manipulación que suelen gestar... ¿Cuál crees que en este Tiempo es la mejor guerra? ¿Qué mejor contienda que... la que se evita a través de acciones pacíficas? Así es como en este Tiempo... se va extendiendo La Verdad que ha de ser común a TODOS y a cada UNO...

en la medida que quedan desenmascarados aquellos que… tan solo desean el conflicto, la guerra, el enfrentamiento y la destrucción… así es como un ataque cibernético contra los mercenarios de guerras y contiendas, desvela al Mundo quienes son los que verdaderamente han atentado contra La Vida… TIEMPO DE REVELACIONES, DE VERDADES INCÓMODAS PARA AQUELLOS QUE BUSCARON EN EL DESEQUILIBRIO DE UNA RAZA EL BENEFICIO QUE HA GENERADO PARA ELLOS EL CONFLICTO, LA DESTRUCCIÓN…

SÓLO EXISTE UNA FORMA DE EVOLUCIONAR; CULTIVANDO LA PAZ Y EL EQUILIBRIO… SÓLO EXISTE UNA FORMA DE GANAR ANTE LA CONTIENDA ANTES DE QUE SE MANIFIESTE; REVELANDO LA VERDAD QUE EXPONE LOS OSCUROS PLANES DE QUIENES ATENTAN CONTRA SUS SEMEJANTES… Así es como la Humanidad va siendo consciente de todo aquello que ha permanecido oculto, así es como la Población Mundial comienza a "Ver" Realidades Multidimensionales, sintiendo, presintiendo e intuyendo que… La Vida ha de extenderse Más Allá de las Formas y las Apariencias diseñadas para limitar a quienes se dejaron llevar por la inercia y el desconocimiento, por la ignorancia inculcada a través de mecanismos que todo lo han manipulado, encubriendo lo que ha de liberar a TODOS y a cada UNO… TIEMPO DE REVELACIONES… TIEMPO DE COMPRENDER QUE… LA RAZA HUMANA JAMÁS HA ESTADO SOLA EN EL UNIVERSO… LA EVIDENCIAS… VAN SIENDO MOSTRADAS, AQUELLAS QUE FUERON OCULTADAS POR QUIENES HAN ATENTADO CONTRA LA PAZ, EL EQUILIBRIO, LA PROSPERIDAD Y EL CONOCIMIENTO…

LA MEMORIA HISTÓRICA SIEMPRE HA DE ESTAR PRESENTE… UNA RAZA TAN SOLO EVOLUCIONA EN LA MEDIDA QUE EVITA REPETIR SUS ERRORES DEL PASADO, APRENDIENDO DE ELLOS… Es por esto por lo que La Verdad ha de salir a la luz en un Tiempo de cambios y de Transformación… Mirar hacia otro lado, desear enterrar el pasado… tan solo propicia la destrucción de aquellos que sólo desean vivir dando rienda suelta a sus caprichos y banalidades, a lo que creen es una vida maravillosa, ignorando intencionadamente lo que realmente está sucediendo en el Mundo… son quienes así proceden ¿personas? …capaces de caminar sobre los cadáveres de víctimas inocentes, adornando y maquillando esos escenarios, mientras ¿disfrutan? …con su hipocresía, a través de su falsa espiritualidad, de sonrisas fingidas y miradas vacías… carentes de sentimientos y emociones hacia sus semejantes… mientras van en busca de la adulación, de la popularidad… sin darse cuenta que tan solo contribuyen a agrandar su vacío existencial… LA MEMORIA HISTÓRICA SIEMPRE HA DE ESTAR PRESENTE… HA DE SER RECORDADA Y TRANSMITIDA A LAS GENERACIONES SIGUIENTES A MODO DE ENSEÑANZA, TAN SOLO ASÍ EVOLUCIONA UNA RAZA HACIA LA PAZ Y LA ESPIRITUALIDAD…

CADA RAZA, CADA CIVILIZACIÓN, CADA MUNDO… SE CARACTERIZA POR SU CAPACIDAD A LA HORA DE CREAR EL ENTORNO EN EL QUE SE DESARROLLA… ¿Has observado realmente lo que a lo largo de la Historia de la Humanidad ha ido aconteciendo en La Tierra? ¿Eres consciente que TODO puede ser Creado a través de cada UNO? Una Raza, una Civilización, un Mundo… muestra lo que "Es" a través de TODOS y cada UNO… de lo que crean quienes forman parte de el… así es posible "Ver" dónde se encuentra, cómo Evoluciona… UNA RAZA, UNA CIVILIZACIÓN UN MUNDO… MUESTRA LA TRANSFORMACIÓN POR LA QUE TRANSITA EN LA MEDIDA QUE PROSPERA A TRAVÉS DE QUIENES CREAN EL BIENESTAR PARA TODOS Y CADA UNO…

¡No nos callarán!

Cuando la claridad del Sol se asoma en todo su esplendor, y lo oculta la sombra… él se entristece, se queda ensombrecido… esperando su momento de un nuevo amanecer resplandeciente lleno de color, nadie lo apaga… se encenderá de nuevo.

…Son las fuerzas oscuras, que quieren acallar las voces de «la verdad» un mundo que intenta ocultar para que «los poderosos» nos sigan manipulando…

Ni el muro más duro del asfalto, ni siquiera la muralla de cemento más grande, hará que dejemos que nuestras voces al aire y al viento dejen de sonar con otras muchas unidas, de todo el mundo… gritando la Justicia, la Paz, el Amor y la hermandad… con todos los seres humanos.

¡Cumplan con la Constitución ya!

Toda persona tiene derecho a tener una casa, un sueldo, un trabajo… vivir dignamente con prosperidad y alegría.

La Cultura es nuestra salvación, la liberación de la humanidad.

¡Ustedes mandatarios del sistema, nos tienen amordazados!... somos «sus esclavos», solo les importa enriquecerse… «no todos, gracias a Dios».

Un día no muy lejano, esto se acabará… ustedes, dueños de este sistema equivocado… serán desterrados y vendrán los que de verdad amen a su pueblo. Las Naciones serán dirigidas por personas llenas de sabiduría, de amor, justas, y este mundo precioso, tan bello, como jamás hemos visto... será una realidad.

Mientras, seguiremos luchando, trabajando... con todos los seres del Mundo, del Universo, que nos ayudan a que esta injusticia de un mundo sin sentido... cruel, despiadado, corrupto... no solo con los seres humanos, también con los animales, las plantas, la naturaleza, el aire y el viento... que ustedes quieren destruir.

¿Y saben seres malévolos, del lado oscuro?... ellos también tienen alma.

El Universo es un ser vivo... el, actúa... siento pena, lástima y desprecio... por todas esas personas que coartan la Libertad. Todos ellos llenos de crueldad, de las mayores barbaridades, de sadismo, cometido... algún día se sabrán... de las mayores humillaciones, del odio, del rencor, la envidia... hacia todos los seres buenos de La Tierra.

¡Cada vez se oyen más nuestras voces, palabras, la de todos! llenas de Justicias, Amor, Hermandad...

¡Viva la libertad de los pueblos y las naciones. No nos callarán!...

Autora
Alicia Morilla Massieu

Poemas Galardonados en Italia...

Noches Volcánicas

Poema Galardonado con Placa
en el Premio Internacional de Poesía "Trinacria 99"
"Giubileo 2000"

El calor se abalanza
vertiginosamente abrazando
mis sentidos,
y no sé si estoy viviendo
en un sueño
o si esta realidad
prende con su fuego
pasiones encendidas...

Las llamas son lenguas
volcánicas,
piedras luminosas
que surcan la noche,
vapores blancos y negros
chocando contra el océano...

El calor de este sueño
me hace creer en
realidades
prendidas con el
fuego de tu pasión,
estallando como el rugido
de volcanes
que abandonaron
su letargo...

...

Tomás Morilla Massieu, Alicia Morilla Massieu & Semjase (Semyase)

El calor que hoy me
abraza con tu amor,
forma lenguas humeantes
que brillan en la noche,
piedras luminosas
encendidas
con el fuego de tu furor...

Pueblos sin fronteras

Poema galardonado con Medalla de Oro
Centro Cultural Europeo
"Aldo Moro" XIII Edición
Primer Premio Europeo de Poesía
Lecce - Italia.
13 de enero de 2000

Vuelan las ideologías alejándose
de las fronteras…
Los pueblos abren sus caminos al
peregrino que trae
la libertad que nace en lo alto
de las montañas,
en las profundidades de los mares…

El cielo azul se funde con la tierra,
los pueblos y sus gentes se abrazan…
ya no hay fronteras ni ideologías…

la humanidad se ve a sí misma
al contemplar el firmamento…

los peregrinos de la vida
van y vienen amando la tierra,
la libertad que nace en el corazón
de un hermano,
los caminos que llevan
a otras culturas…

…

Tomás Morilla Massieu, Alicia Morilla Massieu & Semjase (Semyase)

senderos y veredas de aprendizaje...
bóvedas azules que brillan
para mostrarnos la grandeza
de la libertad contenida en el Universo,
en los luceros y las estrellas
que brillan más allá de las fronteras
y las ideologías...

Paesi senza frontiera

Poema galardonado con Medalla de Oro
Centro Cultural Europeo
"Aldo Moro" XIII Edición
Primer Premio Europeo de Poesía
Lecce - Italia.
13 de enero de 2000

Volano le ideologie allontanandosi
delle frontiere...

I Paesi aprono i loro cammini al
peregrino che porta
la libertà che nasce in alto
alle montagne,
nella profondità dei mari...

Il cielo azzurro si confonde con la terra,
i paesi e le loro gente si abbracciano...
adesso non ci sono frontiere nè ideologie...

lumanità si vede a sè stessa
al guadare il firmamento...

i peregrini della vita
vanno e vengono amando la terra,
la libertà che nasce nel cuore
di un fratello,
i cammini che portano
ad altre culture...

...

sentieri e cammini di apprendimento
volte azzurre che brillano
per mostrarci la grandezza
della libertà contenuta nellUniverso,
negli astri splendenti e le stelle
che luccicano al di là delle frontiere
e delle ideologie...

Traducción Mirella de Blasio

Libro de poemas
GaraJonay

Galardonado el libro de poemas "GaraJonay"
en la Accademia Ferdinandea
de las Letras, la Ciencia y el Arte
en Catania (Italia), año 2000

Galardonado Tomás Morilla Massieu con el Premio Artístico Literario Internacional "Vicenzo Bellini". Academia Ferdinandea, de las Letras, las Ciencias y el Arte, por su volumen de poesía "GaraJonay" en Catania-Italia el 6 de marzo de 2000.

Libro de poemas
¡Gritos de Libertad!

Galardonado el libro de poemas
"¡Gritos de Libertad!!" por mérito especial
en la Accademia Ferdinandea
de las Letras, la Ciencia y el Arte
en Catania (Italia), año 2001

Galardonado Tomás Morilla Massieu con el Premio "U LIUTRU" concedido por la Academia Ferdiinandea de las Ciencias, el Arte y las Letras, con Placa y Diploma por Mérito Especial a su volumen de poesía; "¡Gritos de Libertad!", en Catania, el 22 de mayo del año 2001.

¡Emerge la sal y el agua!
El mar... mi mar

Poema Galardonado con PREMIO INTERNAZIONALE
DI POESIA E NARRATIVA "MICHELANGELO"
COMUNE di Silvano d'Orba (AL)
Assesorato alla Cultura O T M A Edizioni V
Año 2002

El mar... mi mar,
se agita incesantemente
recorriendo la Tierra,
ocultando entre sus abismos
más profundos el misterio
que engendró la vida...
¿Logramos escapar
alguna vez?...
¿o fuiste tú quien nos depositó
sobre la orilla de esta costa perdida?...
¡Emerge la sal y el agua
conquistando la tierra!,
avanzando sin tregua,
creando sobre la superficie
sueños que se agitan
cabalgando sobre las olas,
sí... ilusiones bañadas por los
influjos de la Luna...
esos ciclos planetarios que arremeten
con fuerza contra arrecifes y acantilados,
esa ¡Furia Volcánica!... capaz
de esculpir islas caprichosas
grabadas sobre corrientes cristalinas...

...

Tomás Morilla Massieu, Alicia Morilla Massieu & Semjase (Semyase)

¡Emerge la sal y el agua!,
impregnando las redes
que te arrancan la vida...
la orilla acaricia tu reposo,
y tu... mar... bañas de sueños la vida
que un día creyó escapar lejos de ti,
como ilusión que se desvanece
entre espejismos y arena abrasadora...
a lo lejos... en algún desierto
olvidado...

Emerge il sale e l'acqua
Il mare... il mio mare

Poema Galardonado con PREMIO INTERNAZIONALE
DI POESIA E NARRATIVA "MICHELANGELO"
COMUNE di Silvano d'Orba (AL)
Assesorato alla Cultura O T M A Edizioni V
Año 2002

Il mare... il mio mare,
si agita incesantemente
percorrendo la Terra,
nascondendo tra i suoi abissi
più profondi il mistero
che ha generato la vita...
Siamo mai capaci
di scappare?...
o sei stato tu il quale ci hai depositato
sulla riva di questa costa persa?...
Emerge il sale e l'acqua
conquistando la terra!,
avanzando senza tregua
creando sulla superficie
sogni che si agitano
cabalcando sulle onde,
sì... illusioni bagnate dagli
influssi della Luna...
questi cicli pianetari che vanno incontro
con forza contro scogliere e dirupi,
quella Furia Vulcanica!... capace
di scolpire isole capricciose
incise su correnti cristaline...

...

Tomás Morilla Massieu, Alicia Morilla Massieu & Semjase (Semyase)

Emerge il sale e l'acqua!
imbevendo le reti
che ti strappano la vita...
la riva accarezza il tuo riposo,
e tu... mare... bagni di sogni la vita
che un giorno ha creduto scappare lontano
da te,
come illusione che svanisce
fra miraggi e sabbia bollente
in lontanaza... in alcun deserto
dimenticato...

Traducción al Italiano:
Mirella de Blasio

¡No a la guerra!

Poemas Galardonados con el Premio
Artístico Literario Internacional
"Mario Rapisardi "
Año 2003
en Catania Italia

Cae sobre la tierra el llanto
de soldados derrotados,
de civiles que han enterrado
a sus muertos...
El Mundo se debate entre
la luz y la oscuridad,
las banderas se alzan
para caer ensangrentadas
y el poder... corrompe el
corazón de los dirigentes,
que huyen dejando
tras de si la sombra
del destino incierto
que se cierne sobre cuerpos
sin identidad, sin derechos,
olvidados en fosas comunes,
mutilados tras la pérdida
de la libertad y el derecho
a la vida...
¿Qué dejaremos a las
generaciones venideras?
Sale el pueblo a la calle
las ciudades albergan

...

corazones enardecidos
Almas que claman
en contra de la guerra...
el Mundo se une al unísono,
quedan atrás las fronteras
y las ideologías...

El derecho a la vida y a la libertad

Poemas Galardonados con el Premio
 Artístico Literario Internacional
 "Mario Rapisardi "
 Año 2003
 en Catania Italia

Sueño con un Mundo en el que
los niños crecen libres,
jugando junto a los campos
del conocimiento,
un lugar en el que el alma navega
adentrándose más allá
del horizonte,
un paraíso en el que la ilusión
se materializa…
Los caminos se entrelazan
y el viajero regresa
con su experiencia a cuestas,
el ayer es un preciado tesoro,
recuerdos y sensaciones
placenteras…
el mañana… aún está
por llegar forjado
por el destino y el misterio…

Sueño con un continuo
presente en el que la humanidad
traza su propio rumbo…
y la libertad otorga a cada alma
un lugar en este Mundo,

…

en el que los niños crecen libres
jugando junto a los campos
del conocimiento y la Libertad...

La Libertad... esa extraña figura
que se alza en los momentos difíciles,
para recordarnos que la existencia
es efímera... y el legado... una
herencia que se ha de transmitir
a las generaciones venideras...

En busca de la verdad

Poemas Galardonados con el Premio
Artístico Literario Internacional
"Mario Rapisardi "
Año 2003
en Catania Italia

Nace el "ser" en un Mundo
en el que las costumbres
y tradiciones le marcan
hasta que muere...

Vive el "ser" persiguiendo
ilusiones efímeras,
espejismos impuestos
por el sistema.

¿Y si lo que vemos
en realidad no existe?

Los sueños y la realidad
se entrelazan,
y con el paso del tiempo
el "ser" se pregunta;
¿Qué fue real?
¿Qué fue ilusión?

La vida es misteriosa
y el "ser" ansía alcanzar
la verdad, el conocimiento
que le dará la Libertad...

...

Cae el sistema,
las costumbres y tradiciones,
nada tiene sentido,
el Mundo se torna
en un absurdo,
y el "ser" ante la muerte
se cuestiona;
¿Cuál es mi destino?
¿Quién soy yo?

Los sueños y la realidad
se entrelazan,
y quizá en la vigilia,
en ese estado frágil y pasajero,
se encuentra la respuesta
a las preguntas...
¿Logra encontrarla el "ser"
antes que la muerte
lo abrace a él?

Pequeños Paraísos

Poema galardonado con Espiga de Plata
en el "II Premio Internazionale di Poesia Michelangelo"
di Narrativa - Poesía - Saggistica - Arte Figurative,
Nona Edizione 2003 - Milán - Italia

Recorriendo las calles
de las ciudades
y de los pueblos
del Mundo,
va la humanidad...
encaminando sus pasos
como antaño,
la ruta del pasado
es transitada hoy
al igual que ayer...
Historias y experiencias
cotidianas crean
un Mundo en el que...
la vida de quienes
la protagonizan,
crea pequeños paraísos,
islas diminutas,
gotas de agua que
se filtran en la tierra,
renaciendo en el
caudal de ríos
que descienden
desde montañas lejanas,

...

que se deslizan hasta
abrazar a la mar
que se aleja
en el horizonte...
al atardecer,
con la cálida luz
del ocaso...
Recorriendo las calles,
descendiendo desde
montañas y valles,
finalmente reposa
la humanidad
en el eterno e infinito
mar celestial,
portando cada gota de agua
pequeños paraísos,
creados día a día
al transitar las
rutas de antaño...

Piccoli Paradisi

Poema galardonado con Espiga de Plata
en el "II Premio Internazionale di Poesia Michelangelo"
di Narrativa - Poesía - Saggistica - Arte Figurative,
Nona Edizione 2003 - Milán - Italia

Percorrendo le vie
delle città
e dei paesi
del mondo,
va l'umanità...
indirizzando i suoi passi
come una volta,
la rotta pel passato
è transitata oggi
come ieri...
Storie e sperienze
cotidiane creano
un mondo nel quale...
la vita di quelli
che la protagonizzano,
creano piccoli paradisi,
isole minute
gocce d'acqua che
si filtrano sulla terra,
rinascendo nel
corso dei fiumi
che scendono
dalle lontane montagne,

...

Tomás Morilla Massieu, Alicia Morilla Massieu & Semjase (Semyase)

che scorrono fino
ad abbracciare il mare
che si allontana
nell'orizzonte...
all'imbrunire,
con la calida luce
dell'occaso...
Percorrendo le vie,
scendendo dalle
montagne e valli,
finalmente riposa
l'umanità
nell'eterno e infinito
mare celestiale,
portando ogni goccia d'acqua
piccoli paradisi,
creati giono dopo giorno
al transitare le
rotte di una volta.

Traducción al Italiano:
Mirella de Blasio

Almas peregrinas

Poema Galardonado Premio Artístico Internacional
"Luigi Capuana" en Catania - Italia
5 de Julio de 2004

El destino de la humanidad
camina acompasadamente
junto a las acciones
realizadas por cada
persona a lo largo
de su vida...

El destino de las Almas
que aún no han llegado
a este Mundo
depende del legado
de aquellos que,
una vez estuvieron
entre nosotros
y vivieron su vida...

El destino de este
pequeño Mundo
se manifiesta
tras cada segundo,
tras cada lágrima
vertida por madres
que perdieron
a sus hijos,

...

tras la cortina que
oculta la barbarie,
la destrucción,
las guerras
y la devastación...
tras el silencio de aquellos
que gestan el caos
latente en las esquinas
del Mundo,
en callejones sin salida...

El destino de la Raza Humana
va más allá del poder
que destruye...

El destino de cada alma
forma parte de la evolución
individual,
tras esta... el legado
que ha de calmar
las heridas,
aliviar el llanto
y el desconsuelo,
erradicando la violencia,

la opresión
y la desesperación
de pueblos
sin futuro,
con un presente oscuro,
y con un pasado
que sus gentes
prefieren olvidar...

Lágrimas tras el despertar

Poema Galardonado Premio Artístico Internacional
"Luigi Capuana" en Catania - Italia
5 de Julio de 2004

Llora el Mundo ante la destrucción
de aquella aparente seguridad
que ofrecía un país
en apariencia, todopoderoso...

La arrogancia y la prepotencia
de sus dirigentes,
la paz olvidada en los pueblos
en los que la guerra
y las injusticias
son moneda de cambio,
en los que la vida
carece de valor,
ha despertado la ira
y la venganza
de aquellos que
no son escuchados,
de aquellos que
vagan por las calles
de la pobreza...

La paz no se preserva
con la amenaza constante
de armas nucleares
apuntando hacia la tierra
que nos acoge...

...

Llora el Mundo
y despierta perplejo,
¿cuánto tiempo
permaneció dormido?

La violencia y la destrucción
genera pobreza,
rabia, dolor y venganza,
oprime a un pueblo
hasta que no puede más
y solo deja un resquicio,
una brecha por la que
escapar... una prisión
de la que difícilmente
se puede huir...

Aquellas naciones que excavan
profundos pozos
para enterrar en sus abismos
a los desheredados,
no pueden apagar la luz,
la libertad contenida en el
corazón de quienes luchan
en busca de su verdad
y de su camino,
día a día... aunque fuera
solo exista -en apariencia-
oscuridad y silencio...

Buscando la Libertad

Poema Galardonado Premio Artístico Internacional
"Luigi Capuana" en Catania - Italia
5 de Julio de 2004

Caen los pilares de la civilización,
los estandartes y arquetipos,
los cimientos se agrietan,
la paz es olvidada...
quizá recordada cuando
queda sepultada tras nubes
de polvo y explosiones...

Se oyen disparos,
brota la sangre
entre torrentes que todo
lo inunda...

El Mundo busca respuestas,
silencios que revelan
verdades a medias...

¿Recordaremos cual es
el camino de regreso?

Caen las banderas,
las ideologías,
el poder que traiciona...

...

Tomás Morilla Massieu, Alicia Morilla Massieu & Semjase (Semyase)

Brota la luz en campos
lejanos, en veredas
apartadas,
en el alma de quienes
alzan la vista hacia
el firmamento...
en quienes sienten y viven
por la libertad...

El sendero... la vida... el legado

Poema Galardonado con el Premio Letterario Internazionale
"Michelangelo"
(Nona Edizione - 2004)
Milán - Italia

La búsqueda continúa,
los estandartes y banderas
enfrentan a las razas
que sin saber por qué
atentan contra si mismas
creyendo encontrar
sentido a la conquista
de territorios, de tierras
que no les pertenece...
La búsqueda de un horizonte
más calido y esperanzador
es el inicio de la senda
a recorrer...
y el murmullo de voces
lejanas, de antepasados,
de Almas que vivieron
en esta tierra,
nos habla, nos inspira,
susurrando desde
el más allá...
La luz de un nuevo
amanecer extiende
sus cálidas caricias,
el futuro aún está
por alcanzar,

...

tras cada latido del corazón
cabe la ilusión
y la creación
de un Mundo mejor...
La vida es un regalo,
un don precioso,
un legado heredado
al nacer...
La búsqueda del sentido
que da pie a la existencia
es la hazaña, el cometido,
la cumbre que
se ha de alcanzar...
Aún estamos a tiempo,
el milagro de la vida
sigue extendiéndose
a lo largo y ancho
de un Universo
misterioso e infinito...

Il sentiero... la vita... l'eredità

Poema Galardonado con el Premio Letterario Internazionale
"Michelangelo"
(Nona Edizione - 2004)
Milán - Italia

La ricerca continua,
gli stendardi e le bandiere
si oppongono alle razze
che senza sapere il perchè
attentano contro sé stesse
credendo di incontrare
senso nella conquista
di territori, di terre
che non gli appartiene...
La ricerca di un orizonte
più caldo e con più speranze
è l'inizio del sentiero
a percorrere...
E il rumorio di voci
lontane, degli antenati,
d'anime che sono vissute
in questa terra,
ci parla, ci inspira,
sussurando dall'al di là...
La luce di una nuova
alba spande
la sue morbide carezze,
il futuro si debe ancora
raggiungere,

...

tra ogni battito del cuore
è possibile l'illusione
e la creazione
di un mondo migliore...
La vita è un regalo,
un dono prezioso,
un legato ereditato
al nascere...
La ricerca del senzo
che dà origine all'esistenza
è la gesta, l'incárico,
la cima che
si debe raggiungere...
Ancora siamo in tempo,
il miracolo della vita
continua ad espandersi
in tutto un 'Universo
misterioso e infinito...

Traducción al Italiano:
Mirella de Blasio

Libro de poemas
¡Gritos de Libertad!

Galardonado el libro de poemas
"¡Gritos de Libertad!"
con Medalla de Plata y Diploma
Premio Letterario Internazionale
"Michelangelo" 2004, en Milán Italia

Galardonado Tomás Morilla Massieu con Medalla de Plata y Diploma por su libro de poemas "¡Gritos de Libertad!" en el Premio Letterario Internazionale "Michelangelo" 2004, en Milán Italia.

Tomás Morilla Massieu, Alicia Morilla Massieu & Semjase (Semyase)

Las páginas del Libro de la vida...

Poema galardonado con Placa y Diploma
Premio Letterario Internazionale "Michelangelo" 2005
della Provincia di Alessandria
en Milán Italia
4 de septiembre de 2005

Se oyen campanas a lo lejos,
los gentes de los pueblos
y de las ciudades salen a la calle
entre algarabías y alegría,
hoy prevalece la paz
en el Mundo entero,
las guerras y el hambre
tan solo son un recuerdo
del pasado...
La humanidad proclama
el nacimiento de una nueva era
en la que... la vida... prevalece
como el bien más preciado...
Se adentra la humanidad
en la vida y sobre ella
se cierne la paz y el descanso,
la quietud que calma
aquella incertidumbre
y el desasosiego del ayer...
Suenan las campanas
a lo largo y ancho de este,
nuestro Planeta Tierra
anunciando la buena nueva,
el despertar de la conciencia,

...

el nacimiento de una existencia
en la que... vivir... es el don
más preciado,
en la que... la humanidad...
se une para forjar
un presente que compartir,
tendiendo la mano
a quienes han caído,
alzando los brazos
prestos a edificar un presente
que ha de irse escribiendo
día a día...
un futuro por crear,
un pasado que leer y recordar
sobre las páginas
del libro de la vida...

Suenan las campanas
con su voz universal,
sembrando en los corazones
la semilla de la fe
y de la esperanza...
de la dicha que se manifiesta
en cada pensamiento,
en cada acción gestada
en esta tierra que nos cobija,
que nos protege y nos abraza...

La pagine del libro della vita...

Poema galardonado con Placa y Diploma
Premio Letterario Internazionale "Michelangelo" 2005
della Provincia di Alessandria
en Milán Italia
4 de septiembre de 2005

Si sentono campane in lontananza,
la gente dei paesi
e delle città raggiungono la strada
tra confusione e allegria,
oggi predomina la pace
in tutto il mondo,
le guerre e la fame
sone soltanto un ricordo
del passato...
L'umanità proclama
la nascita di una nuova era
nella quale...la vita...predomina
come il bene più pregiato...
Si addentra l'umanità
nella vita e da essa
gernoglia la pace e il riposo,
la quietudine che calma
quella incertezza
ed inquietudine del passato...
Si sentono le campane
in tutto il Nostro Pianeta Terra
annunciando la buona nuova,
lo svegliase della coscienza,

...

la nascita d' una esistenza
nella quale... vivere... è il dono
più pregiato,
nella quale.... l'umanità....
si unisce per forgiare
un presente per compartire
tendendo la mano
a quelli che sone caduti,
innalzando le braccia
pronti ad edificare un presente
che si dovrà scrivere
giorno per giorno ...
un futuro per creare,
un passato da leggere e ricordare
sulle pagine
del libro della vita...

Suonano le campane
con la sua voce universale,
seminando nei cuori
il seme della fede
e della speranza...
della felicità che si manifesta
in ogni pensiero,
in ogni azione fatta
in questa terra che ci ospita
che ci protegge e ci abbraccia.

Traducción al Italiano:
Mirella de Blasio

Tomás Morilla Massieu, Alicia Morilla Massieu & Semjase (Semyase)

Libro de poemas
GaraJonay

Galardonado el libro de poemas "GaraJonay"
con Placa y Diploma
Premio Letterario Internazionale
"Michelangelo" 2005 (X Edizione)
della Provincia di Alessandria
con el Patrocinio de la Regione Piemonte
Provincia de Alessandria Comune di Ovada
- AL- Agenda dei Poeti
(Milán Italia)
4 de septiembre 2005

Galardonado Tomás Morilla Massieu por su libro de poemas "GaraJonay" con Placa y Diploma Premio Letterario Internazionale "Michelangelo" 2005 (X Edizione) della Provincia di Alessandria con el Patrocinio de la Regione Piemonte Provincia de Alessandria Comune di Ovada - AL- Agenda dei Poeti (Milán Italia) 4 de septiembre 2005

El rumbo de la humanidad

Poema galardonado con Placa, Diploma
y con Medalla aurea en el Premio Letterario
Iinternazionale "Michelangelo" XI Edizione 2006
Instituto Padri Scolopi - Ovada - AL - en Milán Italia
24 de septiembre de 2006

Las aguas han de volver
a su cauce,
el océano tempestuoso
azota los navíos
que se adentran en el...

Las aguas han de volver
a su cauce,
el Mundo ha perdido
su rumbo al naufragar
a la deriva...

¿Logrará la humanidad
superar esta prueba?

¿Llegará esta embarcación
a buen puerto?

La humanidad se une
ante las dificultades,
desplegando las velas,
esperando que el viento
impulse la esperanza...

...

La humanidad navega
sorteando temporales,
tormentas en las que casi
ha zozobrado...

Si todos remamos
en la misma dirección,
tal vez... solo tal vez
algún día llegaremos
a ver tierra quienes...

...cerrando los ojos
elevamos las plegarias
hacia el firmamento...

...hacia un infinito océano
de estrellas nocturnas
una madrugada más...

La humanidad necesita
recuperar sus valores,
su cordura, su fe,
su amor...

Cuando las aguas vuelvan
a su cauce,
cuando el temporal
arrecie y el viento
de la mañana nos llene
de esperanza,
veremos a lo lejos
la tierra tan ansiada...

...

...y sobre ella todo un vergel
de sueños manifestando
el comienzo de una nueva vida,
de un presente pacífico,
de un futuro esperanzador...

...todo un vergel de sueños
en el que tal vez nos perdimos
en aquel pasado del que hoy
podemos aprender...

...un lugar en el que todos
formamos una gran familia
estrechando lazos de unión,
abrazando los propósitos
y la esperanza
que... al desplegar sus velas
nos lleve hasta océanos
en calma en los que navegar
recuperando el rumbo...

Tomás Morilla Massieu, Alicia Morilla Massieu & Semjase (Semyase)

La rotta dell'umanitá

Poema galardonado con Placa, Diploma
y con Medalla aurea en el Premio Letterario
Iinternazionale "Michelangelo" XI Edizione 2006
Instituto Padri Scolopi - Ovada - AL - en Milán Italia
24 de septiembre de 2006

Le acque devono ritornare
al loro alveo,
l'oceano tempestoso
straffila le navi
che lo si addentrano...

Le acque devono ritornare
al loro alveo,
il mondo ha perso
la sua rotta al naufragare
alla deriva...

Riuscirà l'umanità
a superare questa prova?

Arriverá questa nave
a buon porto?

L'umanità si unisce
innanzi alle difficoltà
dispiegando le vele,
aspettando che il vento
spinga la speranza...

...

L'umanità naviga
evitando i temporali,
tormente nelle quali quasi
ha affondato...

Se tutti remiamo
nella stessa direzione,
forse... forse
alcun giorno arriveremo
a vedere terra chi...

...chiudendo gli occhi
inalziamo le pregherie
verso il firmamento...

...verso un infinito oceano
di stelle notturne
un'alba in piu...

L'umanità ha bisogno
di ricuperare i suoi valori,
il suo giudizio, la sua fede,
il suo amore...

Quando le acque ritornino
al loro alveo,
quando il temporale
infurisce e ilvento
della mattina ci colmi
di esperanza,
vedremo in lontananza
l'ambita terra...

...

Tomás Morilla Massieu, Alicia Morilla Massieu & Semjase (Semyase)

E su essa tutto un'oasi
di sonni manifestando
l'inizio di una nuova vita,
di un presente pacifico,
di un futuro di speranza...

...tutto un'oasi di sogni
nel quale forse ci siamo persi
in quel passato del quale
oggi possiamo imparare...

...un luogo nel quale tutti
formeremo una grande familia
formando i lacci dell'unione,
abbracciando i propositi
e la speranza
che... al dispiegare le sue vele
ci porti verso oceani
in calma nei quali navigare
ricuperando la rotta...

Traducción al Italiano:
Mirella de Blasio

El tiempo que nos corresponde vivir

Poema galardonado con Placa y Diploma
Certamen Premio Internacionale "CALLIOPE" 2007
di Narrativa e Poesía
(Instituto Padre Scolopi – Ovada)
en Milán (Italia)

El tiempo que nos corresponde vivir
marca nuestra existencia...

Tu tiempo, el mío, el de todos
es –tal vez- el más preciado tesoro,
una alianza con la vida,
un compromiso personal,
físico, espiritual...

El tiempo que nos corresponde
vivir es continuación de otras vidas,
es aprendizaje, cúmulo de propósitos,
cometidos que llevar a cabo...

Este es nuestro Mundo,
este es nuestro planeta,
aquí llegamos tras el nacimiento
y hemos crecido con cada paso
que damos... con cada experiencia
adquirida...

El tiempo que nos corresponde vivir
marca nuestra existencia...

...

El destino, las creencias,
la realización personal
son vehículos...

...herramientas que ayudan
a forjar un destino en el que
la humanidad ha de aprender
de sus errores...

El tiempo que nos corresponde
vivir es todo un reto,
un propósito a concebir
para quienes van más allá
en la vida,
para quienes dejan un legado
que extiende la paz,
el amor, la armonía,
el equilibrio entre los corazones
de Almas que... como tú
y como yo... viven su tiempo
mientras encuentran
sus respuestas y comparten
sus vidas contribuyendo
a que esta existencia forje
paraísos terrenales...

Il tempo che ci spetta vivere

Poema galardonado con Placa y Diploma
Certamen Premio Internacionale "CALLIOPE" 2007
di Narrativa e Poesía
(Instituto Padre Scolopi – Ovada)
en Milán (Italia)

Il tempo che ci spetta vivere
segna la nostra esistenza...
Il tuo tempo, il mio, il tempo di tutti
è forse, il più pregiato tesoro,
un'alleanza con la vita,
un compromesso personale,
fisico, spirituale...
Il tempo che ci spetta vivere
è una continuazione di altre vite,
è apprentisaggio, cumulo di propositi,
incarichi che dobbiamo fare...
Questo è il nostro mondo
questo è il nostro pianeta,
qui arriviamo tra la nascita
e siamo cresciuti icon ogni passo
che diamo... con ogni sperienza acquisita...
Il tempo che ci spetta vivere
segna la nostra esistenza...
Il destino, le nostre creenze,
la realizazzione personale
sono veicoli...
attrezzi che aiutano
a modellare un destino
nel quale l'umanità deve imparare
dei suoi errori...

...

Il tempo che ci spetta vivere
è tutta una sfida,
un proposito da concepire
per coloro che vanno più in là
nella vita,
per coloro che lasciano un legato
che ci porta alla pace,
all'amore, all'armonioa,
l'equilibrio fra i cuori
di alme che... come te
e come me... vivono il loro tempo
mentre incontrano
le loro risposte e coindividono
le loro vite contribuendo
a che la nostra esistenza
chimerizzi
paradisi terrenali...

¿Qué será de la humanidad?

Poema galardonado con Placa y Diplom
Premio Letterario Iinternazionale "Michelangelo"
12a Edizione 2007, Comune di Ovada - (AL)
Assessorato alla Cultura "Agenda dei Poeti"
O.T.M.A. Editrice, Milano, Istituto Padri Scolopi
Ovada, en Milán Italia
26 de septiembre de 2007

¿Qué será de esta época?

¿Qué será de la humanidad?

Lo conocido dejará
de ser...

...lo desconocido
se aproxima...

¿Qué será de esta época?

Brilla la Luz con Intensidad,
el sistema a penas puede
contemplarla...

¡Es tan intensa!

Las estructuras pierden
poder... lo establecido
ha quedado obsoleto...

...

La Divinidad, la Sacralizad
es... EVOLUCIÓN...

...la evolución muestra
al SER humano que...

...más allá de los intereses...
terrenales existe un Mundo
interdimensional...

...que más allá de lo que vemos
existen aquellos que interactúan
con nosotros creando
los cimientos espirituales
de un Paraíso que...

...ya está aquí,
que... ¡YA! ES...

Las Leyendas, las Profecías,
los Augurios vaticinados
por oráculos son visiones
espirituales reveladas
a la humanidad por visionarios,
por maestros y profetas...

¿En qué crees tú?

El despertar de la humanidad
está próximo...

...las luces... se manifiestan,
nuestra Amada Madre Tierra,
Gaia... se prepara
para dar un salto dimensional...

...

¿Estaremos preparados?

Esta época materialista,
esta época de las formas
físicas...

...esta época en la que
las ilusiones han ocultado
la verdad de una realidad
que va más allá de los sentidos...

...esta época... toca a su fin...

¿Qué será de la humanidad?

...la humanidad despertará,
recordará, se desperezará
y... tras el aprendizaje,
llega una nueva vida,
un nuevo Mundo,
un Paraíso... un salto
dimensional que nos llevará
a vivir en un escenario
diferente...

La evolución muestra
al SER humano que...
tras nacer a través
de los Vientos de La Tierra,
aún habiendo olvidado,
los cimientos espirituales
ya albergan la Luz sobre
la que están edificando
quienes... tras el velo
nos ayudan a manifestar
nuestra Divinidad...

Tomás Morilla Massieu, Alicia Morilla Massieu & Semjase (Semyase)

Che sará dell'umanitá?

Poema galardonado con Placa y Diplom
Premio Letterario Iinternazionale "Michelangelo"
12a Edizione 2007, Comune di Ovada - (AL)
Assessorato alla Cultura "Agenda dei Poeti"
O.T.M.A. Editrice, Milano, Istituto Padri Scolopi
Ovada, en Milán Italia
26 de septiembre de 2007

Che sará di questa epoca?

Che sará dell'umanitá?

Lo conosciuto
non ci sará piú...

...lo conosciuto
si avvicina...

Che sará di questa epoca?

Brilla la Luce con Intensitá,
il sistema appena si puó
contemplarla...

É cosí intensa!

Le strutture perdono
potere... lo stabilito
é rimaste obsoleto...

...

La Divinitá, la Sacralitá
é... EVOLUZIONE...

...l' evolucione mostra
All'ESSERE umano che...

...oltre gli interessi
terrenali esiste un mondo
Interdimenzionale...

...oltre quello che vediamo
esistono coloro che interattuano
con noi creando
le fundamenta spirituali
di un Paradiso che...
...che giá sono qui,
che... GIÁ! É...

Le Leggende, le Profezie,
gli Auguri predetti
daglo oracoli sono visioni
spirituali rivelati
all'umanitá da visionari,
da maestri e profeti...

In che cosa credi?

Lo svegliare dell'umanitá
Él vicino...

...le luci ...si manifestano,
la nostra Amata Madre Terra,
Gaia... si prepara
per dare un salto dimensionale...

Siamo pronti?

...

In questa epoca materialista,
in questa epoca delle forme
fisiche...

...in questa epoca nelle quali
le illusioni hanno nascosto
la veritá di una realtá
che va oltre i sensi...

...questa epoca... stá per finire...

Che sará dell'umanitá?

...l'umanitá si sveglierá,
ricorderaá, se attiverá
e... tra l'aprentisaggio,
arriva una nueva vita,
un nuevo mondo,
un Paradiso... un salto
dimensionale che ci porterá
a vivere in uno scenario
deferente...

L'evoluzione chi mostra
all'ESSERE umano che...
tra naceré attraverso
i Venti Della Terra,
persino avendo dimenticato,
le fundamenta spirituali
che hanno la Luce sulla quale
stanno edificando
coloro che... tra il velo
ci aiutano a manifestare
la nostra Divinitá...

Paraísos Terrenales...
Paraísos Etéreos...

Poema galardonado con Medalla y Diploma
Premio Letterario di Poesia e Narrativa "Cittá di Recco"
Seconda Edizione 2008 Comune di Recco
Assessorato alla Cultura en Italia
1 de marzo de 2008 en Génova, Italia

Sueño con Mundos
en los que... la vida
guarda un Equilibrio...

Sueño con Mundos
en los que... la humanidad
convive en Paz... en Armonía...

Sueño con Mundos lejanos
en los que... tú y yo... navegamos
fluyendo a través de la Ilusión...

Sueño con Mundos cercanos
en los que... se manifiestan Paraísos...

...Paraísos Terrenales
que Vibran en Paz... en Armonía...

Sueño cuando duermo,
sueño despierto...

Sueño... sueño... sueño...

...

...sueño y... soñando...
viajo a través del espacio
y del tiempo hacia Mundos
en los que... la Vibración
Es Ascendente...

...Mundos en los que
el espacio y el tiempo
conviven en un continuo
presente...

...Mundos Paralelos,
Mundos Dimensionales,
Mundos Pacíficos
en los que el Amor
Siembra Libertad
allá donde sus habitantes
conviven en Paz,
en Equilibrio,
en Armonía...

Sueño... sueño contigo,
sueño... sueño conmigo...

Sueño que tú y yo
viajamos a mundos
en los que los Paraísos
se Manifiestan...

...Mundos en los que el Amor
Brilla con la Luz
que... como si de Faros
se tratase...

...orientan con sus destellos
a los Espíritus que van,
que vienen...

...

...Espíritus que Manifiestan
su Divinidad... su Ser...

...su Verdad...

Sueño... sueño... sueño...

...sueño despierto,
sueño dormido...

Sueño que Todo es Uno,
sueño que vivo en la Ilusión,
Ilusión que... se desvanece,
que se disipa como la niebla
que Oculta tras el Velo
la Identidad de los Espíritus
que van y vienen...

...Espíritus que se Manifiestan
en esos Mundos creando Paraísos...

...unas veces Terrenales,
otras... Etéreos...

Tomás Morilla Massieu, Alicia Morilla Massieu & Semjase (Semyase)

Paradisi Terrenali...
Paradisi Eterei...

Poema galardonado con Medalla y Diploma
Premio Letterario di Poesia e Narrativa "Cittá di Recco"
Seconda Edizione 2008 Comune di Recco
Assessorato alla Cultura en Italia
1 de marzo de 2008 en Génova, Italia

Sogno con Mondi
nei quali...la vita
conserva un Equilibrio...

Sogno con Mondi nei quali...l'umanità
convive in Pace...in Armonia...

Sogno con Mondi lontani
nei quali...io e te...navighiamo
fluendo attraverso l'Illusione...

Sogno con Mondi vicini
nei quali ...si manifestano Paradisi...

...Paradisi Terrenali
che Vibrano in Pace...in Armonia...

Sogno quando dormo,
sogno sveglio...
Sogno...sogno...sogno...

...

...sogno e...sognando...
viaggio attraverso lo spazio
e il tempo verso Mondi
nei quali ....la Vibrazione
È Ascendente....

...Mondi nei quali
lo spazio e il tempo
convivono in un continuo
presente...

...Mondi Paralelli,
Mondi Dimensionali,
Mondi Pacifici,
nei quali l' Amore
Semina Libertà
là dove i suoi abitanti
convivono in Pace,
in Equilibrio,
in Armonia...

Sogno...sogno con te,
Sogno...con me,

Sogno che io e te
viaggiamo a mondi
nei quali i Paradisi
si Manifestano...

Mondi nei quali l' Amore
brilla con luce
come Fanali...

...orientano con i suoi brilli
agli Spiriti che vanno,
e vengono...

...

Tomás Morilla Massieu, Alicia Morilla Massieu & Semjase (Semyase)

...Spiriti che Manifestano
la Sua Divinità...il suo Essere

...la sua Verità...
...sogno...sogno...sogno...
sogno dormendo...

Sogno che Tutto è Uno,
sogno che vivo nell'Illusione,
Illusione che...svanisce,
che si sfuma come la nebbia,
che Nasconde tra il Velo
l'Identità degli Spiriti
che vanno e vengono...

Spiriti che si Manifestano
in quei Mondi Creando Paradisi...
alcune volte Terrenali,
altre...Eteree...

Traducción al Italiano:
Mirella de Blasio

Amor... que Es... Uno con Todo...

Poema galardonado (tercer clasificado)
con "Anello in filigrana argento e oro" y Diploma
Premio Internazionale Di Narrativa e Poesía
Del Greco Calliope
24 de febrero de 2008 en Milán, Italia.

El sosiego llega acompañado
de la calma... del silencio...

El sosiego Es... la antesala
de la Paz...

El silencio... trae consigo
la cordura... el verdadero
sentido de esta existencia...

...de esta vida que precede
a otras que han sido olvidadas...

¿Olvidadas?... tal vez así sea,
en noches cálidas
en las que la calma,
el silencio... es Paz...
...es Tranquilidad...

Nuestras vidas se enlazaron
dando nacimiento
a experiencias de antaño...

...

...experiencias que manifiestan
el aprendizaje de otras vidas
que... es lo que Es...

...en esta que...
es la que prevalece...

...en esta que...
es la que elegimos...

El sosiego de una nueva vida,
de un nacimiento,
de un renacimiento,
de una nueva reencarnación...

...es el despertar del Espíritu
que crea aquello que Es,
que siente... que piensa...

El sosiego es acompasado,
el sosiego es inspiración,
el sosiego es expiración...

...El sosiego llega con el aliento
en esta vida...

...vida que se transforma
en Paz... en Tranquilidad...

...latiendo acompasada
en los corazones
que... se unifican...

...

Tu sosiego... mi sosiego
forja la unidad en la trama
de la vida que... nos ha traído
hasta aquí...

...hasta este instante
en el que... el Amor
nos Libera...

...en el que el Amor
nos Eleva...

...instantes en el que
manifestamos la Divinidad
contenida en Todo
lo que Somos...

Somos Unidad,
somos UNO...

Así este sosiego,
así este Amor Verdadero
que forjamos en esta Dimensión
que nos vincula,
que nos acerca a la Verdad
que... tú y yo... Amor...
somos... manifestamos,
representamos...

Amor... que Es...
...Uno con Todo...

Tomás Morilla Massieu, Alicia Morilla Massieu & Semjase (Semyase)

Amore... che È ...Uno con tutto

Poema galardonado (tercer clasificado)
con "Anello in filigrana argento e oro" y Diploma
Premio Internazionale Di Narrativa e Poesía
Del Greco Calliope
24 de febrero de 2008 en Milán, Italia.

La tranquillità arriva accompagnata
dalla Calma...dal silenzio...

La tranquillità È l'anticamera
della Pace...

Il Silenzio porta con sé
la prudenza...il vero
senso dell'esistenza...

...di qusta vita che precede
ad altre che sono state dimenticate...

Dimenticate? forse è così...
in notti calide
nelle quali la calma,
il Silenzio... è Pace
...è Tranquillità...

Le Nostre vite si sono unite
nascendo vecchie sperienze...

...

...sperienze che manifestano
l'apprentisaggio di altre vite
che ... è quello che È...

...in questa che ...
è quella che prevalesce...

...in questa che...
è quella che scegliamo...

la tranquillità di una nuova vita,
di una nascita,
di un rinascimento
di una nuova rincarnazione...

...è lo svegliare dello Spirito
che crede quello che È,
che sente...che pensa...

la tranquillità è candensante,
la tranquillità è inspirazione,
la tranquillità è spirazione...

la tranquillità arriva con l'alito
in questa vita...
vita che si trasforma
in Pace...in Calma...

battendo candensatamente
nei cuori
che si ....uniscono...

La tua tranquillità ....la mia tranquilità
forgia l'unità nell'intreccio della vita

...

Tomás Morilla Massieu, Alicia Morilla Massieu & Semjase (Semyase)

che...ci ha portato
fino qui...
...fino l`istante
nel quale...l'Amore
ci Libera...
...nel quale L'Amore
ci Eleva...

...istanti nei quali
manifestiamo la Divinità
contenuta in Tutto

Ciò che Siamo...
Siamo Unità...
Siamo UNO...

Così questa tranquillità
così questo Amore Vero
che forgiamo in questa Dimensione
che ci vincola,
che ci avvicina alla Verità

Che io e te...Amore...
stiamo manifestando,
rappresentiamo

Amore...che È
...Uno con Tutto...

Traducción al Italiano
Mirella de Blasio

El Despertar ya Es lo que ES...

Poema galardonado con Diploma
Premio Letterario Internazionale "Priamar"
II Edizione, Cuarto Clasificado
7 de junio de 2008,
Genova (Italia)

La aguas vuelven a su cauce,
las selvas descubren sus secretos,
la naturaleza gira sobre si misma,
el ocaso ya está cerca
y con el... la Fuerza de La Vida
Renace como el Fénix de sus cenizas,
como el mar embravecido
que baña la tierra con la sal
sembrada sobre su superficie...

La Vida se Revela,
La Verdad se abre camino,
el Despertar ya Es lo que ES
y el Mundo se despereza
dando Nacimiento al Niño Dios
que se descubre a si mismo...

Las aguas vuelven a su cauce,
las tierras mantienen Su Equilibrio,
el Fin siempre fue Principio,
con cada Despertar Renace
La Vida... La Verdad...

...

...como el Ave Fénix
que levanta el vuelo
Mostrando su Grandeza,
su Inmortalidad,
su Eterna Evolución...

¡Las aguas calman la sed!
¡Las tierras dan sus frutos!

¿El Despertar?... ¡Oh! si, si...
el Despertar siempre ha estado
Latente en el Corazón
que late al unísono
con La Naturaleza Divina
que Es la Esencia del Ser...

La Tierra Trasciende,
las Dimensiones se Manifiestan,
la Humanidad se despereza,
La Verdad y La Vida
Revelan a Dios... que Es lo que Es,
que Es TODO... UNO...
...UNO Somos Todos,
TODOS SOMOS UNO...

Lo Svegliare É già ció che È...

Poema galardonado con Diploma
Premio Letterario Internazionale "Priamar"
II Edizione, Cuarto Clasificado
7 de junio de 2008,
Genova (Italia)

Le acque ritornano al loro alveo,
le foreste scoprono le loro segreti,
la natura gira su sé stessa,
il tramonto è già vicino
e con lui...la Forza della Vita
Rinasce come il Fenice dalle loro ceneri,
come il mare inferocito
che bagna la terra con il sale
sulla sua superficie.

La Vita si Manifesta,
la Verità si apre cammino,
lo svegliare è Già Ciò Che È.

Le acque calmano la sete!
le terre danno i loro frutti!
lo svegliare! Oh!sì, sì...
lo svegliare sempre è stato
 palpitante nel Cuore
che batte all' unisono
con la Natura Divina
che è l' Esenza dell' Essere...

...

Tomás Morilla Massieu, Alicia Morilla Massieu & Semjase (Semyase)

La terra Trascende
le Dimensioni si Manifestono,
l'Umanità si spigrisce e il mondo
dando Nascita al Bambino Dio,
che si scopre a sé stesso.

Le acque ritornano al loro alveo.
Le terre mantengono il loro Equilibrio,
La Fine fu sempre il Principio,
con ogni Svegliare, Rinasce
la Vita...La Verità...

Come l`Uccello Fenice
che alza il volo
facendo vedere la sua Grandezza,
la sua Immortalità,
la sua Eterna Evoluzione...

La verità e la vita.
Rivelano a Dio... che è ciò che è,
che È TUTTO...UNO...
UNO SIAMO TUTTI.
TUTTI SIAMO UNO.

Traducción al Italiano
Mirella de Blasio

Con el despertar...

Poema galardonado con Diploma, Placa y Medalla
Certamen del Premio Internazionale
"MICHELANGELO" OTMA Edizione 2008
Milán - Italia en el año 2008

¡Despierten!

Despierten aquellas Almas
que... un día llegaron a este Mundo
de las Formas...

¡Despierten!...
...porque con el Despertar
llega el Equilibrio,
con el Equilibrio...
la Paz...

...con la Paz
el Amor...

Amor que es Luz
que ilumina los corazones
de quienes llegan
a este Mundo de Las Formas,
a la Superficie de La Tierra...

¡Despierten!

¡Despertemos al Unísono!

...

El Vínculo entre las Civilizaciones
crea Mundos en los que la Convivencia
forma parte del Aprendizaje...

...Convivencia y Aprendizaje
capaz de generar el Crecimiento
Espiritual que desde el Ser
se Manifiesta Uniendo
TODO lo que es Creado
en este y otros
Planos Dimensionales...

Con el Despertar...
somos UNO con el Universo,
con La Tierra,
con Gaia...
con La Creación...

Libro de poemas
Silencios... tras la tempestad...

Galardonado el libro de poemas
"Silencios... tras la tempestad..."
con Placa, Medalla y Diploma
Certamen del Premio Internazionale
"MICHELANGELO" OTMA Edizione
Milán - Italia año 2008

Galardonado el libro de poesía "Silencios... tras la tempestad...", del poeta Tomás Morilla Massieu, en el Certamen del Premio Internazionale "MICHELANGELO" OTMA Edizione en Milán - Italia en el año 2008, con Diploma, Placa y Medalla.

Tomás Morilla Massieu, Alicia Morilla Massieu & Semjase (Semyase)

Ríen los niños...

Poema galardonado con Placa, y Diploma
Premio Letterario di Poesia e Narrativa
Città di Recco III Edizione
Segundo Premio
7 de marzo del año 2009
en Génova / Italia

Ríen los niños,
las aguas bañan
de vida La Tierra...

Ríen los niños
que son portadores
de la inocencia...

...que son el recuerdo
de nuestra infancia,
de nuestra niñez...

Ríen los niños
que son los herederos
de La Tierra...

...que son los que crean
un Mundo de Paz
y de Amor...

Ríen los niños
y nosotros con ellos,
porque... a fin de cuentas
¡Todos somos niños!...

Niños capaces
de sembrar amor,
luz e ilusiones
en nuestros corazones...

Ríen los niños
y... con su alegría,
con su algarabía,
la Luz y el Amor
se extienden
sobre la superficie
de La Tierra...

...y... así es como
las estrellas brillan
con más fuerza
recordándonos que...

...todos somos
como Luceros
que bañan
la noche de vida...

...vida que se extiende
sobre La Tierra...

...vida que siembra
la Paz...

...vida que es
el Equilibrio...

...vida cálida
que abraza el Amor...

...vida que ilumina
el camino con la Luz...

Tomás Morilla Massieu, Alicia Morilla Massieu & Semjase (Semyase)

Paz, Equilibrio,
Amor y Luz
que... trasciende
al Universo,
al Cosmos,
a las Galaxias...

Ríen los niños
de la Nueva Era,
niños que nacieron
para sembrar
de Amor, de Paz,
de Luz y Equilibrio
la vida contenida
en La Tierra
y... más allá
de sus fronteras...

...allá donde brillan
Luceros como tú,
como yo...

Ridono i bambini...

Poema galardonado con Placa, y Diploma
Premio Letterario di Poesia e Narrativa
Città di Recco III Edizione
Segundo Premio
7 de marzo del año 2009
en Génova / Italia

>Ridono i bambini
>le acque bagnano
>di vita La Terra...

>Ridono i bambini
>che sono portatori
>dell'innocenza
>di quando
>eravano piccoli...

>Ridono i bambini
>che sono gli eredi
>della Terra...

>Che sono quelli che
>cercheranno
>un mondo di Pace
>e di Amore...

>Ridono i bambini
>e noi con loro,
>perché tutto sommato
>Tutti siamo bambini!...

Tomás Morilla Massieu, Alicia Morilla Massieu & Semjase (Semyase)

Bambini capaci
di seminare amore
luce e illusioni
nei nostri cuori...

Ridono i bambini
e, con la loro gioia,
con il loro rumore,
la Luce e L`Amore
si spandono
sulle superficie
della Terra...

...e....così e come
le stelle brillano
con più forza
ricordandoci che...

...tutti siamo
come stelle luccicanti
che bagnano
la notte della vita...

...vita che si spande
sulla Terra...

...vita che semina
la Pace...

...vita che è
L'Equilibrio....

...vita calida
che abbraccia L' Amore

....vita che illumina
il cammino con la Luce...

Pace,Equilibrio,
Amore e Luce
che trascende
all'Universo
al Cosmo
alle Galassie....

Ridono i bambini
della Nuova Era,
bambini che sono nati
per seminare
di Amore di Pace
di Luce ed Equilibrio.
la Vita contenuta
nella Terra,
e....più in là
delle sue frontiere...

Là dove brillano
le stelle che luciccano
...come te,
come me...

Traducción al Italiano
Mirella de Blasio

La palabra escrita...

Poema galardonado con el Segundo Premio
en el Certamen Internazionale di Narrativa e Poesia
Dal Greco Calliope en Ovada
Italia 2009

La palabra escrita
viaja a través
de países
que creí lejanos...

La palabra escrita
llega a los corazones
de aquellas personas
que... navegan
entre vidas
que... nacen en este
continuo presente...

La palabra escrita
es la Luz que mece
la cuna de los niños
que son arropados
por padres que...

...posan sus miradas
perdidas en un horizonte
plagado de hermosas
posibilidades...

...

La palabra escrita
vincula a todos
aquellos que…

…nacen con cada día,
que mueren
con cada noche…

La palabra escrita
¡Oh! si…

…la palabra escrita
es ilusión que crea
mundos desconocidos
que se materializan
a través del sentimiento,
de la imaginación,
del deseo…

La palabra escrita
es capaz de viajar
a través del espacio,
del tiempo…

…hasta lugares
en los que… reposa
sincera, valerosa,
grácil…

…amante de sueños
e ilusiones que brotan
con cada amanecer…

Tomás Morilla Massieu, Alicia Morilla Massieu & Semjase (Semyase)

...que duermen
con cada anochecer...

¡Oh! si... que hermosa
es la palabra escrita
que alza su vuelo
recorriendo mundos...

...viajando más allá
de horizontes
imaginarios...

**Sembré las cumbres
de Verdad... de Orgonite**

(24 de Diciembre de 2008)

**En homenaje al Doctor
Wilheim Reich**

Poema galardonado con el Segundo Premio
en el Certamen Internazionale di Narrativa e Poesia
Dal Greco Calliope en Ovada
Italia 2009

> Sembré los campos
> con la Verdad
> que ahora late
> enterrada
> en sus entrañas...
>
> Sembré los campos
> con la cimiente
> que transmuta
> la mentira
> transformándola
> en Luz...
>
> Ya la oscuridad
> perece y las cumbres
> se mecen con la melodía
> de las estrellas...
>
> ...

Sembré de Luz
y Verdad los montes,
los campos de esta Tierra
Bendita...

...tierra que me vio nacer
y... con ella...
-con La Verdad-
...llega la gloria y la dicha
de quienes ya despertaron,
de quienes recogen los frutos
de toda una vida,
de toda una labor...

Sembré esta noche
los campos
con la Verdad...

...sembré de orgonite
los campos de mi isla,
las altas cumbres...

...así es como regalo
a la naturaleza
lo que por derecho
le pertenece...

Sembré estas cumbres
de Energía que transmuta,
de vida que florece...

Sembré las entrañas
de La Tierra
de orgonite y...

...esta noche la vida
adquiere un significado
especial para mi...

...mientras siento al doctor
Wilheim Reich
inspirándonos a todos
los que...

...ya conocemos su verdad,
su legado... la herencia
que nos dejó antes de partir...

Así despierta el Mundo,
así es como los Guerreros
de la Luz Liberan
a La Tierra de la opresión
de aquellos que...

...creyéndose con derecho,
aún tratan de dominar
a la Raza Humana...

Sembré los campos
con la Verdad...

...sembré de orgonite
las altas cumbres
de esta paradisíaca
 isla que me vio nacer...

Tomás Morilla Massieu, Alicia Morilla Massieu & Semjase (Semyase)

Paz en el Mundo...
Prosperidad... Amor...

Poema galardonado
(Tercer Clasificado)
en el Certamen Internazionale
di Narrativa e Poesia Dal Greco Calliope
en Ovada Italia 2010

Paz en el Mundo,
bienaventuranza
a los peregrinos
de la vida
que van y vienen...

Paz y Amor
en un Mundo
cambiante
que se transforma...

Paz y Prosperidad
ante las Manifestaciones
Creadas por TODOS
y cada UNO que...
SOMOS TODOS,
que... SOMOS UNO...

Paz en un Mundo
que avanza,
que Trasciende
hacia Dimensiones
más Elevadas,
más Espirituales...

¡Paz y Amor!

¡Prosperidad!

Entre TODOS Creamos
Paraísos Terrenales
que muestran formas
de vida preciosas,
amorosas...

¡Paz y Amor!

...en un Mundo
en el que ya TODO
Es posible,
en un Planeta
destinado a dar
rienda suelta
al Libre Albedrío...

¡Libertad!...

¡Unión!...

Luz en los corazones
bienaventurados
que ven con los ojos
del Alma
desde el Ser...

Amor con cada amanecer
bañando de colores
el sentir que da sentido
a la existencia...

...

Tomás Morilla Massieu, Alicia Morilla Massieu & Semjase (Semyase)

Prosperidad en un Mundo
capaz de Crear vida
al unísono...

...vidas en igualdad
de condiciones...

...vidas realizadas
que encaminan
sus pasos
hacia su Crecimiento
Espiritual...

...a trvés de lo que SOMOS,
de lo que Manifestamos...

Paz en el Mundo,
en este Planeta
sembrando de felicidad
los corazones
que laten al unísono
con la Evolución,
con el Amor
y la Luz...

**Pace nel Mondo...
Prosperità...Amore...**

Poema galardonado
(Tercer Clasificado)
en el Certamen Internazionale
di Narrativa e Poesia Dal Greco Calliope
en Ovada Italia 2010

    Pace nel mondo,
    beati
    i pellegrini
    della vita
    che vanno e vengono...

    Pace e Amore
    in un mondo
    che cambia
    che si trasforma...

    Pace e Prosperità
    innanzi alle Manifestazioni
    create da TUTTI
    e ognuno che...
    SIAMO TUTTI...

    Pace nel mondo
    che spinge,
    che Trascende
    verso Dimensioni
    più Elevate,
    più Spirituali...

    ...

Tomás Morilla Massieu, Alicia Morilla Massieu & Semjase (Semyase)

Pace e Amore!

Prosperità!

Fra TUTTI Creamo
Paradisi Terrenali
che ci mostrano forme
di vita preziose,
amorose...

Pace e Amore!

...in un mondo
nel quale già TUTTO
Ê possibile
in un Pianeta
destinato a dare
e alla Tua Volontà

Libertà!...

Unione!...

La luce nei cuori
beati
quelli che vedono con gli occhi
dell'Anima
dall'Essere...

Amore con ogni albeggiare
bagando di colori
il sentire cha da senso
all'esistenza...

Prosperità in un mondo
capace ci creare vita
allo stesso tempo...

...

vite in uguaglianza
di condizioni...

vite realizzate
che diriggono
i loro passi
verso la sua Crescita
Spirituale...

...attraverso di ciò che SIAMO,
di ciò che Manifestiamo...

Pace nel mondo,
in questo Pianeta
seminando de felicità
i cuori
che battono all'unisono
con l'Evoluzione,
con l'Amore
e la Luce...

Traducción al Italiano
Mirella de Blasio

La humanidad despierta...

Poema galardonado
(Tercer Clasificado)
en el Certamen Internazionale
di Narrativa e Poesia Dal Greco Calliope
en Ovada Italia 2010

El Mundo comienza
a recuperar la cordura
en cuanto la humanidad
despierta...

...la humanidad despierta
desde que siente
la llamada del Ser...

El Ser se Manifiesta
desde que el Alma
susurra palabras
de Amor... Equilibrio
y Libertad al humano
que... al escucharlas
recuerda cual Es
el Sentido de la Vida
al volver a Ser
el niño que...
en la infancia poseía
TODO el Conocimiento
latente en su Universo...

...

El Mundo se despereza
sintiendo que despierta
abrazando las ilusiones
que... a TODOS
nos permitieron
Manifestarnos viviendo
experiencias
que... nos llevaron
hacia la comprensión...

...comprensión
que... se transforma
en aceptación...

...aceptación que da
cabida al conocimiento...

...conocimiento que desde
la infancia fue patrimonio
y legado con el nacimiento,
durante la dulce niñez
en la que... el Amor
y la pureza brillaron
con Luz Propia...

El Mundo despierta
con cada humano
que renace volviendo
a Ser un niño inocente
y feliz sabiéndose hijo
de la vida...

Vida que Es
Luz... Amor...
Paz... Armonía...
Prosperidad...

...

Tomás Morilla Massieu, Alicia Morilla Massieu & Semjase (Semyase)

Vida en la que TODO
ES UNIDAD...

¡UNO!...

L'Umanità si sveglia...

Poema galardonado
(Tercer Clasificado)
en el Certamen Internazionale
di Narrativa e Poesia Dal Greco Calliope
en Ovada Italia 2010

Il mondo comincia
a ricuperare il buon senso
in quanto l'umanità
si sveglia...

...L'umanità si sveglia
da quanto sente
la chiamata dell'Essere...

...L'ESSSERE si Manifesta
da quando L'Anima
bisbiglia parole
d'Amore...Equilibrio
e Libertà aqll'essere umano
che...al ascoltarle
ricorda qual'È
il senso della vita
a diventare ad Essere
il bambino che...
nell'infanza possedena
Tutta la conoscenza
battendo nel suo Universo...

...

...Il mondo si sveglia
sentendo che si sveglia
abbracciando le illusioni
che a TUTTI
ci hanno permesso
Manifestarci vivendo
esperienze che... ci portarono
verso la comprensione...

...comprensione
che... si trasforma
in accettazione...

...accettazione cha da
passo alla conoscenza...

...conoscenza che
dall'infanzia fu patrimonio
e legato con la nascita,
durante la dolce infanzia
nella quale L'Amore
e la purezza brillarono
con Luce Propria...

...Il mondo si sveglia
con ogni essere umano
che rinasce ritornando
ad Essere un bambino innocente
e felice consapevole di essere figlio
della vita...

Vita che È
Luce... Amore...
Pace... Armonia...
Prosperità...

...

Vita nella quale TUTTO
È UNITÀ...

UNO!...

Tomás Morilla Massieu, Alicia Morilla Massieu & Semjase (Semyase)

La Luz y el Amor
te abrazan cálidamente

Poema galardonado con Segundo Premio
con Placa y Diploma
Premio Letterario Internazionale
"Priamar" IV Edizione 2010
Genova, Italia

¡Oh! La humanidad
y sus sueños...

Es natural que... tan solo
veas lo que ves...

¡Oh! Humanidad...
de momento tan solo
crees en el Mundo
que te han puesto
ante tus ojos...

...algún día verás
más allá de las formas,
más allá de la apariencia
y entonces...

...despertarás ante nuevas
realidades majestuosas,
sublimes...

¡Oh! Humanidad,
este es mi compromiso,
esta es mi decisión...

…continúo escribiendo,
compartiendo mi experiencia…

…porque así… de alguna forma
queda grabada en esos lugares
a los que accedemos TODOS
y cada UNO cuando soñamos,
cuando amamos,
cuando somos felices…

¡Oh! Humanidad,
tan solo deseo para ti
que la Luz y el Amor
te abracen cálidamente
hasta mecerte
transformándote
en un niño inocente…

…niño que recuerda
sus orígenes,
su identidad,
su verdad…

¡Oh! Humanidad,
mi visión va más allá
de las formas,
más allá de la razón…

¡Oh! Humanidad,
desde esta isla
que me acogió
en su regazo…
doy nacimiento
a mi pensar,
a mi sentir…

…

... y... cada noche,
alzo la mirada
hacia las estrellas

... al contemplarlas
veo el reflejo
de TODOS
y cada UNO...

...veo la Espiritualidad,
el Amor y la Luz...

...latiendo al unísono
en los corazones
que Trascienden...

...que Ascienden
día a día...

...siendo inspiradas
todas las Almas
a través del Ser...

La Luce e l'Amore
ti abbracciano affettuosamente...

Poema galardonado con Segundo Premio
Placa y Diploma
Premio Letterario Internazionale
"Priamar" IV Edizione 2010
Genova, Italia

    Oh! L'umanità
    e i suoi sogni...

    È naturale che...semplicemente
    tu veda quel che vedi...

    Oh! Umanità...
    adesso credi
    solamente nel mondo
    che hanno posto
    davanti ai tuoi occhi

    ...un giorno vedrai
    più in là delle forme,
    più in là dell'apparenza
    e allora...

    ...ti sveglierai davanti a nuove
    maestose realtà,
    sublimi...

    Oh! Umanità,
    questo il mio compromesso,
    questa la mia decisione...

...continuo a scrivere,
condividendo la mia esperienza...

...perché così...in qualche modo
rimane impressa in quei luoghi
in cui TUTTI
e OGNUNO entriamo quando sognamo,
quando amiamo,
quando siamo felici...

Oh! Umanità,
per te desidero solamente
che la Luce e l'Amore
ti abbraccino affettuosamente
fino a cullarti
trasformandoti
in un bimbo innocente...

...bimbo che ricorda
le sue origini,
la sua identità,
la sua verità...

Oh! Umanità,
il mio sguardo va oltre
le forme,
più in là della ragione...

Oh! Umanità,
da questa isola
che mi accolse
nel suo grembo...
partorisco
il mio pensiero,
il mio sentimento...

...

...e...ogni notte,
levo lo sguardo
alle stelle

...mentre le contemplo
vedo il riflesso
di TUTTI
e OGNUNO...

...vedo la Spiritualità,
l'Amore e la Luce...

...che battono all'unisono
nei cuori
che Trascendono...

...che Ascendono
giorno dopo giorno...

...essendo ispirate
tutte le Anime
attraverso l'Essere...

Retirado del Mundo...

Poema galardonado con Segundo Premio
Placa y Diploma
Certamen del Premio Internazionale
di Narrativa Poesía e Saggistica
"Michelángelo" XV Edizione 2010
en Milán - Italia

    Retirado del Mundo
    escribo...

    ...retirado del Mundo
    observo lo que sucede,
    lo que mueve a la humanidad...

    Retirado del Mundo
    añoro ese tiempo,
    esa época aún por llegar
    en la que ya he estado...

    ...lugar paradisíaco
    en el que cada alma,
    cada persona,
    cada Ser despierta
    recobrando su propia
    identidad...

    ...consciente de su naturaleza,
    asentando los pilares
    que profundizan como las raíces
    de los árboles internándose
    en la profundidad de la tierra...

Manantiales y cascadas
que forman parte de tu vida,
de la mía...

...mientras juntos recorremos
el Mundo... La Tierra
que navega a través
del Espacio y del Tiempo...

Retirado del Mundo
escribo...

...retirado del Mundo
te observo y a través
de tu quehacer,
a través de tus cosas
veo destellos sobre lagos
de agua cristalina
que brilla con la luz
de este sol que...
a todos nos vio nacer...

Así es como te veo,
así es como te siento...

...a través de lo que escribo,
a través de lo que percibo
cuando en la distancia
soy tú sin que te des cuenta,
en silencio... tras el anonimato,
respetando tu intimidad...

Retirado del Mundo
ya hace tiempo que partí
hacia mundos en los que...
...los manantiales son bañados
por el agua de cascadas
que brotan de La Tierra...

Tomás Morilla Massieu, Alicia Morilla Massieu & Semjase (Semyase)

Retirato dal mondo...

Poema galardonado con Segundo Premio
Placa y Diploma
Certamen del Premio Internazionale
di Narrativa Poesía e Saggistica
"Michelángelo" XV Edizione 2010
en Milán - Italia

Ritirato dal mondo
scrivo...

...ritirato del mondo
osservo ció che succede,
ció che muove l'umanità...

Ritirato dal mondo
mi manca quel tempo,
quell'epoca che deve arrivare
dove sono già stato...

...posto paradisiaco
nel quale ogni anima,
ogni persona,
ogni Essere sveglia
riprendendo la propria
identità...

...coscente della sua natura,
assicurando i pilatri
che si fanno profondi come le radici
degli alberi addentrandosi
nella profondità della terra...

Ritirato dal mondo
scrivo...

...ritirato dal mondo
ti ossrvo e attraverso
del tuo lavoro,
attraverso delle tue cose
vedo fulgori sui laghi
di acqua cristalina
che brilla con la luce
di questo sole che...
ci ha visto a tutti nascere...

Così è come ti vedo,
così è come ti sento...

...attraverso ció che scrivo,
attraverso di quello che vedo
quando nella distanza
sono te senza che tu ti rena conto,
in silenzio...tra l'anonimato,
rispettando la tua intimità...

Ritirato dal mondo
è da tempo che sono partito
verso mondi nei quali...
...le sorgenti sono bagnate
dall'acqua dalle cascate
che nascono dalla Terra...

Sorgenti e cascate
che formano parte della tua vita,
della mia..

...

Tomás Morilla Massieu, Alicia Morilla Massieu & Semjase (Semyase)

...mentre insieme viaggiamo
per il mondo...La Terra
che naviga attraverso
lo Spazio e il Tempo...

Traducción al Italiano
Mirella de Blasio

¿Te ha sucedido a ti?

Poema galardonado con Segundo Premio
Placa y Diploma
Certamen del Premio Internazionale
di Narrativa Poesía e Saggistica
"Michelángelo" XV Edizione 2010
en Milán - Italia

¿Te ha sucedido a ti?

De pronto la vida parece
perder su sentido...

De pronto todo lo que
has hecho,
todo lo que has sido
nada importa...

De pronto el pasado
se detiene y...
comienzas a perder
tu memoria...

De pronto aquello
que fuiste,
aquello que hiciste
queda grabado
en el Universo
como experiencias
que te ayudaron
a evolucionar...

...

Tomás Morilla Massieu, Alicia Morilla Massieu & Semjase (Semyase)

¿Te ha sucedido a ti?

De pronto todo es
un nuevo comienzo,
una nueva oportunidad
de comenzar,
de proseguir...

De pronto todo se vuelve
más sencillo y...
...aquellas personas
capaces de sentir,
de ser más allá
de la apariencia...

...descubren que el Mundo
es en esos instantes
como siempre ha sido,
rasgando el velo
de lo desconocido,
de lo limitado
para... mostrar toda
su plenitud,
toda su grandeza...

Así es como la humanidad
traspasa las barreras
de lo establecido,
de las limitaciones...

Así es como TODOS
y cada UNO evolucionan
hacia nuevos estados
en los que las percepciones
despliegan los mecanismos
que accionan
las cadenas del ADN...

Ti è suceso a te?

Poema galardonado con Segundo Premio
Placa y Diploma
Certamen del Premio Internazionale
di Narrativa Poesía e Saggistica
"Michelángelo" XV Edizione 2010
en Milán - Italia

Ti è successo a te?

All'improvviso la vita sembra
perdere il suo senso...

All'improvviso tutto quello che
hai fatto,
tutto quello che è stato
non importa...

All'improvviso il passato
si ferma e...
cominci a perdere
la tua memoria...

All'improvviso
ciò che sei stato,
ció che hai fatto,
rimane impreso
nell'Universo
come esperienze
che ti aiutarono
per evoluzionare...

...

Tomás Morilla Massieu, Alicia Morilla Massieu & Semjase (Semyase)

Ti è succeso a te?

All'improvviso tutto è
un nuovo comincio,
una nuoca opportunità
di cominciare,
di proseguire...

All'improvviso tutto si fa
più facile e...
...quelle persone
capaci di sentire,
di essere pií in lá
della apparenza...

...scoprono che nel mondo
in questi momenti
come sempre é stato,
stappando il velo
di quello che è sconosciuto,
dello limitato
per...far vedere tutta
la sua plenitù,
tutta la sua gradezza...

È così come l'umanità traspassa
le barriere
di quello stabilito,
delle limitazini...

...

Così come TUTTI
e OGNUNO evoluzionano
verso nuovi stati
nei quali le percezioni
aprono i meccanismi
che azionano
le catene dell'ADN...

Traducción al Italiano
Mirella de Blasio

Tomás Morilla Massieu, Alicia Morilla Massieu & Semjase (Semyase)

Libro de poemas
Ángeles en La Tierra...

Galardonado el libro de poemas
"Ángeles en La Tierra"
con Trofeo, Medalla y Diploma
en el Certamen del Premio Internazionale
"MICHELANGELO" XV Edizione
Milán - Italia año 2010

Galardonado con el Primer Premio el libro de poesías "Ángeles en La Tierra", del poeta Tomás Morilla Massieu, en el Certamen del Premio Internazionale di Narrativa Poesía e Saggistica "Michelángelo" XV Edizione 2010, en Milán - Italia con Trofeo, Placa y Diploma.

Se cierran los ciclos

Poema galardonado con Segundo Premio
Medalla y Diploma
en el Certamen Internazionale
Di Narrativa Poesia e Narrativa
dal Greco "CALLIOPE" 2011
en Ovada, Italia

Se cierran los ciclos,
finaliza TODO
lo que... un día comenzó
para dejar paso
a nuevas etapas...

Se cierran los ciclos
de la vida
a través de los que...
llegamos en estos
instantes...

Ciclos capaces
de transportarnos
a través de experiencias
que... unas veces
se han completado
y otras... han quedado
latentes... pospuestas...
interrumpidas...

Se cierran los ciclos,
las experiencias vividas
hasta hoy...

...para crear a continuación
nuevos escenarios
a través de los que... crear
con conocimiento...

Se cierran los ciclos
del pasado para abrirse
los del presente que...
condicionan todo aquello
que se ha completado...

La vida Es un Amanecer
que... se extiende hacia
un horizonte que...
ya no es tan lejano...

...un horizonte majestuoso
a través del que...
los ciclos de la vida
que han finalizado
nos transportan
hacia nuevos destinos
desconocidos...

...destinos antaño
soñados...

Se abre una nueva etapa
para la humanidad,
desplegamos las alas
y... elevamos el vuelo
hacia Universos
y Galaxias en las que...
todo ya se manifiesta
en paz... en equilibrio,
en armonía...

Si chiudoni i cicli

Poema galardonado con Segundo Premio
Medalla y Diploma
en el Certamen Internazionale
Di Narrativa Poesia e Narrativa
dal Greco "CALLIOPE" 2011
en Ovada, Italia

Si chiudono i cicli,
Finisce TUTTO
ció che...un giorno cominció
per lasciare passare
a nuove tappe...

Si chiudono cicli
della vita
attraverso i quali...
arriviamo a quest'istanti...

Cicli capaci
di trasportarci
attaverso esperienze
che... a volte
si sono completati
ed altri...sono rimaste
lattenti...proposte
interrotte...

Si chiudono i cicli,
le esperienze vissute
fino ad oggi...

...per creare di seguito
scenari nuovi

attraverso dei quali...creare
con conoscenza...

Si chiudono i cicli
del passato per aprirsi
a quelli del presente che...
condizionano tutto quello
che si è completato...

La vita è un ALBEGGIARE
che... si dispiega verso
un orizzonte che...
non è più lontano...

...un maestuoso orizzonte
attaverso del quale...
i cicli della vita
che sono finiti
ci trasportino
verso destini nuovi
sconosciuti...

destini da sempre
sognati...

Si apre una nuova tappa
Per l'umanità,
dispieghiamo le ali
ed...eleviamo il volo
verso Universi
e Galassie nelle quali...
tutto si manifesta già
in pace...in equilibrio,
in armonia.

Traducción al Italiano
Mirella de Blasio

Componiendo poemas
tras el silencio de la noche...

Poema galardonado con Segundo Premio
Medalla y Diploma
en el Certamen Internazionale
Di Narrativa Poesia e Narrativa
dal Greco "CALLIOPE" 2011
en Ovada, Italia

La vida nos lleva hacia
destinos inciertos...

...unos poemas compuestos
tras el silencio de noches
cálidas...

...el recuerdo de quienes
siempre permanecen...

La vida nos lleva hacia
destinos compartidos
a través de los que...

...podemos entre TODOS
y cada UNO crear
nuevos comienzos
con una continuidad
que... nos invita
a navegar trazando
rumbos a través
de los que... surcar
La Tierra dando vida
a sueños gestados
a través del pensamiento...

...creados a través
de la imaginación...

La vida nos lleva hacia
lugares en los que...
TODOS y cada UNO
recordamos quienes
hemos sido,
lo que hemos hecho,
lo que hemos legado...

Unos poemas creados
tras el silencio de noches
cálidas... inspirados
desde el Ser que...
permanece en contacto
con las estrellas...

...son el reflejo de TODO
lo que... nace espiritualmente,
manifestándose al unísono
con quienes sienten que la vida
es mucho más que esta
apariencia...

...vida que nos lleva
hacia destinos cálidos...
a través de los que... contemplar
estrellas cercanas que...
nos anuncian la llegada
de Nuevos Tiempos
a través de los que...
despertar siendo
lo que somos,
lo que siempre fuimos,
recordando nuestra
divinidad...

...

...nuestro pacto
antes de nacer...

...acuerdo con la evolución
que nos lleva a colaborar
con la Transición,
con la Ascensión
de Gaia... de La Tierra
y... nosotros con ella...

Tomás Morilla Massieu, Alicia Morilla Massieu & Semjase (Semyase)

Componendo poemi
tra il silenzio della notte

Poema galardonado con Segundo Premio
Medalla y Diploma
Certamen del Premio Internazionale
en el Certamen Internazionale
Di Narrativa Poesia e Narrativa
dal Greco "CALLIOPE" 2011
en Ovada, Italia

La vita ci porta
verso incerti destini...

...dei poemi composti
tra il silenzio di notti
calide...

...il ricordo di quelli
che sempre rimangono...

La vita ci porta verso
destini compartiti
attraverso i quali...

possiamo fra TUTTI
ed OGNUNO creare
nuovi cominci
con una continuità
che... ci invita
a navigare tracciando
rotte attraverso
le quali...navigare.
La Terra dando vita
a sogni gestati
attraverso il pensiero...

...creati attraverso
l'immaginazione...

La vita ci porta verso
porti nei quali
TUTTI ed OGNUNO
Ricordiamo chi
siamo stati,
che abbiamo fatto
che abbiamo legato...

Dei poemi creati
tra il silenzio di notti
calide...ispirate
dall'Essere che...
rimane in contatto
con le stelle...

...sono il riflesso di TUTTO
quello che... nasce spiritualmente
si manifesta all'unisono
con quelli che sentono che la vita
è molto di più che questa
apparenza...

vita che ci porta
verso calidi destini...
attraverso i quali...vedere
stelle vicine che
ci annunciano l'arrivo
di Nuovi Tempi
attraverso i quali...
svegliare essendo
ciò che siamo,
ciò che sempre siamo stati,
recordando la nostra
divinità...

...

Tomás Morilla Massieu, Alicia Morilla Massieu & Semjase (Semyase)

il nostro patto
prima di nascere...

...accordi con l'evoluzione
che ci porta a collaborare
con la Transizione,
con l'Ascenzione
di Gaia...della Terra
e...noi con essa...

Traducción al Italiano
Mirella de Blasio

Libro de poemas
Creando desde muy adentro

Galardonado el libro de poemas
"Creando desde muy adentro"
Primer Premio
Certamen Internazionale
Di Narrativa Poesia e Narrativa
dal Greco "CALLIOPE" 2011
en Ovada, Italia

Galardonado el libro de poemas "Creando desde muy adentro"... escrito por Tomás Morilla Massieu con el Primer Premio en el Certamen Internazionale Di Narrativa Poesia e Narrativa dal Greco "CALLIOPE" 2011 en Ovada, Italia, con il patrocinio di Provincia di Alessandria, Comune di Ovada (AL) (Assessorato alla Cultura) OTMA Ed. "Agenda dei Poeti" - Milano.

Así es la vida...

Poema galardonado con Placa, y Diploma
Premio Letterario di Poesia e Narrativa
Città di Recco V Edizione
Tercer Premio
7 de mayo del año 2011
en Génova / Italia

Así es la vida
que hemos creado...

...un mundo de ilusiones
hecho a imagen
y semejanza
de quienes...

...lo hemos gestado
según lo que creemos,
lo que pensamos,
lo que sentimos...

Así es la vida
en esta época
que nos corresponde
vivir...

...a cada UNO
según lo suyo...

Así es la vida,
así la vivimos...

La vida Es
como cada UNO
la concebimos
y... entre TODOS
y cada UNO
somos capaces
de crearla
a nuestra imagen
y semejanza...

...así con TODO,
así con nosotros
mismos...

...así con quienes
interactuamos a través
de lo que pensamos,
de lo que sentimos,
de lo que creemos...

¡Oh! Si...
hermoso escenario
este en el que...
convivimos
con TODOS
y cada UNO...

Así es la vida,
unos van...
otros vienen...
y TODOS deseando
vivirla con plenitud,
con prosperidad...

Así es la vida
que todos sentimos,
que todos gestamos...

...una vida que hasta hoy
nos ha ofrecido
la posibilidad de ser
quienes hemos sido
a través de lo que creamos...

...de lo que hemos creído
de nosotros y... de los demás...

...creación y creencias
que... ya Trascienden,
que ya Ascienden
en esta época
de Evolución,
de Crecimiento
en la que... cada UNO
ha de elegir qué Es
lo siguiente...

Así es la vida,
así TODOS nos dirigimos
hacia lo que hemos
creado a través
de las creencias,
de los pensamientos,
de los sentimientos...

Così è la vita...

Poema galardonado con Placa, y Diploma
Premio Letterario di Poesia e Narrativa
Città di Recco V Edizione
Tercer Premio
7 de mayo del año 2011
en Génova / Italia

    Così è la vita
    Che abbiamo creato...

    ...un mondo d'illusioni
    fatto ad immagine
    e somiglianza
    di quei....

    ....l'abbiamo gestata
    secondo ció che crediamo,
    ció che pensiamo,
    ció che sentiamo...

    Così è la vita
    in quest'epoca
    che ci tocca
    vivere...

    ... ad OGNUNO
    a seconda di ció che é suo...

    Così è la vita,
    Così la Viviano...

La vita È
come OGNUNO
la pensa
e...fra TUTTI
ed OGNUNO
siamo capaci
di crearla
ad immagine e somiglianza...

così con TUTTO,
così con noi
stessi...

....cosi con i quali
intercambiamo attraverso
di ció che pensiamo,
ció che sentiamo,
ció che crediamo...

Oh! Sì...
Bello scenario
Questo in cui...
Conviviamo
con TUTTI
ed OGNUNO...

Così è la vita,
Alcuni vanno...
altri vengono...
e TUTTI desiderando
viverla piena,
con prosperità...

Così è la vita
che tutti sentiamo,
che tutti gestiamo...

...una vita che fino ad oggi
ci ha offerto
la posibilità d'essere
quelli che siamo stati
attraverso ció che crediamo...

...di ció che abbiamo creduto
di noi e...degli altri...
..creazione e credenze
che...TRASCENDONO già
che ASCENDONO già
in quest'epoca
di Evoluzione,
di Crescita
nella che ....OGNUNO
deve scegliere che È
ció che segue...

Così è la vita
così TUTTI ci rivolgiamo
verso ciò che abbiamo
creato attraverso
delle creenze,
dei pensieri,
dei sentimenti...

Traducción al Italiano
Mirella de Blasio

Nace el Amor...

Poema galardonado con Primer Premio
Placa y Diploma
Certamen del Premio Internazionale
di Narrativa Poesía e Saggistica
"Michelángelo" XVI Edizione 2011
en Milán - Italia

Nace el Amor...

...nace en el corazón
de las Almas que...

...se encuentran a través
del Espacio y del Tiempo...

Nace el Amor...

...cuando dos Almas
Viajeras se encuentran
y... tras reconocerse,
se Aman... en Libertad...

Nace el Amor...

...nace a través
de los sentimientos...

...nace a través
de las emociones...

Nace el Amor...

...cuando... "Pensándonos"
me sientes... te siento...

Nace el Amor...

...cuando... te Amo,
...cuando... me Amas...

Nace el Amor...

...cuando tú y yo
nos vinculamos
a través del Espacio
y del Tiempo...

...reencontrándonos
en esta vida...

...para recordar
que...

Tú y yo...

"Dejamos que el Amor
nos dirija"...

"Dejamos que el Amor
siga expresándose
en ambos y que...
la conexión continúe
dándose"...

Nace el Amor...

... "a través de TODOS
nuestros actos"...

..."desde una caricia,
desde un simple; ¡Hola!...
desde una sonrisa"...

Nace el Amor...

...cuando dos Almas
Viajeras...

Se Aman... en Libertad...

Nace el Amor...

...para mostrar al Mundo
que...

"Somos Creadores
de esa Vibración"...

Nace el Amor...

...en ti,
en mi...

... "mientras mantenemos
el corazón puro"...

... "libre de todo aquello
que estorba"...

... "mientras somos
como niños"...

"Confiando"...

..."mientras vamos
con las manos vacías"...

…"y… el corazón
lleno"…

Así… nace el Amor
que… Despierta a TODOS
y cada UNO…

…a través del Silencio,
de la Paz y la quietud…

Tomás Morilla Massieu, Alicia Morilla Massieu & Semjase (Semyase)

Nasce L'Amore

Poema galardonado con Primer Premio
Placa y Diploma
Certamen del Premio Internazionale
di Narrativa Poesía e Saggistica
"Michelángelo" XVI Edizione 2011
en Milán - Italia

Nasce l'Amore...

...Nasce nel cuore
dell'Anime che...

...s'incontrano attraverso
dello Spazio e del Tempo...

Nasce l'Amore...

...Quando due Anime
che viaggiano s'incontrano
e...tra riconoscersi,
si Amano... in Libertá...

Nasce l'Amore...

...nasce attraverso
dei sentimenti...

...nasce attraverso
delle emozioni...

Nasce l'Amore...

...quando... "Pensandoci"
mi senti... ti sento...

Nasce l'Amore ...

...quando... ti Amo,
...quando... mi Ami...

Nace l'Amore...

...quando ei e te
ci connettiamo
attraverso dello Spazio
e del Tempo...

...rincontrandoci
in questa vita...

per ricordare
che...

Io e te...

"Lasciamo che l'Amore
ci dirigga"...

"Lasciamo che l'Amore
continui ad espresarsi
in noi due e che...
la connessione continui
dandosi"...

Nasce l'Amore

..."attraverso di TUTTI
i nostri atti"...

Tomás Morilla Massieu, Alicia Morilla Massieu & Semjase (Semyase)

..."da una carezza,
da un semplice: Ciao!...
da un sorrisso"....

Nasce l'Amore...

...quando due Anime
Viaggere...

Si Amano...in Libertà...

Nasce l'Amore

Per far vedere al mondo
che...

"Siamo Creatori
di quella Vibrazione"...

Nasce l'Amore...

...in te,
in me...

..."mentre manteniamo
il cuore puro"...

...libero di tutto quello
che ci disturba"...

...mentre siamo
come bambini"...

"Confidando"...

..."mentre andiamo
con le mani vuote"...

..."e...il cuore
pieno"...

Così... nace l'Amore
Che ... Sveglia a TUTTI
Ed OGNUNO...

Attraverso del Silenzio,
della Pace e della quietudine...

Traducción al Italiano
Mirella de Blasio

Libro de poemas
Amando... en Libertad

Galardonado el libro de poemas
Amando... en Libertad
con Trofeo, Placa y Diploma
en el Certamen del Premio Internazionale
"MICHELANGELO" XVI Edizione
Milán - Italia año 2011

Galardonado con Premio Especial el libro de poesías Amando... en Libertad, del poeta Tomás Morilla Massieu, en el Certamen del Premio Internazionale di Narrativa Poesía e Saggistica "Michelángelo" 2011, en Milán - Italia, con Trofeo, Placa y Diploma.

La Vida... y el Amor

Poema galardonado con Placa, y Diploma
Premio Letterario di Poesia e Narrativa
Città di Recco VI Edizione
Tercer Premio
15 de mayo del año 2012
en Génova / Italia

La vida...

...muestra toda su
grandeza...

La Humanidad se abraza
entrañable...

La vida muestra
su grandeza
a La Humanidad
que...

...detiene su caminar
para volver sobre
sus pasos...

...ayudando a quienes
cayeron...

La Vida Brilla con Luz propia
ante el despertar
de la Humanidad que...

Tomás Morilla Massieu, Alicia Morilla Massieu & Semjase (Semyase)

...recupera sus sentimientos
su valía...

...el Amor que tanto
la caracteriza...

Brota la Esencia de La Vida
contenida en el corazón
de quienes...

¡Ahora si!

...abrazan a quienes antaño
tropezaron amándoles...

Amor que es en La Unidad...

Unidad que es Paz...

Paz que es Equilibrio...

Equilibrio que trae el resurgir
de tiempos en los que
la Luz y el Amor
se extienden sobre la faz
de La Tierra...

Tierra Bendita a través
de sentimientos
y emociones...

...sentimientos y emociones
de La Vida contenidos
en cada latir de corazones
que Aman...

Amor que se dibuja
en una sonrisa...

Amor que brilla
en una mirada...

La Vida muestra
su grandeza...

Grandeza contenida
a través del despertar
de quienes...

...viven en La Tierra
Amándose en Paz...

...en Equilibrio a través
de la Unidad...

Tomás Morilla Massieu, Alicia Morilla Massieu & Semjase (Semyase)

La Vita... E L'Amore

Poema galardonado con Placa, y Diploma
Premio Letterario di Poesia e Narrativa
Città di Recco VI Edizione
Tercer Premio
15 de mayo del año 2012
en Génova / Italia

La Vita...

...svela tutta la sua
grandezza...

L'Umanità si abbraccia
affettuosa...

La Vita svela
la sua grandezza
all'Umanità
che...

...detiene il suo andare
per ritornare sui
suoi passi...

...aiutando quelli che
sono caduti...

La Vita brilla di Luce propria
di fronte al risveglio
dell'Umanitá che...

...recupera i suoi sentimenti,
il suo valore...

...l'Amore che tanto
la contraddistingue...

Sboccia l'Essenza della Vita
rinchiusa nel cuore
di quelli che...

Adesso sì!

...abbracciano quelli che prima
sono scivolati amandoli...

Amore che è nell'Unione...

Unione che è Pace...

Pace che è Equilibrio...

Equilibrio che fa risorgere
tempi in cui
la Luce e l'Amore
si propagano sulla faccia
della Terra...

Terra Benedetta attraverso
sentimenti
ed emozioni...

...sentimenti ed emozioni
della Vita rinchiusi
in ogni battito di cuori
che Amano...

Amore che si disegna
in un sorriso...

Tomás Morilla Massieu, Alicia Morilla Massieu & Semjase (Semyase)

Amore che brilla
in uno sguardo...

La Vita svela
la sua grandezza...

Grandezza rinchiusa
nel risveglio
di quelli che...

...vivono sulla Terra
Amandosi in Pace...

...in Equilibrio attraverso
l'Unione...

**En algún lugar... el Amor
se extiende anidando
en los corazones...**

Poema galardonado con Tercer Premio
Placa y Diploma
Premio Letterario Internazionale
"Priamar" V Edizione 2011
Genova, Italia

En algún lugar,
entre La Tierra
y el Cielo...

...el Amor se extiende
anidando en los corazones
de las Almas que...

...en su Viaje Migratorio
vuelan hacia su destino...

En algún lugar,
entre La Tierra
y el Cielo...

...el Amor anida
extendiéndose
con la Luz que...

...abre las percepciones,
mostrando a los habitantes
de La Tierra TODO aquello
que da sentido a La Vida...

...

...a un Nuevo Mundo
que... se ha estado gestando
y que... nace tras ser
concebido por quienes...
un buen día Despertaron
decidiendo quedarse aquí,
Sembrando de Esperanza
un Paraíso que permanecía
en las tinieblas...

En algún lugar,
entre La Tierra
y el Cielo...

...el Amor se extiende
transformándose
en un arco iris
luminoso...

...para mostrar el camino
que han de seguir
los peregrinos
de la vida...

...Almas en tránsito
que... van más allá
de las formas...

En algún lugar,
entre La Tierra
y el Cielo...

...permanecen atentas
Civilizaciones que...
han de descender...

...

...y con ellas... el Amor
que renace desplegando
sus Alas Espirituales...

En algún lugar,
entre La Tierra
y el Cielo...

...brota el cálido
llando de un niño
que nace...

...y con él... la Luz
y el Amor que a TODOS
nos vincula...

...Creando Unidad,
Paz y Equilibrio...

En algún lugar
entre La Tierra
y el Cielo...

...La Vida muestra
a la Humanidad
que... el Amor
desciende desde
las Estrellas...

...extendiéndose aquí
y ahora...

...Sembrando de Vida
la Evolución
y la Existencia...

In qualche luogo... l'Amore
si allunga accogliendosi
nei cuori...

Poema galardonado con Tercer Premio
Placa y Diploma
Premio Letterario Internazionale
"Priamar" V Edizione 2011
Genova, Italia

In qualche luogo,
Fra la Terra
Ed il Cielo…

….L'Amore si allunga
accogliendosi nei cuori
dell'Anime che…

…Nel suo Viaggio Migratorio
volano verso il suo destino…

In qualche luogo
Tra La Terra
Ed il Cielo…

L'amore accoglie
Allungandosi
Con la Luce che…

…apre le percezioni,
facendo vedere agli abitanti
della Terra TUTTO quello
che da senso alla Vita…

…

…ad un Nuevo Mondo
che …si è stato gestando
e che…nasce tra essere
concepito da quelli….
Un buon giorno si Svegliarono
Decidendo rimanere lì,
Seminando la Esperanza
Un Paradiso che rimaneva
Tre le tenebre…

In qualche luogo,
Fra La Terra
Ed il Cielo…

L'Amore si allunga
Trasformandosi
In un arco baleno
Luminoso…

…per far vedere il camino
che devono prendere
i pellegrini
della vita…

…Anime in transito
che…vanno oltre
le forme…

In qualche luogo,
Fra La Terra
Ed il Cielo….

…permanescono attente
Civilización che…
Devono scendere…

                        …

Tomás Morilla Massieu, Alicia Morilla Massieu & Semjase (Semyase)

Ed con esse…l'Amore
Che rinasce aprendo
Le sue Ali Spirituali…

In qualche luogo,
Tra la Terra
Ed il Cielo…

Germogliaq il calido
Pianto di un bambino
Che nasce…

….e con lui…la Luce
e l'Amore a TUTTI
ci vincola…

…Creando Unità,
Pace ed Equilibrio…

In qualche luogo
Fra la Terra
Ed il Cielo….

…La Vita mostra
all'Umanità
che… l'Amore
scende dalle
le Stelle…

….che si stende qui
ed adesso…

Seminando la Vita
L'Evoluzione
E la Esistenza…

Traducción al Italiano
Mirella de Blasio

Libro de poemas
Ángeles

Galardonado el libro de poemas
"Ángeles"
Primer Clasificado
Medalla y Diploma
en el Certamen Internazionale
di Narrativa Poesia Saggistica
"CALLIOPE" 2012
en Ovada, Italia

Galardonado el libro de poemas "Ángeles"... escrito por Tomás Morilla Massieu con el Primer Clasificado en el Certamen Internazionale di Narrativa Poesia Saggistica "CALLIOPE" 2012 en Ovada, Italia, con il patrocinio di Provincia di Alessandria, Comune di Ovada (AL) (Assessorato alla Cultura) OTMA Ed. "Agenda dei Poeti" - Milano.

Manifestando La Divinidad Ascendiendo...
Trascendiendo...

Poema galardonado con Segundo Premio
Placa, Medalla y Diploma
Certamen del Premio Internazionale
di Narrativa Poesía e Saggistica
"Michelángelo" XVII Edizione 2012
en Milán - Italia

Muchas Almas
aún lo desconocen...

...ignoran que La Vida
se Transforma...

Muchas Almas...

...aún viven como si
La Vida fuese
a continuar
como hasta hoy...

Pero... no es así...

En este Tiempo,
TODO se Transforma...

En este Tiempo,
La Vida se Manifiesta
para que TODOS
y cada UNO
"Despierten"...

...

Es este el Tiempo
del "Despertar"...

Es este el Tiempo
de tomar Conciencia
y... Unificando
todo lo aprendido
reencarnación
tras reencarnación...

...Vibrar en Armonía
con el "Ser"...

Ser en la Luz...

Ser en el Amor...

Ser en la Ascensión...

Muchas Almas
ya lo sienten
en su interior...

Es La Vida...

Evolucionando...

Transformándose...

Ascendiendo hacia
Otra Dimensión...

Es el Despertar
del Ser Humano...

Manifestando
su Divinidad...

Esprimendo la Divinita Ascendendo...
Trascendendo...

Poema galardonado con Segundo Premio
Placa, Medalla y Diploma
Certamen del Premio Internazionale
di Narrativa Poesía e Saggistica
"Michelángelo" XVII Edizione 2012
en Milán - Italia

Molte Anime
nemmeno lo sanno ...

...ignorano che La Vita
si trasforma ...

Molte Anime ...

...ancora vivono come se
La Vita fossi
a continuare
come fino ad oggi ...

Ma ... non è così...

In questo Tempo,
TUTTO si Trasforma ...

In questo Tempo,
La Vita si manifesta
per TUTTI
e OGNUNO
"SI SVEGLIENO" ...

E 'questo il momento
del "Risveglio" ...

E 'questo il Tempo
di prendere Conscienza
e ... Unificando
quanto appreso
reincarnazione
dopo la reincarnazione ...

...Vibrare in Armonia ...
con l '"Essere" ...

Essere nella Luce ...

Essere in Amore ..

Essere in Ascensione...

Molte Anime
sento già
dentro ...

La vita è ...

In evoluzione ...

Trasformandosi ...

Crescente verso
Un'Altra Dimensione ...

E 'il Risveglio
dell'Essere Umano ...

Manifestando
la sua Divinità ...

Traducción al Italiano
Mirella de Blasio

Toda una vida escribiendo...

Poema galardonado con Segundo Premio
Placa, Medalla y Diploma
Certamen del Premio Internazionale
di Narrativa Poesía e Saggistica
"Michelángelo" XVII Edizione 2012
en Milán - Italia

Todos estos años creando,
escribiendo a cerca de la vida,
del comportamiento
de las personas...

...de las almas que llegan
a este mundo...

...para descubrir quien soy,
quien eres,
quienes somos...

Toda la vida escribiendo,
bañándome en la fuente
de la inspiración
para descubrir que...
...a través del arte,
de la pintura,
de la poesía
es posible dejar de ser
náufrago para adentrarme
en un mundo en el que...

...

…nace la Luz,
el Amor que brilla
al compás de notas
musicales que…
son tocadas al unísono
de antiguas melodías
contenidas en partituras…

…en pentagramas
que son interpretados
al crear música al son
de un viejo piano,
de un clarinete,
de un reflejo que dejó
de ser espejismo
para transformarse
en realidad…

Toda una vida escribiendo
para descubrir que sé de ti,
de tus cosas,
de tus pensamientos,
de tu sentir…

Toda una vida deseando
compartir estas experiencias
tras recorrer caminos
y veredas para…
…a continuación
recordar lo que ya fue
transitado y… redescubrir
la vida a través de la madurez
y la experiencia…

¡Cuantas melodías!
¡Cuantos acordes!
¡Cuanta luz!

…

Tomás Morilla Massieu, Alicia Morilla Massieu & Semjase (Semyase)

¡Cuánto fue lo descubierto!
¡Cuánto aún por descubrir!

Mientras... continuo sabiendo
de ti y de mi a través
de poemas que nacen
con cada destello
que siento en ti,
en mi...

**Tutta una vita
scrivendo...**

Poema galardonado con Segundo Premio
Placa, Medalla y Diploma
Certamen del Premio Internazionale
di Narrativa Poesía e Saggistica
"Michelángelo" XVII Edizione 2012
en Milán - Italia

Tutti questi anni creando,
scrivendo sulla vita,
del comportamento
delle persone...

...dell'anime che arrivano
a questo mondo...

...per scoprire chi sono,
chi sei,
chi siamo...

Tutta la vita scrivendo,
facendo il bagno nella fonte
dell'ispìrazione
per scoprire che...
...tramite l'arte,
la pittura,
la poesia
è possibile smettere di essere
nafrago per entrare
in un mondo nel quale...

...

...nasce la Luce,
l'amore che brilla
allo stesso tempo delle noti
musicali che...
sono interpretate allo stesso tempo
di vecchie melodie
contenute nelle partiture...

...in pentagrami
che sono interpretati
al creare musica al ritmo
di un vecchio pianoforte,
d'un clarinetto,
d'un riflesso che non è più
un miraggio
per trasformarsi
in realtà...

Tutta una vita scrivendo
per scoprire che so di te,
delle tue cose,
dei tuoi pensieri,
del tuo sentire...

Tutta una vita desiderando
condividere queste esperienze
tra percorrere cammini
e sentieri per...
....dopo quello che già è stato
transitato e...riscoprire
la vita attraverso la maturità
e la esperienza...

Quante melodie!
Quanti accordi!
Quanta luce!

...

Quanto fu lo scoperto!
Quanto rimanae ancora per scoprire!

Mentre... continuo sapendo
di te e di me attraversi
i poemi che nascono
con ogni fulgore
che sento in te,
in me...

Traducción al Italiano
Mirella de Blasio

**Libro de poemas
Esencias...**

Galardonado el libro de poemas
"Esencias"
con Trofeo, Medalla y Diploma
en el Certamen del Premio Internazionale
"MICHELANGELO" XVII Edizione
Milán - Italia año 2012

Galardonado con el Primer Premio por su libro de poesías "Esencias", en el Certamen del Premio Internazionale di Narrativa Poesía e Saggistica "Michelángelo" XVII Edizione 2012, con Medalla, Placa y Diploma en Milán, Italia (Octubre de 2012).

Si te preguntase
por tus sueños...

Poema galardonado con Copa, y Diploma
Premio Letterario di Poesia e Narrativa
Città di Recco VII Edizione
Segundo Premio
de mayo del año 2013
en Génova / Italia

Si te preguntase
por tus sueños...

¿Qué me dirías?

Si te preguntase
por tus sueños...

Tal vez me dirías
que...

...Despiertas en un
Nuevo Mundo
en el que...

...TODO forma parte
del Amanecer...

...un Nuevo Mundo
en el que...

La Vida...

Tomás Morilla Massieu, Alicia Morilla Massieu & Semjase (Semyase)

...toma Conciencia
de si misma y...

...se Eleva sobre los
Pilares de La Tierra
Trascendiéndose...

Si te preguntase
por tus sueños...

...probablemente
me dirías que...

...en ellos Despiertas
cada día y sonríes
ante la Transformación
del Ser Humano que...

...se reconoce como UNO
con TODO...

UNO con La Vida...

UNO con La Tierra...

UNO con el Universo...

UNO con Civilizaciones
que habitan Galaxias...

Dimensiones...

...Planetas lejanos
que... cada vez están
más cerca...

...en la medida que
el Ser Humano
Despierta...

...tomando Conciencia
de si mismo...

...de su naturaleza,
de sus dones,
de sus facultades...

Si te preguntase
por tus sueños...

¿Qué me dirías?

"Te diría que... la Luz
y el Amor se extienden
al Unísono"...

Tomás Morilla Massieu, Alicia Morilla Massieu & Semjase (Semyase)

**Se ti chiedessi
per i tuoi sogni...**

Poema galardonado con Copa, y Diploma
Premio Letterario di Poesia e Narrativa
Città di Recco VII Edizione
Segundo Premio
.. de mayo del año 2013
en Génova / Italia

Se ti chiedessi
per i tuoi sogni...

Cosa vorresti dire?

Se ti chiedessi
per i tuoi sogni...

Forse mi diresti
che ...

...ti Svegli in un
Nuovo Mondo
in cui...

...TUTTE le parti
del nuovo giorno...

Un Nuovo Mondo
in cui...

La Vita...

...diventare consapevoli
di se stessa e...

...Sorge su Pilastri
della Terra
Trascendendosi...

Se ti chiedessi
per i tuoi sogni...

...probabilmente
mi dirai che...

...tu Svegli in essi
ogni giorno e sorridi
innazi allaTrasformazione
dell'Essere Umano...

...si riconosce come UNO
con TUTTO ...

Uno con La Vita...

Uno con La Terra...

Uno con l'Universo...

UNO con Civiltà
che abitano Galassie...

Dimensioni...

...Pianeti lontani
che... sono sempre
più vicini....

Tomás Morilla Massieu, Alicia Morilla Massieu & Semjase (Semyase)

...La misura
dell'Essere Umano
Sveglia...

...diventare Consapevoli
di se stesso...

...della loro natura,
dei suoi doni,
dei suoi poteri...

Se ti chiedessi
per i tuoi sogni...

Cosa mi diresti?

"Ti direi che... la Luce
e l'Amore si estendono
all' Unisono"...

Traducción al Italiano
Mirella de Blasio

UNO... con TODO...

Poema galardonado Segundo Clasificado
Diploma y Medalla Aurea
en el Certamen Internazionale
di Narrativa Poesia Saggistica
"CALLIOPE" 2013
VIII Edizione
en Ovada, Italia

Antes... vivía así...

...tal y como viven
TODOS y cada UNO...

Ahora...

...vivo siguiendo
mis premisas...

Mi vida...

Mi experiencia...

Antes... vivía así...

...adaptándome
a las circunstancias...

Ahora... ya no puedo
ni tan siquiera
concebirlo...

...

...porque mi Ser permanece
en conexión Más Allá
de TODO lo que se percibe...

Antes... vivía como UNO
más...

Ahora... soy UNO
con TODO...

...entregando TODO
lo que soy...

...a través del Arte
de la Creatividad...

Legando a La Vida,
al Universo,
a la Humanidad...

...lo que "Es"
en mi corazón
en mi Ser...

UNO... con TUTTO...

Poema galardonado Segundo Clasificado
Diploma y Medalla Aurea
en el Certamen Internazionale
di Narrativa Poesia Saggistica
"CALLIOPE" 2013
VIII Edizione
en Ovada, Italia

Prima... viveva così...

Come vivono...
TUTTI e OGNUNO...

Ora...

Vivo seguendo...
i miei principi...

La mia vita...

La mia esperienza...

Prima si... viveva così...

...Adattandosi...
alle circostanze...

Ora... Non posso più
e neanche
concepirlo...

...

Tomás Morilla Massieu, Alicia Morilla Massieu & Semjase (Semyase)

...perché il mio ESSERE
in connessione PIÙ in LÀ
Di TUTTO ciò che è percepito...

Prim... vivo come UNO
in più...

Ora... sono UNO
con TUTTO...

consegando TUTTO...
ciò che sono...

...Attraverso l'Arte
della Creatività...

Lasciando alla Vita,
all'Universo,
all"umanità...

...Ciò che "È"
nel mio cuore
nel mio ESSERE...

Libro de poemas
Trascendiéndonos

Galardonado el libro de poemas
"Trascendiéndonos"
Mención de Honor
Diploma y Medalla Aurea
en el Certamen Internazionale
di Narrativa Poesia Saggistica
"CALLIOPE" 2013
VIII Edizione
en Ovada, Italia

Galardonado el libro de poesías "Trascendiéndonos" Mención de Honor, con Diploma y Gran Medalla Aurea otorgada al Poeta Tomás Morilla Massieu en el Certamen del Premio Internazionale "Calliope" di Narrativa-Poesia-Saggistica " VIII Edizione, Associazione Letteraria "Michelangelo", Accademia Internazionale "Giacomo Leopardi", Associazione Culturale "Il Ventaglio", con el patrocinio del Comune di OVADA (AL) Assesorato alla Cultura, en el mes de abril del año 2013.

Libre... se extiende la Luz y el Amor...

Poema Galardonado con Segundo Premio
Placa y Diploma
Premio Letterario Internazionale
"Priamar" VII Edizione 2013
Genova, Italia

Libre... La Vida abraza
al Ser Humano...

En Libertad...

El corazón de TODO Ser Vivo
añora Trascenderse...

...y... así es como se reaviva
el Amor que se extiende...

Libres... danzan las Almas
en La Tierra...

...deseando que la Luz
y el Amor Brille
al Unísono...

Libre... es el Ser que ve
Más Allá de las Formas...

...expandiendo su Luz,
su Amor, su Conciencia...

...

Tiempo este en el que...

...TODOS y cada UNO
sentimos que el Universo
se alía con La Vida...

...ayudándonos a Evolucionar,
mientras que... en cada lugar,
en cada corazón,
en cada Planeta...

...la Libertad se abre camino
impulsándonos a ir
Más Allá...

...hacia un Horizonte
en el que TODO
se ha Transformado...

Tomás Morilla Massieu, Alicia Morilla Massieu & Semjase (Semyase)

Libero ... si estende la Luce e l' Amore...

Poema Galardonado con Segundo Premio
Placa y Diploma
Premio Letterario Internazionale
"Priamar" VII Edizione 2013
Genova, Italia

Libero ... La vita abbraccia
all'Essere Umano...

In libertà...

Il cuore di TUTTI gli Esseri Viventi
rimpiange Trascerdensi...

... e ... questo è come rivivere
L'amore che si estende...

Libere ... ballano le Anime
sulla Terra...

...desiderando che la LUce
e l'Amore brillino
all'Unisono...

Libero... è l'Essere che vede
Oltre le Forme...

...ampliando la sua Luce,
Il suo Amore, la sua Coscienza...

...

Questa volta in cui...

TUTTI ed OGNUNO...
sentiamo che l'Universo
si unisca con la vita...

...aiutandoci a Evoluzionare,
mentre che... in ogni luogo,
in ogni cuore,
su ogni Pianeta...

...La libertà apre la sua strada
spingendoci ad andare
Al di là di...

verso un orizzonte...
in cui TUTTI
è stato trasformato...

Traducción al Italiano
Mirella de Blassio

Tomás Morilla Massieu, Alicia Morilla Massieu & Semjase (Semyase)

Sueño con un Mundo...

Poema Galardonado (Diploma)
Premio di Poesia "L'altra metà del cielo"
4ª Edizine
en Sicilia, Italia

    Sueño con un Mundo
    en el que... la mujer
    TODO lo Equilibra...

    Sueño con un Mundo
    en el que... la mujer
    recupera su lugar...

    Sueño con un Mundo
    en el que... la mujer
    concibe La Vida
    que se extiende en Paz,
    en Equilibrio,
    anidando en las Almas
    que Aman de corazón...

    Sueño con un Mundo
    que Bendice a la mujer
    por todos sus dones,
    por todas sus facetas...

    Mujer que... es niña,
    adolescente, madre,
    abuela...

                               ...

Mujer que... da sentido
a La Vida a través
del Ser que Ama
de corazón...

Tomás Morilla Massieu, Alicia Morilla Massieu & Semjase (Semyase)

Sogno con un Mondo...

Poema Galardonado (Diploma)
Premio di Poesia "L'altra metà del cielo"
4ª Edizine
en Sicilia, Italia

Sogno un Mondo
in cui... la donna
TUTTO l'Equiliva...

Sogno un Mondo
in cui... la donna
ricupera il suo posto...

Sogno un Mondo
in cui... la donna
concepisce la Vita
che si estende in Pace,
in Equilibrio,
nidificando nelle Anime
che Amano di cuore...

Sogno con un Mondo
che Benedici la donna
per tutti i suoi doni,
per tutte le sue sfaccettature...

Donna che... è bambina,
 adolescente,
nonna...

...

Donna che... dà senso
alla Vita attraverso
dell'Essere che Ama
di cuore...

Traducción al Italiano
Mirella de Blasio

En algún lugar... el Amor se extiende anidando en los corazones...

Poema Galardonado con Tercer Premio
Placa y Diploma
Premio Letterario Internazionale
"Priamar" V Edizione 2011
Genova, Italia

En algún lugar,
entre La Tierra
y el Cielo...

...el Amor se extiende
anidando en los corazones
de las Almas que...

...en su Viaje Migratorio
vuelan hacia su destino...

En algún lugar,
entre La Tierra
y el Cielo...

...el Amor anida
extendiéndose
con la Luz que...

...abre las percepciones,
mostrando a los habitantes
de La Tierra TODO aquello
que da sentido a La Vida...

...

...a un Nuevo Mundo
que... se ha estado gestando
y que... nace tras ser
concebido por quienes...
un buen día Despertaron
decidiendo quedarse aquí,
Sembrando de Esperanza
un Paraíso que permanecía
en las tinieblas...

En algún lugar,
entre La Tierra
y el Cielo...

...el Amor se extiende
transformándose
en un arco iris
luminoso...

...para mostrar el camino
que han de seguir
los peregrinos
de la vida...

...Almas en tránsito
que... van más allá
de las formas...

En algún lugar,
entre La Tierra
y el Cielo...

...permanecen atentas
Civilizaciones que...
han de descender...

...

Tomás Morilla Massieu, Alicia Morilla Massieu & Semjase (Semyase)

...y con ellas... el Amor
que renace desplegando
sus Alas Espirituales...

En algún lugar,
entre La Tierra
y el Cielo...

...brota el cálido
llando de un niño
que nace...

...y con él... la Luz
y el Amor que a TODOS
nos vincula...

...Creando Unidad,
Paz y Equilibrio...

En algún lugar
entre La Tierra
y el Cielo...

...La Vida muestra
a la Humanidad
que... el Amor
desciende desde
las Estrellas...

...extendiéndose aquí
y ahora...

...Sembrando de Vida
la Evolución
y la Existencia...

In qualche luogo... l'Amore si allunga accogliendosi nei cuori...

Poema Galardonado con Tercer Premio
Placa y Diploma
Premio Letterario Internazionale
"Priamar" V Edizione 2011
Genova, Italia

In qualche luogo,
Fra la Terra
Ed il Cielo…

….L'Amore si allunga
accogliendosi nei cuori
dell'Anime che…

…Nel suo Viaggio Migratorio
volano verso il suo destino…

In qualche luogo
Tra La Terra
Ed il Cielo…

L'amore accoglie
Allungandosi
Con la Luce che…

…apre le percezioni,
facendo vedere agli abitanti
della Terra TUTTO quello
che da senso alla Vita…

...

Tomás Morilla Massieu, Alicia Morilla Massieu & Semjase (Semyase)

…ad un Nuevo Mondo
che …si è stato gestando
e che…nasce tra essere
concepito da quelli….
Un buon giorno si Svegliarono
Decidendo rimanere lì,
Seminando la Esperanza
Un Paradiso che rimaneva
Tre le tenebre…

In qualche luogo,
Fra La Terra
Ed il Cielo…

L'Amore si allunga
Trasformandosi
In un arco baleno
Luminoso…

…per far vedere il camino
che devono prendere
i pellegrini
della vita…

…Anime in transito
che…vanno oltre
le forme…

In qualche luogo,
Fra La Terra
Ed il Cielo….

…permanescono attente
Civilización che…
Devono scendere…

…

Ed con esse...l'Amore
Che rinasce aprendo
Le sue Ali Spirituali...

In qualche luogo,
Tra la Terra
Ed il Cielo...

Germogliaq il calido
Pianto di un bambino
Che nasce...

....e con lui...la Luce
e l'Amore a TUTTI
ci vincola...

...Creando Unità,
Pace ed Equilibrio...

In qualche luogo
Fra la Terra
Ed il Cielo....

...La Vita mostra
all'Umanità
che... l'Amore
scende dalle
le Stelle...

....che si stende qui
ed adesso...

Seminando la Vita
L'Evoluzione
E la Esistenza...

Traducción al Italiano
Mirella de Blasio

Tomás Morilla Massieu, Alicia Morilla Massieu & Semjase (Semyase)

El Mundo Evoluciona...

Premio Letterario Internazionale
"Parete – Citta' della Poesia"
Edizione 2013
Diploma di Mérito
Patrocinato dal Comune di Parete
Organizzato dall'associazione
culturale "VITA NOVA"
Napoli – Italia

El Mundo Evoluciona...

La Tierra...

...Amando a sus habitantes
los abraza, los acuna...

La Humanidad se despereza
despertando del dulce sueño
que la ha mecido...

Atrás ha de quedar
la infancia...

En este ahora
en este constante
presente...

TODOS...

Al unísono...

...

...hemos de Ser en la Unidad
a través del Ser y...

...mostrar lo que en el Alma
"Es"... mientras Despertamos
apaciblemente en un Mundo
Creado a través de la Conciencia,
de la Luz y del Amor...

...que Vibra en sintonía
con TODO lo que "Es"
en ti, en mi, en TODOS
y cada UNO...

Il Mondo sta cambiando...

Premio Letterario Internazionale
"Parete – Citta' della Poesia"
Edizione 2013
Diploma di Mérito
Patrocinato dal Comune di Parete
Organizzato dall'associazione
culturale "VITA NOVA"
Napoli – Italia

Il mondo sta cambiando...

La Terra...

Amando i suoi abitanti...
gli abbracci, li culla...

L'umanità si estende
dal dolce sogno ad occhi aperti
che ha meritato...

Dietro deve rimanere
l'infanzia...

In questo momento
in questo costante
presente...

TUTTI...

All'unisono...

...

Dobbiamo essere... in Unità
attraverso l'Essere e...

Mostra quello che... nell'Anima
"È"... mentre ci Svegliamo
pacificamente in un mondo
Creato attraverso la Coscienza
della Luce e dell'Amore...

...che vibra in sintonia
con tutto ciò che "E"
in te, in me, in TUTTI
e ogni UNO...

Tomás Morilla Massieu, Alicia Morilla Massieu & Semjase (Semyase)

**Libro de poemas
Solsticios de Luz y Amor**

Galardonado el libro de poemas
"Solsticios de Luz y Amor"
con Trofeo, Medalla y Diploma
en el Certamen del Premio Internazionale
"MICHELANGELO" XVII Edizione
Milán - Italia año 2012

Galardonado con Diploma, "Medaglia Aurea" y Filigrana de Oro (Segundo Clasificado), el libro de poesías "Solsticios de Luz y Amor", en el Certamen del Premio Internazionale di Narrativa Poesia Saggistica "Michelangelo" XVIII Edizione, con il patrocinio di Provincia di Alessandria – Comune di Ovada (AL) Assesorato alla Cultura, Sezione Poesia Edita-Stranieri", en Italia.

Navegando a través de La Vida…

Poema Galardonado con Copa, y Diploma
Premio Letterario di Poesia e Narrativa
Città di Recco VIII Edizione
Segundo Premio
10 de mayo del año 2014
en Génova / Italia

>Navegando a través
de La Vida…

>Surcando las experiencias
que llegan…

>Recalando en puertos
resguardados del temporal…

>Veo el Mundo Evolucionar…

>Veo el Mundo que Trasciende…

>…llevando Luz y Amor
allá donde antes habitaba
la oscuridad…

>Navegando a través
de La Vida…

>Surcando las experiencias
que llegan…

…

Tomás Morilla Massieu, Alicia Morilla Massieu & Semjase (Semyase)

…trazamos rumbos
hacia la inmensidad
contenida en La Vida…

Amando…

Abrazando cada experiencia…

Compartiendo lo que somos
en cada instante…

Autor
Tomás Morilla Massieu

Navigando attraverso La Vita...

Poema Galardonado con Copa, y Diploma
Premio Letterario di Poesia e Narrativa
Città di Recco VIII Edizione
Segundo Premio
10 de mayo del año 2014
en Génova / Italia

> Navigando attraverso
> La Vita...
>
> Cavalcando le esperienze
> in arrivo...
>
> Approdano nei porti
> schermato dal temporale...
>
> Vedo il Mondo Evoluzionare...
>
> Vedo il Mondo che Trascende...
>
> ...portando Luce e Amore...
> dove vivevano prima
> l'oscurità...
>
> Navigazione attraverso
> La Vita...
>
> Attraversando le esperienze
> che arrivano...
>
> ...

Tomás Morilla Massieu, Alicia Morilla Massieu & Semjase (Semyase)

...tracciare percorsi...
nella immesitá
contenuta nella Vita...

Amando...

Abbracciando ogni esperienza...

Condividendo ciò che siamo
in ogni momento...

Autor
Tomás Morilla Massieu

Traducción al Italiano
Mirella de Blasio

Con cada Amanecer...

Poema Galardonado Segundo Clasificado
Diploma y Medalla
en el Certamen Internazionale
di Narrativa Poesia Saggistica
"CALLIOPE" 2014
IX Edizione
en Ovada, Italia

    Con cada amanecer,
    la Humanidad se acerca
    a su Destino...

    la Luz se extiende
    Iluminando el Horizonte...

    Con cada amanecer...

    más cercana está la Humanidad
    de Nesara & Gesara...

    Despierta cada UNO
    trazando su rumbo...

    Con cada amanecer...

    Nesara & Gesara Manifiesta
    la Prosperidad,
    la Paz... el Equilibrio
    entre TODOS y cada UNO...

    ...

Tomás Morilla Massieu, Alicia Morilla Massieu & Semjase (Semyase)

Con cada amanecer...

la Humanidad regresa
apaciblemente a su Lugar
de Origen...

la Luz Ilumina el Alma
de Seres que se Trascienden,
que Ascienden hacia un Universo
en el que... se reencuentran
con Civilizaciones Estelares
que aguardan el retorno
de quienes... escogieron
reencarnar en La Tierra...

Con cada amanecer...

Nesara & Gesara prepara
el camino del reencuentro,
el final de una etapa,
el principio de un Nuevo Tiempo
en el que... TODO "Es"...

Autor
Tomás Morilla Massieu

Con ogni Alba…

Poema Galardonado Segundo Clasificado
Diploma y Medalla
en el Certamen Internazionale
di Narrativa Poesia Saggistica
"CALLIOPE" 2014
IX Edizione
en Ovada, Italia

Con ogni alba,
L'Umanità si avvicina
al suo Destino…

la Luce si estende
Illuminando l'Orizonte…

Con ogni alba …

più vicina sará l'Umanitá
di Nesara & Gesara…

Si sveglia OGNUNO
tracciando il suo corso …

Con ogni alba …

Nesara & Gesara Manifesta
la Prosperità,
la Pace… l'Equilibrio…
tra TUTTI e OGNUNO…

…

Tomás Morilla Massieu, Alicia Morilla Massieu & Semjase (Semyase)

Con ogni alba...

l'umanitá ritorna
tranquillamente al suo Posto...
di Origine...

la Luce Illumina l'Anima
di Esseri che Trascendono,
che si Ellevano verso un Universo
nel quale ... si rincontrano
con Civiltà Stellari
in attesa del ritorno
di quelli...che hanno scelto...
reincarnarsi sulla Terra...

Con ogni alba...

Nesara & Gesara prepara
la via del ricongiungimento,
la fine di un'epoca,
l'inizio di una Nuova Era
nel quale ... TUTTO "È"...

Autor
Tomás Morilla Massieu

Traducción al Italiano
Mirella de Blasio

Ha de Despertar La Humanidad…

Poema Galardonado Segundo Clasificado
Diploma y Medalla
en el Certamen Internazionale
di Narrativa Poesia Saggistica
"CALLIOPE" 2014
IX Edizione
en Ovada, Italia

    Ha de Despertar la Humanidad
    en este Tiempo en el que…
    en apariencia el Mundo
    se debate entre la vida
    y la muerte…

    Ha de Despertar la Humanidad
    en este Tiempo en el que…
    TODO es Revelado,
    Desvelado…

    Ha de Despertar la Humanidad
    en este Tiempo en el que…
    se ha de cultivar la Unidad,
    la Paz, el Equilibrio…

    Ha de Despertar la Humanidad
    y comenzar a ver que es
    lo que ha corrompido al Mundo,
    atentando contra La Vida…

    …

Ha de Despertar la Humanidad
en este Tiempo Bendito
en el que... TODO sale a la Luz
para mostrar lo que acontece
entre bastidores...

Ha de Despertar la Humanidad
en este Tiempo en el que...
entre TODAS y cada UNA
de las Almas, han de ser Co-Creados
Nuevos Paraísos en La Tierra
que otorguen a cada Ser vivo
la posibilidad de vivir
con prosperidad...

...así NESARA & GESARA,
UNA Ley que trae el bienestar
para La Tierra y sus habitantes...

Así quienes desde Otros Mundos
velan por la Evolución,
por la Ascensión de este hermoso
Planeta y de quienes lo pueblan...

Autor
Tomás Morilla Massieu

L'Umanità debe Resvegliarsi

**Poema Galardonado Segundo Clasificado
Diploma y Medalla
en el Certamen Internazionale
di Narrativa Poesia Saggistica
"CALLIOPE" 2014
IX Edizione
en Ovada, Italia**

L'Umanità deve resvegliarsi
in questo Tempo in cui...
a quanto pare il Mondo
è in bilico tra la vita
e la morte...

L'Umanità deve resvegliarsi
in questo Tempo in cui...
TUTTO è Scoperto
Svelato...

L'Umanità deve risvegliarsi
in questo Tempo in cui...
si deve coltivare l'Unità
la Pace, l'Equilibrio...

L'Umanità deve risvegliarsi
e cominciare a vedere che cosa è
ciò che ha corrotto il Mondo
attaccando contro La Vita...

...

L'Umanità Deve risvegliarsi
in questo Tempo Benedetto
in cui... Tutto esce alla Luce
per mostrare cosa succede
tra le quinte...

L'Umanità deve risvegliarsi
in questo Tempo in cui...
tra OGNI ed OGNUNA
delle Anime, devono essere Co-Create
Nuovi Paradisi sulla Terra
che danno ad ogni Essere vivente
la possibilità di vivere
con la prosperità...

...così GESARA & NESARA
UNA Legge che porta benessere
per la Terra ed i suoi abitanti...

Allora chi da Altri Mondi
sorvegliano per la Evoluzione,
per l'Ascensione da questo bello
Pianeta e di chi lo abita...

Autor
Tomás Morilla Massieu

Traducción al Italiano
Mirella de Blasio

El Mundo Evoluciona...

Poema Galardonado Finalista
Medalla y Diploma
Premio Letterario Internazionale
"Priamar" VIII Edizione 2015
Genova, Italia

El Mundo Evoluciona...

La Tierra...

...Amando a sus habitantes
los abraza, los acuna...

La Humanidad se despereza
despertando del dulce sueño
que la ha mecido...

Atrás ha de quedar
la infancia...

En este ahora
en este constante
presente...

TODOS...

Al unísono...

...hemos de Ser en la Unidad
a través del Ser y...

...

Tomás Morilla Massieu, Alicia Morilla Massieu & Semjase (Semyase)

...mostrar lo que en el Alma
"Es"... mientras Despertamos
apaciblemente en un Mundo
Creado a través de la Conciencia,
de la Luz y del Amor...

...que Vibra en sintonía
con TODO lo que "Es"
en ti, en mi, en TODOS
y cada UNO...

Autor
Tomás Morilla Massieu

Il Mondo sta cambiando...

Poema Galardonado Finalista
Medalla y Diploma
Premio Letterario Internazionale
"Priamar" VIII Edizione 2015
Genova, Italia

Il mondo sta cambiando...

La Terra...

Amando i suoi abitanti...
gli abbracci, li culla...

L'umanità si estende
dal dolce sogno ad occhi aperti
che ha meritato...

Dietro deve rimanere
l'infanzia...

In questo momento
in questo costante
presente...

TUTTI...

All'unisono...

Dobbiamo essere... in Unità
attraverso l'Essere e...

...

Tomás Morilla Massieu, Alicia Morilla Massieu & Semjase (Semyase)

Mostra quello che... nell'Anima
"È"... mentre ci Svegliamo
pacificamente in un mondo
Creato attraverso la Coscienza
della Luce e dell'Amore...

...che vibra in sintonia
con tutto ciò che "E"
in te, in me, in TUTTI
e ogni UNO...

Autor
Tomás Morilla Massieu

Traductora Italiano
Mirella de Blasio

Navegando... va La Humanidad...

Poema Galardonado con Copa, y Diploma
Premio Letterario di Poesia e Narrativa
Città di Recco IX Edizione
Finalista
en Génova / Italia

Navegando... va La Humanidad...

Surcando el océano de La Vida...

Desplegando las velas
que la impulsan
hacia nuevos destinos...

...hacia Dimensiones
más elevadas...

Navegando... va La Humanidad
al unísono... a través de la Unidad...

Surcando el océano que...

¡Es La Vida!

Luz y Amor...

Ascendiendo...

Trascendiendo...

...

...rumbo hacia el Horizonte
en el que se despliega
un Nuevo Mundo
de Paz, Equilibrio
y Sabiduría...

Autor
Tomás Morilla Massieu

Navigando va ... L'umanità ...

Poema Galardonado con Copa, y Diploma
Premio Letterario di Poesia e Narrativa
Città di Recco IX Edizione
Finalista
en Génova / Italia

Navigare ...va L'umanità ...

Solcando l'oceano della Vita ...

Aprendo le vele
che le impolsano
verso nuove destinazioni ...

...verso Dimensioni ...
più alte ...

Navigando ... va L'umanità
all'unisono ... attraverso l'Unità ...

Solcando l'oceano che ...

È La Vita!

Luce e Amore ..

Ascendendo ...

Transcendendo ...

...

Tomás Morilla Massieu, Alicia Morilla Massieu & Semjase (Semyase)

Dirigendosi verso l'Orizzonte ...
in cui si svolge
un Nuovo Mondo
di Pace, Equilibrio
e Saggezza ...

Autor
Tomás Morilla Massieu

Traductora
Mirella de Blasio

TRAYECTORIA Y GALARDONES
Alicia Morilla Massieu
www.artemorilla.com

Año 1996

Galardonada con Copa y Diploma en el PREMIO INTERNACIONAL DE POESIA "TRINACRIA" de las Letras, el Arte y la Ciencia 1996. Quinta Edición. "Unione Culturale Italo-Spagnola" en la Accademia Internazionale "Trinacria" (Messina-Italia), por sus poemas "Pasión Gitana (Passione Gitana)", "Concierto (Concerto)" y "Messina Marineros de la Mar (Messina Marinai del mare)".

Año 1997

Galardonada con el Título de "Académica de Mérito" de la Accademia Internazionale "Trinacria" de las Letras, el Arte y la Ciencia (Messina-Italia) por el alto valor literario de su obra poética. 28 Mayo 1997

Galardonada con el Título de "Académica Honorífica" por su volumen de poesía "¡Libertad!", en la Accademia Ferdinandea de las Letras, la Ciencia y el Arte. 12 de Diciembre de 1997.

Año 1998

Galardón "Catania e il suo Vulcano" por su volumen de poesia "Ventana al mar", en la Accademia Ferdinandea de las Letras, la Ciencia y el Arte. 23 Febrero 1998.

Galardonada con placa en el Premio de Poesía "Trinacria 1998" en la Accademia Internazionale "Trinacria" de las Letras, el Arte y la Ciencia, de Messina-Italia, por sus poemas; "Si me enamoro (Se mi innamoro)" y "Firenze Allegoria della Primavera (Boticelli)".

Año 1999

Galardonada con Copa en el PREMIO INTERNAZIONALE DI POESIA "TRINACRIA 99" "GIUBILEO 2000" Accademia Internazionale "Trinacria" de las Letras, el Arte y la Ciencia, por su poema "El arco iris de la Paz" en Messina-Italia.

Año 2000

Galardonada con Copa y Diploma de Mérito en el CENTRO CULTURAL EUROPEO "ALDO MORO", XIII EDICIÓN. Tercer Premio Europeo de Poesía, por su poema "La paz por bandera", en Lecce - Italia., el 19 de Febrero de 2000.

Galardonada con el PREMIO ARTISTICO LITERARIO INTERNACIONAL "VICENZO BELLINI" . Academia Ferdinandea de las Letras, las Ciencias y el Arte, por su volumen de poesía "Despertar" en Catania - Italia el 6 de marzo de 2000.

Galardonada con el TÍTULO HONORÍFICO "ACADÉMICA DE HONOR". Accademia Ferdinandea de las Letras, las Ciencias y el Arte, por distinguirse artísticamente y por su pintura impresionista, en Catania - Italia, el 8 de Abril de 2000.

Galardonada con MEDALLA "OSCAR 2000" del Arte y las Letras. Accademia Ferdiandea,de las Letras, las Ciencias y el Arte, concedida por su actividad artística y pictórica en Catania-Italia, el 3 de Junio de 2000.

Año 2001

Galardonada con el Título de "SOCIO DE HONOR" DE LA "SOCIETA'STORICA CATANESE" por su creación pictórica de su óleo impresionista titulado "Paisaje Marina (Gran Canaria)", figurando en el Salón de la Sociedad Histórica de Catania. Sede de Representación de la Accademia Ferdinandea de las Letras, las Ciencias y el Arte, en Catania - Italia, el 28 de Enero de 2001.

Galardonada con el Título de "SOCIO DE HONOR". Accademia Ferdinandea de las Letras, las Ciencias y el Arte por su obra artística, concedido en Catania-Italia, el 30 de Enero de 2001.

Galardonada con Placa y Diploma en el PREMIO "U LIUTRU". Accademia FERDINANDEA di Scienze - Lettere ed Arti, por merito especial por su volumen de poesía "El secreto del Arco Iris", en Catania - Italia, el 22 de mayo de 2001.

Galardonada con Placa y Diploma en el PREMIO "AMENANO", Academia Ferdinandea de las Ciencias, el Arte y las Letras, por su actividad en el terreno del Arte y las Letras, en Catania Italia, el 2 de junio del año 2001.

Galardonada con Placa y Diploma en el GALARDÓN "AMENANO". Academia Ferdinandea de las Ciencias, el Arte y las Letras por su actividad en el terreno Artístico y Literario, en Catania - Italia, el 2 de junio del año 2001.

Galardonada con Placa y Diploma en el PREMIO "AMENANO". Academia Ferdinandea de las Ciencias, el Arte y las Letras, por su actividad Literaria y Pictórica, en Catania Italia, el 2 de junio del año 2001.

Galardonada con Medalla Honorífica de la Cultura y Diploma en el PREMIO "MEDALLA DE ORO". Academia Ferdinandea de las Ciencias, el Arte y las Letras, por su Trayectoria Poética, en Catania, el 2 de junio de 2001.

Galardonada con el el Título Honorífico dell'ECUMENE "CIUDADANA HONORÍFICA". Academia Ferdinandea de las Ciencias, el Arte y las Letras, conferido por el Colegio Académico de Ferdinandea por su actividad socio-cultural, en Catania - Italia, el 29 de septiembre 2001.

Año 2002

Galardonada en el PREMIO "OMAGGIO DOMENICO TEMPIO". Academia Ferdinandea de las Ciencias, el Arte y las Letras. La COMISIÓN DEL JURADO confiere DIPLOMA D'ONORE en la Sesión Arte Figurativo a la Pintora Alicia María Morilla Massieu. En Catania-Italia, el 18 febrero 2002.

Galardonada en el PREMIO "OMAGGIO A BERTOLT BRECHT" (Drammaturgo e Poeta). Academia Ferdinandea de las Ciencias, el Arte y las Letras. La COMISIÓN DEL JURADO confiere DIPLOMA D'ONORE a la Pintora Alicia Morilla Massieu en la Sesión de Pintura. En Catania - Italia, el 22 de Febrero de 2002.

Galardonada en el PREMIO "OMAGGIO A TRILUSSA". Academia Ferdinandea de las Ciencias, el Arte y las Letras. La COMISIÓN DEL JURADO confiere DIPLOMA D'ONORE a la Poeta Alicia Morilla Massieu en la Sesión de Literatura. En Catania - Italia, el 22 de Febrero de 2002.

Galardonada en el PREMIO "OMAGGIO A JACQUES PRÉVERT". Academia Ferdinandea de las Ciencias, el Arte y las Letras. La COMISIÓN DEL JURADO confiere DIPLOMA D'ONORE a la Escritora Alicia Morilla Massieu en la Sesión de Literatura. En Catania-Italia, el 22 de Febrero de 2002.

Galardonada con Espiga de Plata y Diploma en el PREMIO INTERNAZIONALE DI POESIA E NARRATIVA "MICHELANGELO" COMUNE di Silvano d'Orba (AL) Assesorato alla Cultura O T M A Edizioni Milano VII Edizione Anno 2002 por su poema inédito "Anoche hablé con el mar..."., en Miilán - Italia, el 22 de septiembre de 2002.

Año 2003

Galardonada con Medalla y Diploma en el PREMIO ARTISTICO-LITERARIO INTERNACIONAL "MARIO RAPISARDI". Accademia Ferdinandea de las Ciencias, las Letras y el Arte por su trayectoria Artística y Literaria, en Catania - Italia, el 5 de junio de 2003.

Galardonada con el TÍTULO HONORÍFICO DE ACADÉMICA DE HONOR en la Academia Ferdinandea de las Ciencias, las Letras y el Arte por distinguirse en el terreno de la Ciencia, las Letras y el Arte y por su trayectoria Artística y Literaria, en Catania-Italia, el 5 de junio de 2003 en Italia.

Galardonada con Trofeo (Espiga de Plata), Placa y Diploma en el II PREMIO INTERNAZIONALE "MICHELANGELO" Narrativa - Poesia - Saggistica - Arti Figurative, por su poema "Un día" y su óleo impresionista "Paisaje Playa de Maspalomas", en Milán-Italia, el 21 de septiembre de 2003.

Año 2004

Galardonada con Placa y Diploma en el PREMIO "LUIGI CAPUANA" PER ARTI VISIVE E LETTERARIE. ACCADEMIA FERDINANDEA Scienze - Lettere - Arti, por su trayectoria pictórica a y por sus óleos impresionistas titulados: "Marina (El Rincón - Islas Canarias)", "Montaña de Tindaya (Fuerteventura - Islas Canarias)" y "Marina (Italia)", en Catania-Italia, el 5 de junio de 2004.

Galardonada con Placa y Diploma en el PREMIO "LUIGI CAPUANA" PER ARTI VISIVE E LETTERARIE. ACCADEMIA FERDINANDEA Scienze - Lettere - Arti, por su trayectoria poética y por sus poemas titulados: "Paz y Libertad", "Guerra y Paz" y "Rosa ¿qué tienes? ", en Catania-Italia, el 5 de junio de 2004.

Galardonada con Placa y Diploma en el PREMIO "LUIGI CAPUANA" PER ARTI VISIVE E LETTERARIE. ACCADEMIA FERDINANDEA Scienze - Lettere - Arti, por su trayectoria fotográfica y por sus fotografias tituladas: "El dedo de Dios (Agaete - Gran Canaria - Islas Canarias)", "Roque Nublo (Cumbre de Gran Canaria - Islas Canarias)" y "Playa de Las Canteras (Las Palmas de Gran Canaria - Islas Canarias)", en Catania-Italia, el 5 de junio de 2004.

Galardonada con Medalla de Plata y Diploma en el PREMIO LETTERARIO INTERNAZIONALE "MICHELANGELO" 2004, di Narrativa - Poesia - Saggistica - Arti Figurative, por su óleo impresionista "Fuerteventura (Isla Paradisíaca - Islas Canarias)", en Milán-Italia, el 12 de septiembre de 2004 .

Galardonada con Medalla de Plata y Diploma en el PREMIO LETTERARIO INTERNAZIONALE "MICHELANGELO" 2004, di Narrativa - Poesia - Saggistica - Arti Figurative por su poema inédito "Mundo", en Milán-Italia, el 12 de septiembre de 2004.

Galardonada con Medalla de Plata y Diploma en el PREMIO LETTERARIO INTERNAZIONALE "MICHELANGELO" 2004, di Narrativa - Poesia - Saggistica - Arti Figurative por su Libro de poemas publicado "El Secreto del Arco Iris ", en Milán-Italia, el 12 de septiembre de 2004.

Galardonada con Medalla de Plata y Diploma en el PREMIO LETTERARIO INTERNAZIONALE "MICHELANGELO" 2004, di Narrativa - Poesia - Saggistica - Arti Figurative por su Fotografía "Isla de Gran Canaria Atardecer en la Playa de Las Canteras", en Milán-Italia, el 12 de septiembre de 2004.

Año 2005

Galardonada con Placa y Diploma (2a Clasificada) en el PREMIO INTERNAZIONALE "MICHELANGELO" 2005, di Narrativa - Poesia - Saggistica DELLA PROVINCIA DI ALESSANDRIA en Milán Italia, por su poesía inédita "El volcán del alma… " y por su libro de poesía publicado "Despertar", en Milán-Italia, el 4 de septiembre de 2005.

Año 2006

Galardonada con Placa y Diploma con Medalla Aurea en el PREMIO LETTERARIO INTERNACIONACIONALE "MICHELANGELO" 2006. Instituto Padri Scolopi - Ovada - AL - por su poesía inédita "El color de la vida" (Il colore della vita)", en Milán-Italia, el 24 de septiembre de 2006.

Año 2007

Galardonada con Placa y Diploma en el PREMIO INTERNACIONALE "CALLIOPE" di Narrativa e Poesía (Instituto Padre Scolopi – Ovada), por su poema inédito "Con un solo pensamiento se puede cambiar el mundo… (Con un solo pensiero si può cambiare il mondo…)", en Milán - Italia, año 2007.

Galardonada en el PREMIO LETTERARIO INTERNAZIONALE "MICHELANGELO" 12a Edizione 2007, Comune di Ovada - (AL) - Assessorato alla Cultura "Agenda dei Poeti" O.T.M.A. Editrice, Milano, Istituto Padri Scolopi - Ovada, por su poesía inédita "El río de la vida (Il fiume della vita…)", en Milán-Italia, el 26 de septiembre de 2007.

Año 2008

Galardonada con Medalla y Diploma en el PREMIO LETTERARIO DI POESIA E NARRATIVA "CITTÁ DI RECCO" SECONDA EDIZIONE 2008, Comune di Recco - Assessorato alla Cultura en Italia, por su poesía inédita "Dios existe (Dio esiste)", en Génova-Italia, el 1 de marzo de 2008.

Galardonada con "Spilla in filigrana artento e oro" y Diploma (segunda clasificada) en el PREMIO INTERNAZIONALE DI NARRATIVA E POESÍA DEL GRECO CALLIOPE, por su poesía inédita "El espejo del alma (Lo specchio dell anima)", en Milán-Italia, el 24 de febrero de 2008.

Galardonada con Diploma (cuarta clasificada), en el PREMIO LETTERARIO INTERNAZIONALE "PRIAMAR" II EDIZIONE, por su poesía inédita "El Amor de la Humanidad (L'amore dell'umanità)", en Génova-Italia, el 7 de junio de 2008.

Galardonada con Medalla, Placa y Diploma en el CERTAMEN DEL PREMIO INTERNAZIONALE MICHELANGELO OTMA EDIZIONE, por el poema inédito "La Tierra está herida... ¡Suplicando que la amemos!..." y por el libro "El Aire de la Vida", en Milán - Italia, el año 2008.

Año 2009

Galardonada Con Placa y Diploma (Segundo Premio), en el Certamen del Premio Letterario di Poesia e Narrativa Città di Recco III Edizione, por el poema inédito "Italia La Barca...", el 7 de marzo del año 2009 en Génova / Italia.

Galardonado con el Primer Premio en el Certamen Internazionale di Narrativa e Poesia Dal Greco Calliope por sus poemas "¡Su testamento!" y "El Jardín de Monet (Givery - Francia)", en Ovada, Italia

Año 2010

Galardonados los poemas "Tu dulce enamorada" (La tua dolce innamorata) y "Nicolás Massieu y Matos, Pintor de Gran Canaria, del mundo y del Universo" (Nicolas Massieu y Matos, Pittore di Gran Canaria, del mondo e dell'Universo), escritos por Alicia Morilla Massieu (Segunda Clasificada) en el Premio Internazionale Di Narrativa Poesia e Sagistica del Greco "CALLIOPE" 2010 en Ovada, Italia.

Galardonada con Placa y Diploma (Segundo Premio), en el PREMIO LETTERARIO INTERNAZIONALE "PRIAMAR" IV EDIZIONE 2010, por su poesía inédita "La joven de la perla Vermeer (La ragazza con l'orecchino di perla Vermeer)", en Génova-Italia.

Galardonados con el Primer Premio los poemas "Florencia Italia" (Firenze Italia) y "Libro, lienzo, escultura, música..." (Poesía, libro, tele, escultura, música...). Galardonado con el Segundo Premio el libro de poesías "Silencios Escondidos", escrito por Alicia Morilla Massieu en el Certamen del Premio Internazionale di Narrativa Poesía e Saggistica "Michelángelo" XV Edizione, con el patrocinio de la Provincia di Alessandria (Assesorato alla Cultura) y la Comune di Ovada (Assesorato alla Cultura), con Trofeo, Placa y Diploma, en Milán, Italia (Septiembre del año 2010).

Año 2011

Galardonado el libro de poemas "La puerta abierta"... y los poemas inéditos "El tren de la vida... es poesía" (Il treno della vita è poesia) y "Bosque encantado..." (Bosco incantato),escritos por Alicia Morilla Massieu con el Primer Premio en el Certamen Internazionale Di Narrativa Poesia e Narrativa dal Greco "CALLIOPE" 2011 en Ovada, Italia, con il patrocinio di Provincia di Alessandria, Comune di Ovada (AL) (Assessorato alla Cultura) OTMA Ed. "Agenda dei Poeti" - Milano.

Galardonado Con Placa y Diploma (Tercer Premio), en el Certamen del Premio Letterario di Poesia e Narrativa Città di Recco V Edizione, el poema inédito "La humanidad despertó..." (L'umanità si sveglión), el 7 de mayo del año 2011 en Génova / Italia.

Galardonado con el Segundo Premio el poema inédito "El perfume" (Il profumo), en el Certamen del Premio Internazionale di Narrativa Poesía e Saggistica "Michelángelo" XVI Edizione 2011, con Trofeo, Placa y Diploma en Milán, Italia (Octubre de 2011).

Galardonado con Premio Especial el libro de poesías "¡Esto es... poesía!", en el Certamen del Premio Internazionale di Narrativa Poesía e Saggistica "Michelángelo" XVI Edizione 2011, con Trofeo, Placa y Diploma en Milán, Italia (Octubre de 2011).

Galardonada Alicia Morilla Massieu con el Tercer Premio (Medalla y Diploma), por su poema inédito "Las Catedrales del Mundo... conectan con el Universo" (Le Catedrali del Mondo... conettano con l'Universo), en el Certamen del Premio Internazionale "Priamar" V Edizione 2011, con el Patrocinio de Comune di Savona (Assesorato alle Cultura) y Lions Club (Sabona Priamar), en Génova, Italia (Octubre del año 2011).

Año 2012

Galardonado el poema inédito "La Gioconda" (La Gioconda) de la Poeta Alicia Morilla Massieu en el Certamen del Premio Letterario di Poesia e Narrativa Città di Recco VI Edizione, con el Tercer Premio, Placa y Diploma, el 15 de mayo del año 2012 en Génova / Italia.

Galardonado el libro de poemas "Los círculos del agua"... y el poema inédito "Las Catedrales del Mundo... conectan con el Universo" (Le Catedrali del Mondo... conettano con l'Universo), escrito por Alicia Morilla Massieu; Primera Clasificada en el Certamen Internazionale di Narrativa-Poesia-Saggistica "CALLIOPE" 2012 VII Edizione, en Ovada, Alessandria, Italia, con il patrocinio di Provincia di Alessandria e del Comune di Ovada (AL) (Assessorato alla Cultura).

Nombrada "Rectora Honoraria" por su trayectoria y aportación Artística y Literaria, la Poeta, Escritora, Pintora y Escultora Alicia Morilla Massieu en la Accademia Internazionale "Giacomo Leopardi" Arti - Lettere - Scienze e Ricerche Culturale, por la Presidencia y el Senado Académico, en Regio Calabria (Italia), el 1 de Octubre de 2012.

Nombrada "Académica Leopardiana" por su trayectoria y aportación Artística y Literaria, la Poeta, Escritora, Pintora y Escultora Alicia Morilla Massieu en el Centro Studi Accademia Internazionale "Giacomo Leopardi" Arti - Lettere - Scienze e Ricerche Culturale, en Regio Calabria (Italia), el 5 de Octubre de 2012.

Galardonada con el Primer Premio por su poema inédito "¡Alcemos nuestras voces!" (Alziamo le nostre voci!) y "Fontana del Nettuno Florencia - Italia" (Fontana del Nettuno Firenze-Italia), en el Certamen del Premio Internazionale di Narrativa Poesía e Saggistica "Michelángelo" XVII Edizione 2012, con Filigrana de Oro, Medalla y Diploma en Milán, Italia (Octubre de 2012).

Galardonada con el Primer Premio por su libro de poesías "Mi mano izquierda", en el Certamen del Premio Internazionale di Narrativa Poesía e Saggistica "Michelángelo" XVII Edizione 2012, con Filigrana de Oro, Medalla y Diploma en Milán, Italia (Octubre de 2012).

Año 2013

Galardonado el poema inédito "Concierto de Año Nuevo 2012, Orquesta Filarmónica de Viena" (Concerto di Capodanno 2012, Vienna Philharmonic Orchestra) de la Poeta Alicia Morilla Massieu en el Certamen del Premio Letterario di Poesia e Narrativa

Città di Recco VII Edizione, con el Segundo Premio, Copa y Diploma, el 4 de mayo del año 2013 en Génova / Italia, con el Patrocinio de Regione Liguria y Comune di Recco Assesorato alla Cultura.

Galardonado el libro de poesías "Vientos de Amor y de cambios" Primera Clasificada, con Diploma y Gran Medalla Aurea otorgada a la Poeta Alicia Morilla Massieu en el Certamen del Premio Internazionale "Calliope" di Narrativa-Poesia-Saggistica " VIII Edizione, Associazione Letteraria "Michelangelo", Accademia Internazionale "Giacomo Leopardi", Associazione Culturale "Il Ventaglio", con el patrocinio del Comune di OVADA (AL) Assesorato alla Cultura, en el mes de abril del año 2013.

Galardonado el poema inédito "La puerta de la Libertad" (La porta della Libertad) Mención de Honor, con Diploma y Gran Medalla Aurea otorgada a la Poeta Alicia Morilla Massieu en el Certamen del Premio Internazionale "Calliope" di Narrativa-Poesia-Saggistica " VIII Edizione, Associazione Letteraria "Michelangelo", Accademia Internazionale "Giacomo Leopardi", Associazione Culturale "Il Ventaglio", con el patrocinio del Comune di OVADA (AL) Assesorato alla Cultura, en el mes de abril del año 2013.

Galardonado el Óleo Impresionista "Islas Canarias" Primera Clasificada, con Diploma y Gran Medalla Aurea otorgada a la Pintora Alicia Morilla Massieu en el Certamen del Premio Internazionale "Calliope" di Narrativa-Poesia-Saggistica "VIII Edizione, Associazione Letteraria "Michelangelo", Accademia Internazionale "Giacomo Leopardi", Associazione Culturale "Il Ventaglio", con el patrocinio del Comune di OVADA (AL) Assesorato alla Cultura, en el mes de abril del año 2013.

Galardonada Alicia Morilla Massieu con el Segundo Premio (Placa y Diploma), por su poema inédito "El Roque Nublo Las Palmas de Gran Canaria" (El Roque Nublo Las Palmas de Gran Canaria)", en el Certamen del Premio Internazionale "Priamar" VII Edizione 2013, con el Patrocinio de Comune di Savona (Assesorato alle Cultura) y Lions Club (Sabona Priamar), en Génova, Italia (Septiembre del año 2013).

Galardonada Alicia Morilla Massieu (Diploma), por su poema inédito "¡La mujer hecha poesía!" (La donna fatta poesia!)", en el Premio di Poesia "L'altra metà del cielo" 4ª Edizine, con "La Donna fatta poesia", en Sicilia, Italia (Mayo del año 2013).

Galardonado el poema inédito "El pensamiento que te habla"... (Il pensiero che ti parla)... en el Premio Letterario Internazionale "Parete – Citta' della Poesia" Edizione 2013 con Diploma di Mérito Patrocinato dal Comune di Parete Organizzato dall'associazione culturale "VITA NOVA" Napoli – Italia.

Año 2014

Galardonado con Diploma, "Medaglia Aurea" y Filigrana de Oro (Primer Clasificado), el libro de poesías de Alicia Morilla Massieu; "La Voz del Silencio y de los afligidos", en el Certamen del Premio Internazionale di Narrativa Poesia Saggistica "Michelangelo" XVIII Edizione, con il patrocinio di Provincia di Alessandria – Comune di Ovada (AL) Assessorato alla Cultura), "Sezione Poesia Edita-Stranieri", en Italia.

Galardonado el poema inédito "El Coliseo" (Il Colosseo) en el Certamen del Premio Letterario di Poesia e Narrativa Città di Recco VIII Edizione, con el Segundo Premio, Copa y Diploma, el 10 de mayo del año 2014 en Génova / Italia, con el Patrocinio de Regione Liguria y Comune di Recco Assesorato alla Cultura.

Año 2015

Galardonados los poemas inéditos "Con cada amanecer"… (Con ogni Alba…) y "Ha de Despertar La Humanidad"… (L'Umanità debe Resvegliarsi) Segundo Clasificado, con Diploma y Medalla, otorgada al Poeta Tomás Morilla Massieu en el Certamen del Premio Internazionale "Kalliope" di Narrativa-Poesia-Pittura " IX Edizione, A.L.M. Associazione Letteraria " MICHELANGELO"

Associazione Culturale Artistica " IL VENTAGLIO" Con il Patrocinio della Provincia di Alessandria e La collaborazione delle Edizioni IBISKOS ULIVIERI di Empoli (FI), en la primavera de del año 2015.

Galardonado Finalista (Medalla y Diploma), por su poema inédito "El Mundo Evoluciona... (Il Mondo sta cambiando...)", en el Certamen del Premio Internazionale "Priamar" VIII Edizione 2015, con el Patrocinio de Comune di Savona (Assesorato alle Cultura) y Lions Club (Sabona Priamar), en Génova, Italia (25 de Febrero del año 2015).

Galardonado el poema inédito "Navegando... va La Humanidad"... (Navigando va... L'umanità...) en el Certamen del Premio Letterario di Poesia e Narrativa Città di Recco Flavia Adelma Brignani IX Edizione, Finalista, Medalla y Diploma, el 9 de mayo del año 2015 en Génova / Italia, Patrocinato dal Consiglio regionale Assemblea legislativa della Liguria e dal Comune di Recco.

TRAYECTORIA Y GALARDONES
Tomás Morilla Massieu
www.artemorilla.com

Año 1999

Galardonado con Placa en el PREMIO INTERNAZIONALE DI POESIA "TRINACRIA 99" "GIUBILEO 2000" Accademia Internazionale "Trinacria" (Messina-Italia), por su poema "Noches Volcánicas".

Año 2000

Galardonado con Medalla de Oro y Diploma de Mérito en el PREMIO CENTRO CULTURAL EUROPEO "ALDO MORO", XIII EDICIÓN al obtener el Primer Premio Europeo de Poesía por su poema "Paises sin fronteras" en Lecce - Italia, el 19 de Febrero de 2000.

Galardonado con el TÍTULO "ACADÉMICO DE MÉRITO" Accademia Internazionale "Trinacria" de las Letras, la Ciencia y el Arte, por el alto valor literario de su obra poética, en Messina-Italia, el 29 de febrero de 2000.

Galardonado con el PREMIO ARTISTICO LITERARIO INTERNACIONAL "VICENZO BELLINI" . Academia Ferdinandea, de las Letras, las Ciencias y el Arte, por su volumen de poesía "GaraJonay" en Catania-Italia, el 6 de marzo de 2000.

Galardonado con el TÍTULO HONORÍFICO "ACADÉMICO DE HONOR". Accademia Ferdinandea, de las Letras, las Ciencias y el Arte, por distinguirse artísticamente y por su pintura impresionista, en Catania-Italia, el 8 de Abril de 2000.

Galardonado con MEDALLA "OSCAR 2000" del Arte y las Letras. Accademia Ferdiandea, de las Letras, las Ciencias y el Arte, concedido por su actividad artística y pictórica en Catania-Italia, el 3 de Junio de 2000.

Año 2001

Galardonado con el Título de "SOCIO DE HONOR" DE LA "SOCIETA'STORICA CATANESE" por su creación pictórica, figurando en el Salón de la Sociedad Histórica de Catania, Sede de Representación de la Accademia Ferdinandea el óleo impresionista titulado "Paisaje Palmeras Canarias", en Catania-Italia, el 28 de Enero de 2001.

Galardonado con el Título "SOCIO DE HONOR" Academia Ferdinandea por su obra artística concedido en Catania-Italia, el 30 de Enero de 2001.

Galardonado con Placa y Diploma en el PREMIO "U LIUTRU". Accademia Ferdinandea de las Ciencias, las Letras y el Arte, por merito especial por su volumen de poesía "¡Gritos de Libertad!" en Catania - Italia el 22 de mayo de 2001.

Galardonado con Placa en el PREMIO "AMENANO". Academia Ferdinandea de las Ciencias, el Arte y las Letras, por su actividad en el terreno del Arte y las Letras. En Catania - Italia, el 2 de junio del año 2001.

Galardonado con Placa en el PREMIO "AMENANO". Academia Ferdinandea de las Ciencias, el Arte y las Letras, por su actividad en el terreno Artístico y Literario, en Catania - Italia, el 2 de junio del año 2001.

Galardonado con Placa en el PREMIO "AMENANO" ACADEMIA FERDINANDEA de las Ciencias, el Arte y las Letras, por su actividad Literia y Pictórica, En Catania - Italia, el 2 de junio del año 2001.

Galardonado con Medalla Honorífica de la Cultura en el PREMIO "MEDALLA DE ORO". Academia Ferdinandea, de las Siencias, el Arte y las Letras, en Catania, el 2 de junio de 2001.

Galardonado con el Título de "CIUDADANO HONORÍFICO" dell'ECUMENE. Colegio Académico de Ferdinandea, Academia de las Ciencias, el Arte y las Letras, por su actividad socio - cultural , en Catania - Italia, el 29 de septiembre 2001.

Año 2002

Galardonado en el PREMIO "OMAGGIO DOMENICO TEMPIO". Academia Ferdinandea de las Ciencias, las Letras y el Arte. La COMISIÓN DEL JURADO confiere DIPLOMA D'ONORE en la Sesión Arte Figurativo al Pintor Tomás Morilla Massieu . En Catania - Italia, el 18 febrero 2002.

Galardonado en el PREMIO "OMAGGIO A BERTOLT BRECHT" (Drammaturgo e Poeta). Academia Ferdinandea de las Ciencias, las Letras y el Arte. La COMISIÓN DEL JURADO confiere DIPLOMA D'ONORE al Pintor Tomás Morilla Massieu en la Sesión de Pintura. En Catania - Italia, el 22 de Febrero de 2002.

Galardonado en el PREMIO "OMAGGIO A TRILUSSA". Academia Ferdinandea de las Ciencias, las Letras y el Arte. La COMISIÓN DEL JURADO confiere DIPLOMA D'ONORE al Poeta Tomás Morilla Massieu en la Sesión de Literatura. En Catania - Italia, el 22 de Febrero de 2002.

Galardonado en el PREMIO "OMAGGIO A JACQUES PRÉVERT". Academia Ferdinandea de las Ciencias, las Letras y el Arte. La COMISIÓN DEL JURADO confiere DIPLOMA D'ONORE al Poeta Tomás Morilla Massieu en la Sesión de Literatura. En Catania - Italia, el 22 de Febrero de 2002.

Galardonado con Medalla de Plata y Diploma, en el PREMIO INTERNAZIONALE DI POESIA E NARRATIVA "MICHELANGELO" COMUNE di Silvano d'Orba (AL) Assesorato alla Cultura O T M A. Edizioni Milano VII Edizione Anno 2002 por su poema inédito "¡Emerge la sal y el agua! El mar... mi mar", en Milán - Italia, el 22 de septiembre de 2002.

Año 2003

Galardonado con Placa, Medalla y Diploma en el PREMIO ARTISTICO-LITERARIO INTERNACIONAL "MARIO RAPISARDI" Academia Ferdinandea de las Ciencias, las Letras y el Arte por su trayectoria Artística y Literaria, en Catania - Italia, el 5 de junio de 2003.

Galardonado con el TÍTULO HONORÍFICO DE ACADÉMICA DE HONOR en la Academia Ferdinandea de las Ciencias, las Letras y el Arte por distinguirse en el terreno de la Ciencia, las Letras y el Arte y por su trayectoria Artística y Literaria, en Catania-Italia, el 5 de junio de 2003 en Italia.

Galardonado con Trofeo (Espiga de Plata), Placa y Diploma en el II PREMIO INTERNAZIONALE "MICHELANGELO" Narrativa - Poesia - Saggistica - Arti Figurative, por su poema "Pequeños Paraísos" y su óleo "Playa Paradisíaca", en Milán - Italia, el 21 de septiembre de 2003.

Año 2004

Galardonado con Placa y Diploma en el PREMIO "LUIGI CAPUANA" PER ARTI VISIVE E LETTERARIE. Academia Ferdinandea de las Ciencias, las Letras y el Arte. por su trayectoria pictórica y por sus óleos impresionistas titulados: "Playa Paradisíaca" (Islas Canarias), "La Atlántida. Océano Atlantico", y "Volcanes de la Atlántida" (Océano Atlantico), en Catania - Italia, el 5 de junio de 2004.

Galardonado con Placa y Diploma en el PREMIO "LUIGI CAPUANA" PER ARTI VISIVE E LETTERARIE. Academia Ferdinandea de las Ciencias, las Letras y el Arte, por su trayectoria poética y por sus poemas "Almas peregrinas", Lágrimas tras el despertar" y "Buscando la Libertad", en Catania - Italia, el 5 de junio de 2004.

Galardonado con Placa y Diploma en el PREMIO "LUIGI CAPUANA" PER ARTI VISIVE E LETTERARIE. Accademia Ferdinandea de las Ciencias, las Letras y el Arte por su trayectoria fotográfica y por su fotografías "Amenecer" (La Isleta – Las Palmas de Gran Canaria – Islas Canarias), "Pescadores en la mar" (Costa del Sur de la Isla de Gran Canaria – Islas Canarias) y "Junto a la orilla" (Playa de Las Canteras – Las Palmas de Gran Canaria – Islas Canarias), en Catania - Italia, el 5 de junio de 2004 .

Galardonado con Medalla de Plata y Diploma en el PREMIO LETTERARIO INTERNAZIONALE "MICHELANGELO" 2004, di Narrativa - Poesia - Saggistica - Arti Figurative, por su óleo impresionista "Volcanes Centro de La Tierra", en Milán - Italia, el 12 de septiembre de 2004.

Galardonado con Medalla de Plata y Diploma en el PREMIO LETTERARIO INTERNAZIONALE "MICHELANGELO" 2004, di Narrativa - Poesia - Saggistica - Arti Figurative, por su poema inédito "El sendero... la vida... el legado", en Milán - Italia, el 12 de septiembre de 2004.

Galardonado con Medalla de Plata y Diploma en el PREMIO LETTERARIO INTERNAZIONALE "MICHELANGELO" 2004, di Narrativa - Poesia - Saggistica - Arti Figurative, por su Libro de poemas publicado "¡Gritos de Libertad!", en Milán - Italia, el 12 de septiembre de 2004.

Galardonado con Medalla de Plata y Diploma en el PREMIO LETTERARIO INTERNAZIONALE "MICHELANGELO" 2004, di Narrativa - Poesia - Saggistica - Arti Figurative, por su Fotografía "El encuentro (Roque Nublo, Roque Bentayga y Montaña del Teide - Islas Canarias)", en Milán - Italia, el 12 de septiembre de 2004.

Año 2005

Galardonado con Placa y Diploma (2o Clasificado) en el PREMIO INTERNAZIONALE "MICHELANGELO" 2005, di Narrativa - Poesia - Saggistica. DELLA REGIONE PIEMONTE por su poema inédito "Las páginas del Libro de la vida...", y por su libro de poesía publicado "GaraJonay", een Milán - Italia, el 14 de septiembre de 2005.

Año 2006

Galardonado con Placa y Medalla Aurea en el PREMIO LETTERARIO INTERNACIONACIONALE "MICHELANGELO" 2006, Instituto Padri Scolopi - Ovada - AL - en Milán Italia, por su poesía inédita "El rumbo de la humanidad (La rotta del'umanità", en Milán - Italia, el 24 de septiembre de 2006.

Año 2007

Galardonado con Placa y Diploma en el PREMIO INTERNACIONALE "CALLIOPE" di Narrativa e Poesía (Instituto Padre Scolopi – Ovada), por su poema inédito "El tiempo que nos corresponde vivir (Il tempo che ci spetta vivere)", en Milán - Italia.

Año 2008

Galardonado con Medalla y Diploma en el PREMIO LETTERARIO DI POESIA E NARRATIVA "CITTÁ DI RECCO" SECONDA EDIZIONE 2008, Comune di Recco - Assessorato alla Cultura en Italia, por su poesía inédita "Paraísos Terrenales... Paraísos Etéreos... (Paradisi Terrenali... Paradisi Eterei...)", en Génova-Italia, el 1 de marzo de 2008.

Galardonado con "Spilla in filigrana artento e oro" y Diploma (tercer clasificado) en el PREMIO INTERNAZIONALE DI NARRATIVA E POESÍA DEL GRECO CALLIOPE, por su poesía inédita "Amor... que Es... Uno con Todo" (Amore... che È ...Uno con Tutto)", en Milán-Italia, el 24 de febrero de 2008.

Galardonado con Diploma (cuarto clasificado), en el PREMIO LETTERARIO INTERNAZIONALE "PRIAMAR" II EDIZIONE, por su poesía inédita "El Despertar ya Es lo que ES (Lo Svegliare È già ció che È...)", en Génova-Italia, el 7 de junio de 2008.

Galardonado con Medalla, Placa y Diploma en el CERTAMEN DEL PREMIO INTERNAZIONALE MICHELANGELO OTMA EDIZIONE, por el poema inédito "Con el despertar...", en Milán - Italia, el año 2008.

Año 2009

Galardonado con Placa y Diploma (Segundo Premio), en el Certamen del Premio Letterario di Poesia e Narrativa Città di Recco III Edizione, por el poema inédito "Ríen los niños... ..." (Ridono i bambini...)", el 7 de marzo del año 2009 en Génova / Italia.

Galardonado con el Segundo Premio en el Certamen Internazionale di Narrativa e Poesia Dal Greco Calliope por sus poemas "La palabra escrita" y "Sembré las cumbres de Verdad... de Orgonite", en Ovada, Italia

Año 2010

Galardonado (Tercer Clasificado) en el Premio Internazionale Di Narrativa Poesia e Sagistica del Greco "CALLIOPE" 2010, por los poemas "Paz en el Mundo... Prosperidad... Amor..." (Pace nel Mondo... Prosperità... Amore...)" y "La humanidad despierta" (L'Umanità si sveglia...), en Ovada, Italia.

Galardonado con Placa y Diploma (Segundo Premio), en el PREMIO LETTERARIO INTERNAZIONALE "PRIAMAR" IV EDIZIONE 2010, por su poesía inédita "La Luz y el Amor te abrazan cálidamente (La Luce e l'Amore ti abbracciano affettuosamente...)", en Génova-Italia.

Galardonados con el Segundo Premio los poemas "Retirado del Mundo" (Ritirato dal mondo) y "¿Te ha sucedido a ti?" (Ti è suceso a te?). Galardonado con el Primer Premio el libro de poesías "Ángeles en La Tierra...", escrito por Tomás Morilla Massieu en el Certamen del Premio Internazionale di Narrativa Poesía e Saggistica "Michelángelo" XV Edizione, con el patrocinio de la Provincia di Alessandria (Assesorato alla Cultura) y la Comune di Ovada (Assesorato alla Cultura), con Trofeo, Placa y Diploma en Milán, Italia (Septiembre del año 2010).

Año 2011

Galardonado el libro de poemas "Creando... desde muy adentro"... y los poemas inéditos "Se cierran los ciclos"... (Si chiudono i cicli) y "Componiendo poemas tras el silencio de la noche"... (Componendo poemi tra il silenzio della notte), escritos por Tomás Morilla Massieu con el Segundo Premio en el Certamen Internazionale Di Narrativa Poesia e Narrativa dal Greco "CALLIOPE" 2011 en Ovada, Italia, con il patrocinio di Provincia di Alessandria, Comune di Ovada (AL) (Assessorato alla Cultura) OTMA Ed. "Agenda dei Poeti" - Milano.

Galardonado Con Placa y Diploma (Tercer Premio), en el Certamen del Premio Letterario di Poesia e Narrativa Città di Recco V Edizione, el poema inédito "Así es la vida..." (Così è la vita...), el 7 de mayo del año 2011 en Génova / Italia.

Galardonado con el Primer Premio el poema inédito "Nace el Amor" (Nasce l'Amore), en el Certamen del Premio Internazionale di Narrativa Poesía e Saggistica "Michelángelo" XVI Edizione 2011, con Trofeo, Placa y Diploma en Milán, Italia (Octubre de 2011).

Galardonado con Premio Especial el libro de poesías "Amando... en Libertad", en el Certamen del Premio Internazionale di Narrativa Poesía e Saggistica "Michelángelo" XVI Edizione 2011, con Trofeo, Placa y Diploma en Milán, Italia (Octubre de 2011).

Galardonado Tomás Morilla Massieu con el Segundo Premio (Placa y Diploma), por su poema inédito "En algún lugar... el amor se extiende anidando en los corazones..." (In qualche luogo... l'amore si allunga accogliendosi nei cuori...), en el Certamen del Premio Internazionale "Priamar" V Edizione 2011, con el Patrocinio de Comune di Savona (Assesorato alle Cultura) y Lions Club (Sabona Priamar), en Génova, Italia (Octubre del año 2011).

Año 2012

Galardonado el poema inédito "La Vida y el Amor" (La Vita... E L'Amore) del Poeta Tomás Morilla Massieu en el Certamen del Premio Letterario di Poesia e Narrativa Città di Recco VI Edizione, con el Tercer Premio, Placa y Diploma, el 15 de mayo del año 2012 en Génova / Italia.

Galardonado el libro de poemas "Ángeles"... y el poema inédito "En algún lugar... el amor se extiende anidando en los corazones"... (In qualche luogo... l'amore si allunga accogliendosi nei cuori), escrito por Tomás Morilla Massieu; Primer Clasificado en el Certamen Internazionale di Narrativa-Poesia-Saggistica "CALLIOPE" 2012 VII Edizione, en Ovada, Alessandria, Italia, con il patrocinio di Provincia di Alessandria e del Comune di Ovada (AL) (Assessorato alla Cultura).

Nombrado "Presidente Honorario" por su trayectoria y aportación Artística y Literaria, el Poeta, Escritor, Pintor y Escultor Tomas Morilla Massieu en la Accademia Internazionale "Giacomo Leopardi" Arti - Lettere - Scienze e Ricerche Culturale, por la Presidencia y el Senado Académico, en Regio Calabria (Italia), el 1 de Octubre de 2012.

Nombrado "Académico Leopardiano" por su trayectoria y aportación Artística y Literaria, el Poeta, Escritor, Pintor y Escultor Tomás Morilla Massieu en el Centro Studi Accademia Internazionale "Giacomo Leopardi" Arti - Lettere - Scienze e Ricerche Culturale, en Regio Calabria (Italia), el 5 de Octubre de 2012.

Galardonado con el Segundo Premio por su poema inédito "Manifestando La Divinidad Ascendiendo... Trascendiendo..." (Esprimendo la Divinita Ascendendo... Trascendendo...) y "Toda una vida escribiendo..." (Tutta una vita scrivendo...), en el Certamen del Premio Internazionale di Narrativa Poesía e Saggistica "Michelángelo" XVII Edizione 2012, con Medalla, Placa y Diploma en Milán, Italia (Octubre de 2012).

Galardonado con el Primer Premio por su libro de poesías "Esencias", en el Certamen del Premio Internazionale di Narrativa Poesía e Saggistica "Michelángelo" XVII Edizione 2012, con Medalla Placa y Diploma en Milán, Italia (Octubre de 2012).

Año 2013

Galardonado el poema inédito "Si te preguntase por tus sueños" (Se ti chiedessi per i tuoi sogni...), del Poeta Tomás Morilla Massieu en el Certamen del Premio Letterario di Poesia e Narrativa Città di Recco VII Edizione, con el Segundo Premio, Copa y Diploma, el 4 de mayo del año 2013 en Génova / Italia, con el Patrocinio de Regione Liguria y Comune di Recco Assesorato alla Cultura.

Galardonado el libro de poesías "Trascendiéndonos" Mención de Honor, con Diploma y Gran Medalla Aurea otorgada al Poeta Tomás Morilla Massieu en el Certamen del Premio Internazionale "Calliope" di Narrativa-Poesia-Saggistica " VIII

Edizione, Associazione Letteraria "Michelangelo", Accademia Internazionale "Giacomo Leopardi", Associazione Culturale "Il Ventaglio", con el patrocinio del Comune di OVADA (AL) Assesorato alla Cultura, en el mes de abril del año 2013.

Galardonado el poema inédito "UNO... con TODO..." (UNO... con TUTTO...) Segundo Clasificado, con Diploma y Gran Medalla Aurea otorgada al Poeta Tomás Morilla Massieu en el Certamen del Premio Internazionale "Calliope" di Narrativa-Poesia-Saggistica " VIII Edizione, Associazione Letteraria "Michelangelo", Accademia Internazionale "Giacomo Leopardi", Associazione Culturale "Il Ventaglio", con el patrocinio del Comune di OVADA (AL) Assesorato alla Cultura, en el mes de abril del año 2013.

Galardonado el Óleo Impresionista "Trascendiendo" Primera Clasificada, Mención de Honor, con Diploma y Gran Medalla Aurea otorgada al Pintor Tomás Morilla Massieu en el Certamen del Premio Internazionale "Calliope" di Narrativa-Poesia-Saggistica " VIII Edizione, Associazione Letteraria "Michelangelo", Accademia Internazionale "Giacomo Leopardi", Associazione Culturale "Il Ventaglio", con el patrocinio del Comune di OVADA (AL) Assesorato alla Cultura, en el mes de abril del año 2013.

Galardonado Tomás Morilla Massieu con el Segundo Premio (Placa y Diploma), por su poema inédito "Libre... se extiende la Luz y el Amor..."... (Libero ... si estende la Luce e l'Amore...)", en el Certamen del Premio Internazionale "Priamar" VII Edizione 2013, con el Patrocinio de Comune di Savona (Assesorato alle Cultura) y Lions Club (Sabona Priamar), en Génova, Italia (Septiembre del año 2013).

Galardonado Tomás Morilla Massieu (Diploma), por su poema inédito "Sueño con un Mundo..." (Sogno con un mondo...)", en el Premio di Poesia "L'altra metà del cielo" 4ª Edizine, con "La Donna fatta poesia", en Sicilia, Italia (Mayo del año 2013).

Galardonado el poema inédito "El Mundo Evoluciona"... (Il Mondo sta cambiando)... en el Premio Letterario Internazionale "Parete – Citta' della Poesia" Edizione 2013 con Diploma di Mérito Patrocinato dal Comune di Parete Organizzato dall'associazione culturale "VITA NOVA" Napoli – Italia.

Año 2014

Galardonado con Diploma, "Medaglia Aurea" y Filigrana de Oro (Segundo Clasificado), el libro de poesías "Solsticios de Luz y Amor", en el Certamen del Premio Internazionale di Narrativa Poesia Saggistica "Michelangelo" XVIII Edizione, con il patrocinio di Provincia di Alessandria – Comune di Ovada (AL) Assesorato alla Cultura, Sezione Poesia Edita-Stranieri", en Italia.

Galardonado el poema inédito "Navegando a través de La Vida" (Navigando attraverso La Vita…) en el Certamen del Premio Letterario di Poesia e Narrativa Città di Recco VIII Edizione, con el Segundo Premio, Copa y Diploma, el 10 de mayo del año 2014 en Génova / Italia, con el Patrocinio de Regione Liguria y Comune di Recco Assesorato alla Cultura.

Año 2015

Galardonados los poemas inéditos "Con cada amanecer"… (Con ogni Alba…) y "Ha de Despertar La Humanidad"… (L'Umanità debe Resvegliarsi) Segundo Clasificado, con Diploma y Medalla, otorgada al Poeta Tomás Morilla Massieu en el Certamen del Premio Internazionale "Kalliope" di Narrativa-Poesia-Pittura " IX Edizione, A.L.M. Associazione Letteraria " MICHELANGELO" Associazione Culturale Artistica " IL VENTAGLIO" Con il Patrocinio della Provincia di Alessandria e La collaborazione delle Edizioni IBISKOS ULIVIERI di Empoli (FI), en la primavera de del año 2015.

Galardonado Finalista (Medalla y Diploma), por su poema inédito "El Mundo Evoluciona... (Il Mondo sta cambiando...)", en el Certamen del Premio Internazionale "Priamar" VIII Edizione

2015, con el Patrocinio de Comune di Savona (Assesorato alle Cultura) y Lions Club (Sabona Priamar), en Génova, Italia (25 de Febrero del año 2015).

Galardonado el poema inédito "Navegando... va La Humanidad"... (Navigando va... L'umanità...) en el Certamen del Premio Letterario di Poesia e Narrativa Città di Recco Flavia Adelma Brignani IX Edizione, Finalista, Medalla y Diploma, el 9 de mayo del año 2015 en Génova / Italia, Patrocinato dal Consiglio regionale Assemblea legislativa della Liguria e dal Comune di Recco.

La semilla de los Massieu sigue germinando por la geografía canaria, y floreciendo en todos los lugares donde se sitúa su asentamiento; la familia Morilla Massieu, Alicia Morilla C. Massieu y su hijo Tomás Morilla Massieu, herederos de este antecedente artístico, que ha marcado la infancia de estos autores, descendientes de tan ilustres pintores como Manuel Ponce de León y Falcón, Nicolás Massieu Falcón, Nicolás Massieu Matos y Lola Massieu, que han influido de forma notable, bajo los recuerdos de aquella infancia donde veían a sus antecesores dedicar largas horas a la creación de obras de arte, que han sido reconocidas en el Mundo entero.

Alicia Morilla C. Massieu y Tomás Morilla Massieu, madre e hijo nacen bajo el signo del arte en toda su faceta, como poetas han publicado más de diez obras cada uno, con notables éxitos y reconocimientos a nivel internacional, transmitiendo a través del mensaje poético los más puros y bellos mensajes de amor.

Ambos han querido transmitir sentimientos y sensaciones, mensajes que en sus obras literarias han sido captados por aquellos que han estado abiertos al lenguaje de los sentimientos, la nobleza y del amor.

Alicia y Tomás, madre e hijo, con esa timidez que les caracteriza sin ánimo de protagonismo, pero con el ferviente deseo de transmitir paz, la transmiten a través de la pintura a quien la contempla, pues los paisajes, el colorido y la pincelada que les caracteriza, es capaz de emocionar y transportar a quien la contempla, a los propios lugares a los que los autores han plasmado.

El estilo impresionista de sus obras, nos recuerda a los grandes maestros del Romanticismo, que siguieron las escuelas de Pont-Aven o Provenzal. Las montañas y sus paisajes, son siempre elementos que dan fuerza a sus cuadros, donde los valles en las faldas de las montañas, habitados por campos de amapolas o árboles en flor, son sueños que se suceden en la creación, dando una perspectiva diferente, que sobrecoge con emoción y sentimiento a quien los contempla.

Sus antecedentes artísticos y familiares marcan desde la infancia a la pintora Alicia Morilla, y entre ellos cabe destacar al pintor Manuel Ponce de León y Falcón, al pintor Nicolás Massieu y Falcón, al conocido pintor Nicolás Massieu y Matos, y a la pintora Lola Massieu (Premio Canarias 1990).

La pintura de Nicolás Massieu y Matos influye en Alicia Morilla de forma notable, ya que desde su infancia, la pintora observa a Nicolás en su estudio mientras dedicaba largas horas a crear nuevas obras.

Nicolás Massieu es un artista contemporáneo (1900-1965), del que pueden apreciarse -entre otros lugares- dos de sus obras, propiedad del Estado y que pertenecen al Museo Nacional Centro de Arte Reina Sofía, que custodia las dos pinturas de Massieu adquiridas en su día por el desaparecido Museo Nacional de Arte Moderno: la titulada "Rocas y Espumas", depositada en el Ministerio de Economía y Hacienda y "En Acecho", depositada en su día la Residencia de Estudiantes "Generalísimo Franco". Vivió en París de 1904 a 1909, dedicado exclusivamente a la pintura y sus maestros fueron Jean Paul Laurenz y Carrié, entrando en contacto con los grandes impresionistas: Manet, Monet, Degas y Renoir-.

Es por esta razón por lo que resulta natural que el arte y la creatividad vuelva a manifestarse en la familia con el paso del tiempo. Siempre he pensado que la herencia más preciada que deja cada artista, aparte de su obra, es la que se preservará a través de su genética. Este es el caso de Alicia Morilla C. Massieu -hija de Rita Cantero Massieu y Manuel Morilla Andrade-, que se ha adentrado en el terreno de la literatura, el de la poesía y el de la pintura con fuerza, creatividad y con gran capacidad a la hora de transmitir sus sentimientos y sensaciones captados por el público fácilmente.

La pintura de Alicia Morilla Massieu, transmite paz a quien la contempla, pues los paisajes, el colorido y la pincelada que la caracteriza, es capaz de emocionar y transportar a quien la contempla a lugares que la pintora ha plasmado.

Las montañas son siempre un elemento que da fuerza a sus cuadros, entre valles, campos de amapolas o árboles imperecederos.

Los almendros en flor y los acantilados salpicados por la espuma del oleaje que irrumpe sin tregua, con estrépito, da vida al mar que baña las rocas de la costa.

Los sueños que se suceden en la creación de lugares pertenecientes -quizás- a otros mundos, dan una perspectiva diferente y sobrecogedora que la pintora Alicia comparte con gran emoción y sentimiento. La pintora se ha sumergido en las profundas aguas del mar y ha escalado las altas montañas, llegando a la cima para contemplar a través de su arte, de la creatividad que la caracteriza, todo aquello que la cautiva para compartirlo con todos nosotros.

Parte de su obra pictórica se encuentra -entre otros lugares- en la Accademia Internazionale "Trinacria" (Messina-Italia). En la Accademia Ferdinandea (Sicilia-Italia). En el Centro Culturale Europeo "Aldo Moro (Lecce-Italia) y en diversas colecciones privadas de varios países.

Índice

Introducción del Autor	7

POESÍA

No intervendrás... No puedes, no debes...	11
Adéntrate a través de sus Almas...	13
Recuerda...	15
En ocasiones...	21

REVELACIONES

3 de Agosto del año 2015	25
4 de Agosto del año 2015	31
5 de Agosto del año 2015	43
8 de Agosto del año 2015	47
9 de Agosto del año 2015	53
10 de Agosto del año 2015	59
11 de Agosto del año 2015	67

FRASES

Frases (I)	73
Frases (II)	77
Frases (III)	83
Frases (IV)	87
Frases (V)	91
Frases (VI)	95
Frases (VII)	99
Frases (VIII)	103
Frases (IX)	111
Frases (X)	115
Frases (XI)	117
Frases (XII)	125
Frases (XIII)	139
Frases (XIV)	141

Frases (XV)	143
Frases (XVI)	155
Frases (XVII)	157
Frases (XVIII)	159
Frases (XIX)	161
Frases (XX)	163
Frases (XXI)	165
Frases (XXII)	167
Frases (XXIII)	169
Frases (XXIV)	171
Frases (XXV)	173
Frases (XXVI)	175
Frases (XXVII)	179
Frases (XXVIII)	183
Frases (XXIX)	185
Frases (XXX)	189
Frases (XXXI)	191
Frases (XXXII)	193
Frases (XXXIII)	195
Frases (XXXIV)	197
Frases (XXXV)	205
Frases (XXXVI)	211
Frases (XXXVII)	213

REFLEXIONES

Va Despertando La Humanidad...	221
Aquello que enfrenta... ya de nada sirve...	223
Desprogramando a la Población Mundial...	224
Lo que los corruptos han de saldar...	226
Más Allá de lo establecido...	227
Observa...	229
Despertando Conciencias...	232
El Ser Humano... ¿Manipulado?...	234
¡Lucha Humanidad por tu Libertad!	238
Despierto el Mundo...	240
La Liberación de la Humanidad...	242
¿Un Mundo controlado por unos pocos?...	244
Al igual que sucedió en Islandia...	245
Hoy... Grecia lucha por su Libertad...	247
¿Se salvará la Humanidad a si misma?	249
Todo nuevo comienzo...	251
Grecia ha de ser un referente...	254
Tiempo de Independencia, de Libertad y...	257
¿Qué hacer ahora? Evolucionar...	260

Los acuerdos socialmente justos... 263
Desafiando a los Jázaros Iluminatis... 267
Gobiernos Jázaros, Iluminatis, pierden... 270
La Humanidad... necesita ayuda externa... 275
Todo está vinculado en el Mundo... 280
La supervivencia de La Tierra... 283
Si decides no ser esclavo del Sistema... 288
El Plan Cósmico para la Humanidad... 295
Sólo existe un camino de regreso al Origen... 300
Observa al actual Gobierno Jázaro Iluminati... 305
Vida en Otros Planetas... en Otros Mundos... 309
¿Crucificar a Países? ¿A su Población? 312
El fracaso de un País, de sus Líderes y... 315
¡Seguiremos alzando nuestra voces! 319
La Historia de la Humanidad será reescrita... 322
El reencuentro con Civilizaciones Estelares... 329
Las Señales de Civilizaciones Estelares... 332
Las capacidades innatas en el Ser Humano... 336
Ya no es posible continuar dañando La Vida 341
Preservando La Paz... en Alianza... 346
Aviso a los Navegantes... Tiempo de... 351
Extraterrestres de dimensiones densas inferiores 354
Una vez más atentan contra nuestro Legado... 355
La Evolución de una Raza, de una Civilización... 358
¡No nos callarán! 361

Poemas y Libros Galardonados en Italia

Noches Volcánicas 365
Pueblos sin fronteras 367
Paesi senza frontiera 369

Libro de poemas GaraJonay (2000) 371

Libro de poemas ¡Gritos de Libertad! (2001) 372

¡Emerge la sal y el agua! El mar... mi mar 373
Emerge il sale e l'acqua! Il mare... il mio mare 375
¡No a la guerra! 377
El derecho a la vida y a la libertad 379
En busca de la verdad 381
Pequeños Paraísos 383

Piccoli Paradisi	385
Almas peregrinas	387
Lágrimas tras el despertar	389
Buscando la Libertad	391
El sendero... la vida... el legado	393
Il sentiero... la vita... l'eredità	395
Libro de poemas ¡Gritos de Libertad! (2004)	397
Las páginas del Libro de la vida...	398
La pagine del libro della vita...	400
Libro de poemas GaraJonay (2005)	402
El rumbo de la humanidad	403
La rotta dell'umanità	406
El tiempo que nos corresponde vivir	409
Il tempo che ci spetta vivere	411
¿Qué será de la humanidad?	413
Che sará dell'umanità?	416
Paraísos Terrenales... Paraísos Etéreos...	419
Paradisi Terrenali... Paradisi Eterei...	422
Amor... que Es... Uno con Todo...	425
Amore... che È... Uno con tutto	428
El Despertar ya Es lo que Es...	431
Lo Svegliare É già ció che È...	433
Con el despertar...	435
Libro de poemas "Silencios... tras la tempestad"	437
Ríen los niños	438
Ridono i bambini...	441
La Palabra Escrita	444
Sembré las cumbres de Verdad... de Orgonite	447
Paz en el Mundo... Prosperidad... Amor...	450
Pace nel Mondo... Prosperità... Amore...	453
La humanidad despierta...	456
L'Umanità si sveglia...	459
La Luz y el Amor te abrazan cálidamente	462
La Luce e l'Amore ti abbracciano...	465
Retirado del Mundo...	468
Retirato dal mondo...	470
¿Te ha sucedido a ti?	473
Ti è suceso a te?	475

Libro de poemas Ángeles en La Tierra	478
Se cierran los ciclos	479
Si chiudoni i cicli	481
Componiendo poemas tras el silencio de...	483
Componendo poemi tra il silenzio della notte	486
Libro de poemas Creando desde muy adentro	489
Así es la vida...	490
Così è la vita...	493
Nace el Amor...	496
Nasce L'Amore	500
Libro de poemas Amando... en Libertad	504
La Vida... y el Amor	505
La Vita... E L'Amore	508
En algún lugar el Amor se extiende...	511
In qualche luogo... L'Amore si allunga...	514
Libro de poemas Ángeles	517
Manifestando La Divinidad Ascendiendo...	518
Esprimendo la Divinita Ascendendo...	520
Toda una vida escribiendo...	522
Tutta una vita scrivendo...	525
Libro de poemas "Esencias"...	528
Si te preguntase por tus sueños...	529
Se ti chiedessi per i tuoi sogni...	532
UNO... con TODO...	535
UNO... con TUTTO...	537
Libro de poemas Trascendiéndonos	539
Libre... se extiende la Luz y el Amor	540
Libero ... si estende la Luce e l' Amore...	542
Sueño con un Mundo...	544
Sogno con un Mondo...	546
En algún lugar... el Amor se extiende...	548

In qualche luogo... l'Amore si allunga...	551
El Mundo Evoluciona...	554
Il Mondo sta cambiando...	556
Libro de poemas Solsticios de Luz y Amor...	558
Navegando a través de La Vida...	559
Navigando attraverso La Vita...	561
Con cada Amanecer...	563
Con ogni Alba...	565
Ha de Despertar La Humanidad...	567
L'Umanità debe Resvegliarsi	569
El Mundo Evoluciona...	571
Il Mondo sta cambiando...	573
Navegando... va La Humanidad...	575
Navigando va ... L'umanità ...	577
Trayectoria y Galardones Alicia M.M.	579
Trayectoria y Galardones Tomás M.M.	593
Libros Publicados Alicia Morilla Massieu	617
Libros Publicados Tomás Morilla Massieu	623
Libros Publicados Carolina Quevedo Morilla	635

LIBROS PUBLICADOS
Alicia Morilla Massieu
www.artemorilla.com

Pensamientos, Sentimientos y Poesía Metafísica
© 1992/1994/2006/2009 Alicia M.M.
ISBN: 978-1-4092-5938-1
Poesía

Cuando habla el corazón
© 1992/1994/2006/2009 Alicia M.M.
ISBN: 978-1-4092-5797-4
Poesía

Las Hojas del Tiempo
© 1995/2006/2009 Alicia M.M.
ISBN: 978-1-4092-5839-1
Poesía

El Árbol de la Vida
© 1995/2006/2009 Alicia M.M.
ISBN: 978-1-4092-5937-4
Poesía

Luz en el camino de la vida
© 1995/2006/2009 Alicia M.M.
ISBN: 978-1-4092-5935-0
Frases y pensamientos

Amanecer
© 1996/2006/2009 Alicia M.M.
ISBN: 978-1-4092-5922-0
Poesía

¡Libertad!
© 1997/2006/2009 Alicia M.M.
ISBN: 978-1-4092-5894-0
Poesía

Ventana al Mar
© 1997/2006/2009 Alicia M.M.
ISBN: 978-1-4092-5869-8
Poesía (Volúmen Galardonado)

Despertar
© 1999/2005/2006/2009 Alicia M.M.
ISBN: 978-1-4092-5851-3
Poesía (Volúmen Galardonado)

El Secreto del Arco Iris
© 2005/2006/2009 Alicia M.M.
ISBN: 978-1-4092-5841-4
Poesía (Volúmen Galardonado)

Las palabras hablan al mundo
© 2006/2009 Alicia M.M.
ISBN: 978-1-4092-5867-4
Artículos publicados en prensa

El aire de la vida
© 2007/2009 Alicia M.M.
ISBN: 978-1-4092-5555-0
Poesía (Volúmen Galardonado)

Italia a mi lado... junto al mar
© 2008/2009 Alicia M.M.
ISBN: 978-1-4092-5559-8
Poesía

Silencios escondidos...
© 2010 Alicia M.M.
ISBN: 978-1-4452-8868-0
Poesía

Los campos de mis sueños...
© 2010 Alicia M.M.
ISBN: 978-1-4452-8871-0
Poesía

Las manos del tiempo...
© 2010 Alicia M.M.
ISBN: 978-1-4466-3158-4
Artículos publicados en prensa

La puerta abierta...
© 2010 Alicia M.M.
ISBN: 978-1-4466-5971-7
Poesía

¡Esto es... poesía!
© 2011 Alicia M.M.
ISBN: 978-1-4477-6122-8
Poesía

Los círculos del agua...
© 2011 Alicia M.M.
ISBN: 978-1-4478-5847-8
Poesía

Mi mano izquierda
© 2012 Alicia M.M.
ISBN: 978-1-291-00849-4
Poesía

Vientos de Amor y de cambios...
© 2012 Alicia M.M.
ISBN: 978-1-291-25680-2
Poesía

Canto al Amor, a la Paz y a la Libertad
© 2013 Alicia M.M.
ISBN: 978-1-291-44784-2
Poesía

La Voz del Silencio y de los afligidos
© 2013 Alicia M.M.
ISBN: 978-1-291-49755-7
Poesía

Luz que agoniza
© 2014 Alicia M.M.
ISBN: 978-1-291-70172-2
Poesía

¡Mi palabra!
© 2014 Alicia M.M.
ISBN: 978-1-291-73482-9
Reflexiones Poesia Frases Pensamientos

Ana... "ella habló con el mar"
© 2014 Alicia M.M.
ISBN: 978-1-291-96405-9
Poesía

Palabras al Amanecer
© 2014 Alicia M.M.
ISBN: 978-1-326-13936-0
Poesía Frases Reflexiones

NESARA & GESARA... Creando Prosperidad Paz, Unidad...
© 2014 Tomás M.M & Alicia M.M.
ISBN: 978-1-326-13937-7
Poesía, Frases y Reflexiones

NESARA & GESARA... Contactando Civilizaciones Estelares
© 2014 Tomás M.M & Alicia M.M.
ISBN: 978-1-326-13938-4
Novela Poesía, Frases y Reflexiones

Ellos, son como las olas... ¡Poesía!...
© 2015 Alicia M.M.
ISBN: 978-1-326-16683-0
Poesía

Días de Luz y de sombras...
© 2015 Alicia M.M.
ISBN: 978-1-326-17425-5
Poesía

NESARA & GESARA... Alianzas y Legados...
© 2015 Tomás M.M. Alicia M.M. & Semjase (Semyase)
ISBN: 978-1-326-38786-0
Poesía - Frases - Diálogos - Reflexiones

NESARA & GESARA... Revelaciones...
© 2015 Tomás M.M, Alicia M.M. & Semjase (Semyase)
ISBN: 978-1-326-38927-7
Poesía - Frases - Diálogos - Reflexiones

LIBROS PUBLICADOS
Tomás Morilla Massieu
www.artemorilla.com

Diálogos con mi Guía Espiritual
© 1993 / 2006 / 2009 Tomás M.M.
ISBN: 978-1-4092-5919-0
Ensayos / Filosofía

Universos, Civilizaciones y Guías Espirituales
© 1995 / 2006 / 2009 Tomás M.M.
ISBN: 978-1-4092-5895-7
Ensayos / Ficción

El Camino de las Estrellas
© 1996 / 2006 / 2009 Tomás M.M.
ISBN: 978-1-4092-5939-8
Entrevistas radio poetas Morilla Massieu

Al Final del Abismo
© 1995 / 2006 / 2009 Tomás M.M.
ISBN: 978-1-4092-5892-6
Novela Ficción

Al Final del Abismo II
© 1997 / 2006 / 2009 Tomás M.M.
ISBN: 978-1-4092-5890-2
Novela Ficción

Al Final del Abismo III
© 1997 / 2006 / 2009 Tomás M.M.
ISBN: 978-1-4092-5884-1
Novela Ficción

Al Final del Abismo IV
© 1997/2006/2009 Tomás M.M.
ISBN: 978-1-4092-6360-9
Novela Ficción

Así veo la vida
© 2000/2006/2009 Tomás M.M.
ISBN: 978-1-4092-5853-7
Artículos publicados en prensa

GaraJonay
© 1999/2005/2006/2009 Tomás M.M.
ISBN: 978-1-4092-5849-0
Poesía (Volúmen Galardonado)

¡Gritos de Libertad!
© 2005/2006/2009 Tomás M.M.
ISBN: 978-1-4092-5840-7
Poesía (Volúmen Galardonado)

Un Mundo por descubrir
© 2006/2009 Tomás M.M.
ISBN: 978-1-4092-5861-2
Artículos publicados en prensa

Silencios... tras la tempestad
© 2007/2009 Tomás M.M.
ISBN: 978-1-4092-5542-0
Poesía (Volúmen Galardonado)

Nace la Nueva Era... la Era del Amor y de la Fraternidad
© 2008/2009 Tomás M.M.
ISBN: 978-1-4092-5560-4
Poesía

El Viajero del Tiempo (Cuaderno de Bitácora)
© 2009 Tomás M.M.
ISBN: 978-1-4092-6061-5
Novela Ficción

El Viajero del Tiempo II (Cuaderno de Bitácora)
© 2009 Tomás M.M.
ISBN: 978-1-4092-6059-2
Novela Ficción

Sembrando la vida de Orgonite
© 2009 Tomás M.M.
ISBN 978-1-4092-6618-1
Investigación

Orgonite... Liberando a La Tierra...
© 2009 Tomás M.M.
ISBN 978-1-4092-8916-6
Investigación

Viajeros del Tiempo
© 2009 Tomás M.M.
ISBN: 978-1-4092-9353-8
Poesía

Viajeros del Tiempo II
© 2009/2010 Tomás M.M.
ISBN: 978-1-4452-8734-8
Poesía

Viajeros del Tiempo III
© 2010 Tomás M.M.
ISBN: 978-1-4452-9338-7
Poesía

Ángeles... en La Tierra...
© 2009/2010 Tomás M.M.
ISBN: 978-1-4452-9445-2
Poesía

Si... a la Creación...
© 2010 Tomás M.M.
ISBN: 978-1-4452-6353-3
Poesía

Creando Paraísos...
© 2010 Tomás M.M.
ISBN: 978-1-4457-8456-4
Poesía

Creando desde muy adentro...
© 2010 Tomás M.M.
ISBN: 978-1-4461-7687-0
Poesía

Detuve mi caminar...
© 2010 Tomás M.M.
ISBN: 978-1-4466-3484-4
Artículos publicados en prensa

Algún día..
© 2010 Tomás M.M.
ISBN: 978-1-4452-9445-2
Poesía

Un nuevo comienzo..
© 2010 Tomás M.M.
ISBN: 978-1-4466-6877-1
Poesía

Desde el otro lado...
© 2011 Tomás M.M.
ISBN: 978-1-4467-6608-8
Poesía

"Contacto"... El Despertar...
© 2011 Tomás M.M.
ISBN: 978-1-4467-7572-1
Novela

Amando en Libertad...
© 2011 Tomás M.M.
ISBN: 978-1-4477-5950-8
Poesía

Amando en Libertad II
© 2011 Tomás M.M.
ISBN: 978-1-4477-5950-8
Poesía

Amando, Trascendiendo, Ascendiendo
© 2011 Tomás M.M.
ISBN: 978-1-4478-4268-2
Poesía

Ángeles
© 2011 Tomás M.M.
ISBN: 978-1-4478-7432-4
Poesía

Esencias...
© 2011 Tomás M.M.
ISBN: 978-1-4709-5602-8
Poesía

Amándote... Eternamente...
© 2011 Tomás M.M.
ISBN: 978-1-4709-5751-3
Poesía

**Reencuentros...
a través de la Eternidad...**
© 2011 Tomás M.M.
ISBN: 978-1-4709-7907-2
Poesía

Despertares...
© 2012 Tomás M.M.
ISBN: 978-1-4710-9264-0
Poesía

Despertares II ...
© 2012 Tomás M.M.
ISBN: 978-1-4716-1759-1
Poesía

Despertares III ...
© 2012 Tomás M.M.
ISBN: 978-1-4717-9654-8
Poesía

Despertares IV...
© 2012 Tomás M.M.
ISBN: 978-1-4717-9759-0
Poesía

Despertares V...
© 2012 Tomás M.M.
ISBN: 978-1-291-01542-3
Poesía

"Contacto"... El Despertar... (II)
© 2011/2012 Tomás M.M.
ISBN: 978-1-4466-0759-6
Novela

"2012" Trascendiéndonos rumbo hacia la Ascensión...
© 2012 Tomás M.M.
ISBN: 978-1-291-23084-0
Novela

Despertares VI...
© 2012 Tomás M.M.
ISBN: 978-1-291-34163-8
Poesía

Trascendiéndonos
© 2013 Tomás M.M.
ISBN: 978-1-291-25683-3
Poesía

Despertares VII...
© 2012 Tomás M.M.
ISBN: 978-1-291-34480-6
Poesía

Despertares VIII...
© 2013 Tomás M.M.
ISBN: 978-1-291-35583-3
Poesía

Despertares IX...
© 2013 Tomás M.M.
ISBN: 978-1-291-36623-5
Poesía

21 12 2012 y... Más Allá...
© 2013 Tomás M.M.
ISBN: 978-1-291-38385-0
Novela

**"Tiempo de Contacto"
Con Otras Civilizaciones**
© 2013 Tomás M.M.
ISBN: 978-1-291-44793-4
Novela

Despertares X...
© 2013 Tomás M.M.
ISBN: 978-1-291-45655-4
Poesía

**Renaciendo
a través de Despertares**
© 2013 Tomás M.M.
ISBN: 978-1-291-46025-4
Poesía

Despertares XI...
© 2013 Tomás M.M.
ISBN: 978-1-291-47747-4
Poesía

Solsticios de Luz y Amor
© 2013 Tomás M.M.
ISBN: 978-1-291-50657-0
Poesía

Amando... a La Vida...
© 2013 Tomás M.M.
ISBN: 978-1-291-57308-4
Poesía

Amándote... Romántica, sincera... Luminosa...
© 2013 Tomás M.M y Erika G.G.
ISBN: 978-1-291-59235-1
Poesía

Despertares XII...
© 2013 Tomás M.M.
ISBN: 978-1-291-60490-0
Poesía Frases y Reflexiones

Iluminando... La Vida...
© 2013 Tomás Morilla Massieu y Suzanne Powell
ISBN: 978-1-291-62215-7
Poesía

Despertares XIII...
© 2014 Tomás M.M.
ISBN: 978-1-291-69922-7
Poesía Frases y Reflexiones

Trascendiéndose... La Humanidad es ¡Libre!
© 2014 Tomás M.M
ISBN: 978-1-291-60898-4
Poesía y Reflexiones

Despertares XIV...
© 2014 Tomás M.M.
ISBN: 978-1-291-71800-3
Poesía Frases y Reflexiones

Despertares XV...
© 2014 Tomás M.M.
ISBN: 978-1-291-88768-6
Poesía Frases y Reflexiones

Tomás Morilla Massieu, Alicia Morilla Massieu & Semjase (Semyase)

Despertares XVI...
© 2014 Tomás M.M.
ISBN: 978-1-291-90082-8
Poesía Frases y Reflexiones

Despertares XVII...
© 2014 Tomás M.M.
ISBN: 978-1-291-90231-0
Poesía Frases y Reflexiones

Despertares XVIII...
© 2014 Tomás M.M.
ISBN: 978-1-291-90586-1
Poesía Frases y Reflexiones

Despertares XIX
© 2014 Tomás M.M.
ISBN: 978-1-291-91753-6
Poesía Frases y Reflexiones

Un Nuevo Tiempo de Luz, Paz y Libertad...
© 2014 Tomás M.M.
ISBN: 978-1-291-91904-2
Poesía Frases y Reflexiones

Trascendiéndose... La Humanidad es ¡Libre! (II)
© 2014 Tomás M.M
ISBN: 978-1-291-92616-3
Poesía y Reflexiones

NESARA & GESARA... Creando Prosperidad Paz, Unidad...
© 2014 Tomás M.M & Alicia M.M.
ISBN: 978-1-326-13937-7
Poesía, Frases y Reflexiones

NESARA & GESARA... Contactando Civilizaciones Estelares
© 2014 Tomás M.M & Alicia M.M.
ISBN: 978-1-326-13938-4
Novela Poesía, Frases y Reflexiones

"Creadora"... de un Vínculo Poético Universal...
© 2015 Tomás M.M & Alejandra A.A.
ISBN: 978-1-326-13939-1
Poesía, Frases y Reflexiones

Más Allá de las palabras...
© 2015 Tomás M.M
ISBN: 978-1-326-17550-4
Poesía, Frases y Reflexiones

¡REBELDES! "Guerreros" ¡Luchando! por la Paz y la Libertad...
© 2015 Tomás M.M.
ISBN: 978-1-326-22395-3
Poesía, Frases y Reflexiones

Creando "Silencios"...
© 2015 Tomás M.M.
ISBN: 978-1-326-22637-4
Poesía, Frases y Reflexiones

Civilizaciones Estelares... aguardan el Despertar de la Humanidad...
© 2015 Tomás M.M.
ISBN: 978-1-326-27773-4
Poesía, Frases y Reflexiones

Tomás Morilla Massieu, Alicia Morilla Massieu & Semjase (Semyase)

"Alianzas"
© 2015 Tomás M.M.
ISBN: 978-1-326-29203-4
Poesía, Frases y Reflexiones

NESARA & GESARA... Alianzas y Legados...
© 2015 Tomás M.M. Alicia M.M. & Semjase (Semyase)
ISBN: 978-1-326-38786-0
Poesía - Frases - Diálogos - Reflexiones

NESARA & GESARA... Revelaciones...
© 2015 Tomás M.M, Alicia M.M. & Semjase (Semyase)
ISBN: 978-1-326-38927-7
Poesía - Frases - Diálogos - Reflexiones

**2014 Tiempo de "Contacto"
Con Otras Civilizaciones
"Interiorizando"**
© 2015 Segunda Edición Tomás M.M.
ISBN: 978-1-326-39120-1
Investigación

LIBROS PUBLICADOS
Carolina Quevedo Morilla
www.artemorilla.com

Si yo fuera libro...
© 2009 Carolina Quevedo Morilla
ISBN: 978-1-4092-9172-5
Artículos publicados en prensa

Milton Keynes UK
Ingram Content Group UK Ltd.
UKHW042204280824
447585UK00012B/288/J